John MacArthur
Die Liebe Gottes

John MacArthur

Die Liebe Gottes

Einblicke in Gottes unergründliches Wesen und Handeln

betanien

Bibelzitate folgen, wenn nicht anders angegeben, der revidierten Elberfelder Bibel. Weitere verwendete Bibelausgaben: Elberfelder Bibel in nichtrevidierter Fassung (Elb.), Schlachter-Übersetzung (Schl.)

5. Auflage 2018

Titel der Originalausgabe:
The God Who Loves (früher erschienen als: The Love of God)
© 1996, 2001 by John F. MacArthur Jr.
Erschienen bei Word Publishing, Nashville, Tennessee

© der deutschen Ausgabe by Betanien Verlag, 2003
Imkerweg 38 · 32832 Augustdorf
www.betanien.de · info@betanien.de
Übersetzung: Hans-Werner Deppe
Umschlaggestaltung: Lucian Binder
Satz: Betanien Verlag
Herstellung: drusala.cz

ISBN 978-3-935558-59-4

Inhalt

Einleitung		7
Kapitel 1:	So sehr hat Gott die Welt geliebt	13
Kapitel 2:	Gott ist Liebe	37
Kapitel 3:	Siehe die Güte …	53
Kapitel 4:	… und die Strenge Gottes	69
Kapitel 5:	Ist die Liebe Gottes kinderleicht zu verstehen?	89
Kapitel 6:	Gottes Liebe zur ganzen Menschheit	105
Kapitel 7:	Die Liebe Gottes zu seinen Erwählten	133
Kapitel 8:	Ewige Sicherheit in der Liebe Gottes	155
Anhänge		175
Anhang 1:	Gott hat keinen Zorn (von *Thomas Chalmers*)	177
Anhang 2:	Über die Liebe Gottes, und ob sie den Nicht-Erwählten gilt (von *Andrew Fuller*)	197
Anhang 3:	Christus, der Retter der Welt (von *Thomas Boston*)	203
Anhang 4:	Die Liebe Gottes zur Welt (von *John Brown*)	221
Anmerkungen		233
Bibelstellenindex		239
Themenindex		247

Einleitung

Vor einigen Jahren hatte ich die Gelegenheit, mehrere Tage auf einer Reise mit den bekannten christlichen Musikern Bill und Gloria Gaither zu verbringen. Während dieser Zeit fragte ich Bill, was seiner Einschätzung nach der großartigste christliche Liedtext sei, der jemals geschrieben wurde – abgesehen von den Psalmen.

Ohne Zögern nannte er daraufhin das Lied »Die Liebe Gottes« von F. M. Lehman. Die dritte Strophe sei unübertroffen in der ganzen Liederdichtung, sagte Bill:

Die Liebe Gottes ist weit größer
als Zunge oder Stift je sagen können,
sie übersteigt den höchsten Stern,
und reicht hinab bis zur tiefsten Hölle. [...]

Könnten wir den Ozean mit Tinte füllen,
und wäre der Himmel eine große Rolle Papier,
wäre jeder Halm auf Erden ein Stift,
und jeder Mensch ein geschickter Schreiber,
würde es, um über die Liebe Gottes zu schreiben,
den Ozean austrocknen,
und die Himmelsrolle könnte den Text nicht fassen,
auch wenn sie von einem Ende des Himmels
zum anderen sich erstreckte.

O Liebe Gottes, wie groß und rein!
Wie über die Maßen stark!
Sie wird für immer bleiben,
und die Heiligen und Engel werden sie besingen.

Tatsächlich fallen mir nur wenige Liedtexte ein, die es mit diesem aufnehmen könnten. Allein die literarische Ästhetik ist wunderbar, aber die Bedeutung ist erst recht überaus reichhaltig.

Beim Nachdenken über dieses Lied fielen mir viele Bibelstellen ein: »Gott ist Liebe«, schrieb der Apostel Johannes (1Jo 4,8.16). »Seine Güte währt ewig«, ist der Refrain aller 26 Verse von Psalm 136, und diese Aussage kommt im Alten Testament mindestens 41-mal vor. Gottes Güte ist besser als das Leben selbst, so erinnert uns der Psalmist (Ps 63,3). Gott ist »barmherzig und gnädig, langsam zum Zorn und groß an Gnade und Wahrheit« (Ps 86,15).

An anderer Stelle schreibt der Psalmist: »Wie köstlich ist deine Gnade, Gott! Und Menschenkinder bergen sich in deiner Flügel Schatten« (Ps 36,8). Und »die Gnadenerweise des HERRN will ich ewig besingen … Auf ewig wird die Gnade gebaut werden« (Ps 89,2-3). »Gut ist der HERR. Seine Gnade ist ewig« (Ps 100,5).

Das Neue Testament offenbart den größten Beweis für Gottes Liebe: »Gott aber erweist seine Liebe zu uns darin, dass Christus, als wir noch Sünder waren, für uns gestorben ist« (Röm 5,8). »Hierin ist die Liebe Gottes zu uns geoffenbart worden, dass Gott seinen eingeborenen Sohn in die Welt gesandt hat, damit wir durch ihn leben möchten. Hierin ist die Liebe: nicht dass wir Gott geliebt haben, sondern dass er uns geliebt und seinen Sohn gesandt hat als eine Sühnung für unsere Sünden« (1Jo 4,9-10). »Gott aber, der reich ist an Barmherzigkeit, hat um seiner vielen Liebe willen, womit er uns geliebt hat, auch uns … mit dem Christus lebendig gemacht – durch Gnade seid ihr errettet! Er hat uns mitauferweckt und mitsitzen lassen in der Himmelswelt in Christus Jesus« (Eph 2,4-6).

Und der bekannteste Vers überhaupt ist: »Denn so hat Gott die Welt geliebt, dass er seinen eingeborenen Sohn gab, damit jeder, der an ihn glaubt, nicht verloren geht, sondern ewiges Leben hat« (Joh 3,16). Kein Wunder, dass Johannes ausruft: »Seht, welch eine Liebe uns der Vater gegeben hat …!« (1Jo 3,1).

Gottes Liebe und Güte sind durchgängige Themen des Alten wie auch des Neuen Testaments. Wenn die Wichtigkeit eines Themas am Platz gemessen werden kann, den es in der Bibel einnimmt, dann ist wohl kaum eine andere Wahrheit über Gott bedeutungsvoller als seine Liebe. Auf fast jeder Seite der Bibel sehen wir Gottes Güte, liebevollen Barmherzigkeiten, Geduld, Langmut und Gnade. All diese Segnungen sind Ausdrücke der Liebe Gottes.

Die Lehre von der Liebe Gottes ist keineswegs simpel. Sie wirft unzählige philosophische und theologische Schwierigkeiten und Fragen auf, wie z. B.: Wenn Gottes Liebe so groß ist, warum schickt er dann Menschen in die Hölle? Warum lässt er Sünde und Leid, Sorgen und Schmerz zu? Warum gibt es in einem Universum, das von einem wahrhaft liebenden Gott erschaffen wurde, Gräueltaten und Naturkatastrophen und andere Formen schrecklicher Zerstörung und Drangsal? Warum ließ Gott gleich zu Beginn zu, dass die Menschheit in Sünde fiel?

Wir müssen in aller Ehrlichkeit anerkennen, dass sich schwierige Fragen wie diese stellen. Wir alle haben solche Fragen schon einmal gestellt. Viele von uns wurden schon von Skeptikern, die befriedigende Antworten einforderten, mit solchen Fragen herausgefordert. Wenn wir ehrlich sind, müssen wir zugeben, dass es keine einfachen Antworten darauf gibt. Gott selbst hat es gefallen, auf manche dieser Fragen keine erschöpfenden Antworten zu offenbaren. Stattdessen offenbart er sich als liebend, vollkommen weise und gerecht und unfassbar gut – und gebietet uns einfach ihm zu vertrauen.

Manche Schwierigkeit löst sich auf, wenn wir besser verstehen, was die Bibel über die Liebe Gottes lehrt. In diesem Buch werden wir uns mit einigen dieser schwierigen Fragen über Gottes Liebe beschäftigen. Aber zuerst werden wir eine Grundlage legen, um zu verstehen, was die biblische Aussage »Gott ist Liebe« bedeutet.

Außerdem müssen wir bedenken: Einige der schlimmsten Verfälschungen der christlichen Wahrheit beruhen auf der irrigen Vorstellung, man könne Gott allein anhand seiner Eigenschaft der Liebe verstehen. Die Vertreter einer solchen Sichtweise weigern sich oft Gottes Zorn auf die Sünde anzuerkennen, weil sie meinen, Gott könne nicht Sünder lieben und gleichzeitig zornig auf sie sein. Andere versuchen Gott vom Leid und Unglück des Lebens loszulösen und schlussfolgern, wenn Gott Liebe ist, könne er unmöglich allmächtig sein, denn sonst würde er allem Leid ein Ende machen.

Andererseits gibt es wohlmeinende Christen, die um lehrmäßige Rechtgläubigkeit besorgt sind und auf jeden Fall vermeiden wollen, die Liebe Gottes überzubetonen und sich deshalb fürchten, überhaupt davon zu sprechen. Unsere Kultur ist schließlich »verliebt« in Sünde und Selbstliebe und will von Gottes Zorn gegen die Sünde nichts wissen. Ist es daher nicht kontraproduktiv, in einer solch gottlosen Gesellschaft die Liebe Gottes zu verkünden? Manche Vertreter dieser Denkweise neigen dazu, alle schlimmen Ereignisse als direkte Gerichte aus der Hand eines strengen Gottes anzusehen.

Beide Extreme zeichnen ein verzerrtes Gottesbild und machen es noch schwieriger, die Liebe Gottes zu verstehen. Solange wir innerhalb der Grenzen der biblischen Wahrheit über die Liebe Gottes bleiben, können wir beide Falschdarstellungen vermeiden. Wenn wir untersuchen, was die Bibel zu diesem Thema sagt, werden wir sehen, wie wunderbar die Liebe Gottes Sündern vorgestellt werden kann und wie perfekt sie zu seinem Hass auf die Sünde passt. Und was schwierig zu verstehen ist, wird dadurch verständlicher.

Wenn wir die Liebe Gottes zu verstehen versuchen, müssen wir jedoch bereit sein, etliche landläufige, romantische Vorstellungen von der Liebe Gottes aufzugeben. Viele unserer Lieblingsbehauptungen über Gott müssen korrigiert werden. Gottes Liebe und Gottes Heiligkeit müssen im Licht seines Zornes gegen die Sünde tiefgründig verstanden werden. Wir müssen Liebe aus der Perspektive Gottes sehen, bevor wir die Bedeutung von Gottes großer Liebe zu uns wirklich verstehen können.

Das Mittel dazu ist altbekannt: ein offenherziges Erfassen aller biblischen Aussagen. In diesem Buch werde ich versuchen, eine umfassende, ausgewogene Auswahl dieses biblischen Befundes herauszustellen. Wie der Liederdichter bereits ausgedrückt hat, bräuchte man einen Ozean an Tinte und eine Galaxie an Himmelsfläche, um dieses Thema gebührend ausführlich darzustellen. Und selbst dann wäre auch nach vielen Zeitaltern noch nicht einmal das Vorwort beendet.

Ich bin sicher, dass wir uns die Ewigkeit lang genau mit diesem Thema beschäftigen werden. Deshalb war die Gelegenheit, dieses Buch zu schreiben, für mich wie ein kleines Stück Himmel. Ich hoffe, auch Sie werden beim Lesen ein wenig von der himmlischen Herrlichkeit wahrnehmen und begreifen, dass all das Elend, das Leid und der Schmerz des Lebens nichts wegnehmen von der Liebe Gottes zu den Menschen. Im Gegenteil: Allein die Erkenntnis seiner Liebe befähigt uns, inmitten solcher Prüfungen auszuharren und dadurch gestärkt zu werden.

In den ersten drei Kapiteln werden wir eine Grundlage legen, um die Liebe Gottes zu verstehen. Ab Kapitel 4 werden wir dann auf die hier aufgezeigten schwierigen Fragen zurückkommen, z. B. warum Gott Leid zulässt. In den anschließenden Kapiteln werden wir sehen, wie Gottes Liebe sein Wesen definiert, in wiefern er alle Menschen liebt und in welcher einzigartigen und besonderen Weise seine Liebe den Gläubigen gilt.

Mein Gebet für alle Leser ist dasselbe, das auch Paulus für die Epheser betete:

… dass der Christus durch den Glauben in euren Herzen wohne und ihr in Liebe gewurzelt und gegründet seid, damit ihr imstande seid, mit allen Heiligen völlig zu erfassen, was die Breite und Länge und Höhe und Tiefe ist, und zu erkennen die die Erkenntnis übersteigende Liebe des Christus, damit ihr erfüllt werdet zur ganzen Fülle Gottes (Eph 3,17-19).

Kapitel 1
So sehr hat Gott die Welt geliebt

Liebe ist die bekannteste, aber am wenigsten verstandene Eigenschaft Gottes. Wer heute überhaupt noch an Gott glaubt, glaubt im Allgemeinen, dass Gott ein Gott der Liebe ist. Ich habe sogar Agnostiker kennen gelernt, die überzeugt sind: *Wenn* Gott existiert, muss er wohlwollend, mitfühlend und liebevoll sein.

All das ist sicher uneingeschränkt wahr, aber nicht in der Weise, wie die meisten meinen. Beeinflusst von der modernen liberalen Theologie, meinen viele, Gottes Liebe und Güte würden letztendlich seine persönliche und richterliche Gerechtigkeit und seinen heiligen Zorn aufheben. Sie stellen sich Gott als sanftmütigen himmlischen Großvater vor – tolerant, harmlos, milde, großzügig, ohne wirkliches Missfallen an Sünde, der ohne Rücksicht auf seine Heiligkeit großmütig über Sünde hinwegsieht und die Menschen so nimmt, wie sie sind.

Gottes Liebe in der neueren Kirchengeschichte

In früheren Zeiten fielen die Menschen oft ins andere Extrem. Sie neigten dazu, sich Gott als hart, einfordernd, grausam und sogar ausnutzend vorzustellen. Sie betonten Gottes Zorn so sehr, dass sie seine Liebe praktisch ignorierten. Vor kaum mehr als hundert Jahren wurde Gott in nahezu allen evangelistischen Predigten als grimmiger Richter dargestellt, dessen brennender Zorn auf Sünder gerichtet ist. In der Geschichte wird deutlich, dass es in den letzten drei Jahrhunderten einige dramatische Veränderungen in unserer Vorstellung von Gott gegeben hat.

Jonathan Edwards

Die vielleicht berühmteste Predigt, die je in Amerika gehalten wurde, war Jonathan Edwards' Predigt »Sünder in den Händen eines zornigen Gottes.« Edwards war Pastor in der Kolonie Massachusetts und ein brillanter Theologe und Denker. Er hielt diese berühmte Predigt als Gastprediger in einer Kirche in Enfield in Connecticut am 8. Juli 1741. Diese Predigt war der zündende Funke für eine der dramatischsten Aufbruchzeiten der so genannten Großen Erweckung Amerikas. Der folgende Auszug verdeutlicht die anschauliche und furchteinflößende Kühnheit des Predigers in seiner Schilderung von Gottes schrecklichem Zorn gegen Sünder:

> Gott, der euch noch über dem Abgrund der Hölle hält, gerade so, wie etwa eine Spinne oder ein abscheuliches Insekt über dem Feuer gehalten wird, dieser Gott verabscheut euch und ist schrecklich erzürnt; sein Zorn gegen euch brennt wie Feuer; er betrachtet euch als Leute, die nichts anderes verdient haben als in den feurigen Pfuhl geworfen zu werden; seine Augen sind zu rein, als dass sie euren Anblick ertragen könnten; ihr seid in seinen Augen zehntausendmal scheußlicher als die garstigste Giftschlange in den unsrigen. Ihr habt ihn unendlich tiefer beleidigt als irgendein widerspenstiger Rebell seinen Herrscher; trotz alledem bewahrt euch seine Hand noch jeden Moment vor dem Sturz ins Feuer. Nur dieser Bewahrung in seinen Händen hast du es zu verdanken, wenn du in der letzten Nacht noch nicht zur Hölle gefahren bist, wenn du heute morgen noch auf dieser Welt erwachen durftest, nachdem du gestern Abend die Augen zum Schlaf geschlossen hattest; und wenn du, seit du heute morgen aufgestanden bist, noch nicht zur Hölle gefahren bist, so liegt es einzig und allein daran, dass Gott dich noch gehalten hat. Nichts als sein Erbarmen erlaubt es dir, jetzt diese Predigt zu lesen; es gibt auch keinen anderen Grund dafür, dass du nicht gerade in diesem Moment in die Hölle gerätst.
>
> O Sünder! Bedenke doch die schreckliche Gefahr, in der du schwebst! Gottes Hände halten dich immer noch über

dem großen Feuerofen seines Zorns, über dem weiten und bodenlosen Schlund, der mit Feuer gefüllt ist. Sein Zorn, den du herausgefordert hast, ist gegen dich ebenso heftig entbrannt wie gegen die vielen Sünder, die schon in der Hölle sind. Du hängst an einem dünnen Faden, um den die Flammen des göttlichen Zornes züngeln, jeden Moment bereit, ihn entzwei zu brennen; dann hast du keinen Anspruch mehr auf einen Mittler; du hast nichts mehr, woran du dich zu deiner Errettung halten könntest; nichts kann dich von den Flammen des Zornes fernhalten; nichts in dir selbst; nichts von dem, was du getan hast oder tun kannst, wird Gott dazu bewegen, dich nur einen Augenblick zu verschonen.

Die Ausdrucksweise und Bildersprache dieser Predigt waren so lebhaft, dass viele Zuhörer zu zittern begannen, einige wimmerten um Gnade und andere brachen ohnmächtig zusammen.

Unsere Generation, die den Slogan »Jesus liebt dich« mit der Muttermilch aufgesogen hat, findet Edwards' berühmte Predigt schockierend. Die meisten Menschen von heute wären darüber entsetzt, dass jemand Gott mit solch fürchterlichen Ausdrücken beschreibt.

Aber es ist wichtig, den Kontext von Edwards' Predigt zu verstehen. Edwards war kein hitziger Gefühlsmensch, sondern appellierte ganz nüchtern an den Verstand seiner Zuhörer, um zu vermeiden, dass jemand emotional manipuliert würde. Er las seine Botschaft sogar ganz beherrscht und nüchtern vor. Seine Botschaft endete mit einem liebevollen Aufruf, zu Christus zu fliehen und bei ihm Gnade zu suchen. Ein Beobachter jenes Abends dokumentierte: »An mehreren Seelen geschah in jener Nacht ein verheißungsvolles Werk – und oh, wie froh und wie lieblich sahen die Gesichter derer aus, die Trost empfangen hatten. Möge Gott dieses Werk stärken und bestätigen! Wir sangen ein Lied und beteten, und dann wurde die Versammlung entlassen.«[d] Der Gesamttenor jener Predigtveranstaltung war also zweifellos erbaulich. Sie war das Startsignal für eine Zeit großer Erweckung in ganz Neu England.

Manche haben Edwards fälschlicherweise als harten und unbarmherzigen Prediger karikiert, der Spaß daran hatte, seine Zuhörer mittels plastischer Beschreibungen der Höllenqualen in Furcht zu versetzen. Nichts könnte weiter von der Wahrheit entfernt sein. Vielmehr war er sowohl ein warmherziger und feinfühliger Hirte als auch ein akribischer Theologe, und er stand auf festem biblischen Grund, als er Gott als zornigen Richter beschrieb. Die Bibel sagt: »Gott ist ein gerechter Richter und ein strafender Gott an jedem Tag« (Ps 7,12). Edwards damalige Predigt war eine Auslegung von 5. Mose 32,35-36: »Mein ist die Rache und die Vergeltung für die Zeit, da ihr Fuß wankt. Denn nahe ist der Tag ihres Verderbens, und was ihnen bevorsteht, eilt herbei. Denn der HERR wird sein Volk richten.« Das sind biblische Wahrheiten, die verkündet werden müssen. Und als Jonathan Edwards sie verkündete, tat er das mit einem demütigen Herzen liebevollen Mitgefühls. Ein umfassenderer Blick auf seinen Dienst offenbart, dass er auch auf die Liebe und Gnade Gottes großen Nachdruck legte. Diese Predigt für sich genommen vermittelt uns kein vollständiges Bild dessen, woraus seine Verkündigung bestand.

Doch Edwards verkündete fleißig die ungeschminkte Wahrheit des Zornes Gottes. Er sah Bekehrung als Liebeswerk Gottes in der Menschenseele an und er wusste, dass die biblische Wahrheit das Mittel ist, durch das Gott Sünder bekehrt. Er war überzeugt, dass er als Prediger verantwortlich ist, sowohl die negativen als auch die positiven Aspekte dieser Wahrheit so klar wie möglich zu verkünden.

Charles Finney

Leider kam eine spätere Generation von Predigern auf, die in ihrer Evangelisationsmethode nicht so ausgewogen und sorgfältig waren und deren Theologie nicht so schriftgemäß war. Charles Finney, der Anfang des 19. Jahrhunderts vom Rechtsanwalt zum Erweckungsprediger umgesattelt hatte, sah die Bekehrung als ein Werk des *Menschen* an. Finney behauptete, dass Erweckung tatsächlich *gemacht* werden könne, wenn die Prediger nur die rechten Mittel einsetzen. Er schrieb:

> In der Religion gibt es nichts, was über die üblichen Kräfte der Natur hinausgeht. Sie besteht gänzlich in der *richtigen Anwendung* der Naturkräfte. Erweckung ist genau das und nichts anderes ... Eine Erweckung ist weder ein Wunder, noch hängt sie in irgendeiner Weise von einem Wunder ab. Sie ist ein rein philosophisches Ergebnis der rechten Anwendung der dazu nötigen Mittel – so wie jeder andere Effekt durch die Anwendung der geeigneten Mittel hervorgerufen werden kann.[2]

Finney leugnete sogar, dass die Wiedergeburt ein souveränes Werk des Heiligen Geistes ist (vgl. Joh 3,8). Stattdessen lehrte er, die Wiedergeburt sei etwas, was der Sünder bewerkstellige: »Durch die Wahrheit beeinflusst der Geist Gottes den Sünder dahingehend, sich zu ändern, und in diesem Sinne ist er die wirksame Ursache der Veränderung. *Aber der Sünder ist es, der sich letztlich ändert, und deshalb ist er im strengsten Sinne selbst der Urheber der Veränderung* ... Die Änderung des Herzens ist des Sünders eigene Handlung.«[3]

Finney glaubte, man könne Menschen psychologisch manipulieren, so dass sie sich auf das Evangelium einlassen. Eines seiner Lieblingsmittel zum Aufpuschen der Emotionen war es, leidenschaftlich über die drohenden Flammen der Rache Gottes zu predigen. Dadurch versuchte er, den Zuhörern Angst einzujagen, damit sie das Evangelium annahmen. Während Edwards auf den Heiligen Geist vertraute, um durch die biblische Wahrheit Sünder zu bekehren, glaubte Finney, es sei die Aufgabe des Predigers, die erwünschte Reaktion hervorzurufen, und zwar durch Überzeugungskunst, Einschüchterung, Manipulation oder jegliche andere erdenkliche Mittel. Er stellte fest, dass die Verängstigung der Zuhörer eine sehr effektive Methode war, um eine positive Reaktion hervorzurufen. Sein Repertoire umfasste jede Menge Predigten, die darauf ausgelegt waren, die Ängste der Ungläubigen zu schüren.

Die Prediger, die Finneys Methoden übernahmen, führten diese oft bis in groteske Extreme weiter. Das Predigen über den Zorn Gottes war oft nichts als eine theatralische Aufführrung. Und das Thema des Zornes Gottes gegen Sünde wurde schließlich unter Ausschluss der Liebe Gottes verkündet.

D. L. Moody

All das hatte tiefgreifende Auswirkungen auf das landläufige Gottesbild. Der typische Christ Mitte des 19. Jahrhunderts wäre empört über den Gedanken, dass Gott Sünder liebe. Sogar D. L. Moody, der ja gerade für seinen starken Nachdruck auf die Liebe Gottes bekannt ist, hatte zuvor eine andere Auffassung. Als er das erste Mal einen anderen Evangelisten die Liebe Gottes zu Sündern verkünden hörte, war er sogar erschrocken.

Der Evangelist, den Moody hörte, war ein bescheidener englischer Prediger, der bekehrte Taschendieb Harry Moorhouse. Im Winter 1868 tauchte Moorhouse unerwartet in Chicago auf und bot an, in Moodys Gemeinde zu predigen. Moody stand gerade im Begriff, für ein paar Tage zu einem Dienst nach St. Louis abzureisen und bezweifelte, dass Moorhouse zum Predigen befähigt sei. Er hatte Moorhouse jedoch zuvor bei einem Englandaufenthalt kennen gelernt und willigte daher zögernd ein, dass dieser Engländer an einem Wochentag im Keller des Gemeindehauses predigen könne.

Als Moody am Samstag von seiner Reise heimkehrte, fragte er seine Frau, wie die Predigt von Moorhouse gewesen sei.

»Er predigt etwas anders als du«, sagte sie. »Er predigt, dass Gott Sünder liebt.«

»Er irrt«, antwortete Moody.

Mrs. Moody riet ihrem Gatten, sich erst dann ein Urteil zu erlauben, wenn er Moorhouse selber predigen gehört habe. »Ich denke, du wirst ihm zustimmen, wenn du ihn hörst, denn er belegt alles, was er sagt, mit der Bibel.«

J. C. Pollock berichtet, was in den darauffolgenden Tagen geschah:

> Am Sonntagmorgen bemerkte Moody ... dass alle seine Gemeindeglieder Bibeln bei sich trugen. Er hatte ihnen nie gesagt, dass sie zum Gottesdienst Bibeln mitbringen soll-

ten. »Es war etwas seltsam, alle diese Leute mit Bibeln zu sehen und das ständige Rascheln beim Blättern zu hören.«

Moorhouse verlas seinen Text: »Johannes 3,16: Denn also hat Gott die Welt geliebt, dass er seinen eingeborenen Sohn gab, auf dass alle, die an ihn glauben, nicht verloren werden, sondern das ewige Leben haben.« Aber anstatt nun seine Predigt in erstens, zweitens und drittens einzuteilen, wie es der üblichen Art der Prediger entsprach, ging Moorhouse, wie Moody bemerkte, »von der Schöpfungsgeschichte bis zur Offenbarung, um zu beweisen, dass Gott die Sünder liebe; und ehe er damit noch zu Ende war, hatte er zwei oder drei meiner Predigten bereits völlig widerlegt.« Moodys Lehre, dass Gott nicht nur die Sünde, sondern auch den Sünder hasse, war völlig zerschmettert worden. »Bis zu diesem Augenblick hatte ich nicht gewusst, wie sehr uns Gott liebt. Mein Herz fing an zu tauen, ich konnte die Tränen nicht zurückhalten.« Revell Fleming erinnerte sich sein Leben lang an Moodys Anblick, wie er an diesem Sonntagmorgen, am 8. 2. 1868, die Worte des Predigers in sich einsog. »Und am Abend stand der kleine Moorhouse wieder auf dem Podium und trat in seiner Verlegenheit von einem Fuß auf den anderen, doch alle diese Äußerlichkeiten vergaß man, wenn man die Botschaft hörte, die er verkündigte.« Der Text war derselbe: »Also hat Gott die Welt geliebt …« Und wieder wurde er von der Schöpfungsgeschichte bis zur Offenbarung behandelt, wenn auch auf einem anderen Weg. Es handelte sich nicht so sehr um eine Predigt, als vielmehr um eine Aneinanderreihung von Schriftstellen, die kurz kommentiert wurden, so dass sie schließlich das bildeten, was man später mit einem etwas seltsamen Ausdruck eine »Bibellese« zu nennen pflegte.

Am Ende sprang Moody auf. »Mr. Moorhouse wird in dieser Woche jeden Abend sprechen. Alle sollen kommen! Sagen Sie das auch Ihren Freunden!«

Abend für Abend verkündete Moorhouse: »Also hat Gott die Welt geliebt …« und führte seine Hörer auf einem neuen Weg durch die Bibel: »Meine Freunde, eine ganze

Woche lang habe ich jetzt versucht euch zu sagen, wie sehr Gott euch liebt, aber ich kann es nur mit einer armseligen, stammelnden Zunge erklären ...«

Draußen, in der kalten Februarluft, verlief das Leben der großen Stadt wie alle Tage. Händler täuschten und betrogen, die Armen drängten sich in zerlumpten Kleidern um rauchende Öfen, Seeleute von eingefrorenen Schiffen lungerten herum oder betranken sich. In der Illinois Street aber war in dieser Gruppe aus einfachen Bürgern, ein paar frisch Eingewanderten und wenigen Reichen der Geist der Liebe lebendig geworden. D. L. Moody wandelte sich. Von dieser Zeit an wurde er zu einem Apostel der Liebe Gottes. Der Widerspruch in ihm löste sich auf.[4]

Diese Begebenheit krempelte Moodys evangelistischen Verkündigungsstil um. Von da an gebrauchte Gott Moody, um sowohl England als auch Amerika mit dem schlichten Evangelium der Liebe und Gnade zu erreichen. Denen, die sich der Güte Gottes überhaupt nicht bewusst waren, verkündete er, dass Gott ein Gott des Erbarmens und der Gnade ist. Ganzen Volksmengen, die eingetrichtert bekommen hatten, Gott sei nur ein zorniger Richter, verkündete er, dass Gott »barmherzig und gnädig ist, langsam zum Zorn und reich an Gnade und Treue« (2Mo 34,6; vgl. 2Chr 30,9; Neh 9,17.31; Ps 103,8; 111,4; 112,4; 116,5; Joel 2,13; Jon 4,2). Moody war das Werkzeug zur Wiederentdeckung der zuvor fast vergessenen Wahrheit, dass Gott Liebe ist.

Moderner Liberalismus

Doch mit dem Aufkommen der liberalen Theologie schwenkte das Pendel zu stark auf die andere Seite über. Der *Liberalismus* (der manchmal auch *Modernismus* genannt wird) war eine Entartung des christlichen Glaubens und beruhte auf einer pauschalen Leugnung der Autorität und Inspiration der Bibel. Im 19. Jahrhundert war er ein ständig wachsender Trend, stark beeinflusst von Strömungen aus der deutschen Theologie (Friedrich Schleiermacher und Albrecht Ritschl gehörten zu den führenden deutschen Theologen, die für den Liberalismus verantwortlich sind). Der Liberalismus behielt zwar einige ethische Lehren des Christentums bei, attackierte jedoch die historische Grundlage des Glaubens. Liberale leugneten die Gottheit Jesu, die Historizität der Bibel und die Einzigartigkeit des christlichen Glaubens. Stattdessen verkündeten sie die Bruderschaft der ganzen Menschheit unter der Vaterschaft Gottes – und behaupteten folglich nachdrücklich, dass Gottes einzige Einstellung gegenüber der Menschheit die reine Liebe sei.[5] Das Thema Liebe wurde sogar zum alles überragenden Auslegungsprinzip für Liberale. Wenn eine Schriftstelle nicht ihrer Definition von göttlicher Liebe entsprach, wurde sie als nicht zur Bibel gehörend verworfen.[6]

Anfang des 20. Jahrhunderts wurde der Großteil der protestantischen Kirchen im Sturm vom Liberalismus erobert. Man kann sagen, dass die erste Hälfte des 20. Jahrhunderts den schlimmsten geistlichen Niedergang seit der Reformation mit sich brachte. Der evangelikale Glaube, der das protestantische Nordamerika seit der Zeit der Gründerväter geprägt hatte, wurde aus den konfessionellen Schulen und Gemeinden förmlich ausgetrieben. Dieser evangelikale Glaube musste dann außerhalb der großen Denominationen überleben und konnte dort sogar florieren. Aber er gewann nie seinen Einfluss in den Volkskirchen zurück. Stattdessen wuchs er hauptsächlich in den relativ kleinen Denominationen und unabhängigen Ortsgemeinden. Innerhalb weniger Jahrzehnte zerstörte der Liberalismus die größten protestantischen Denominationen in Amerika und Europa.

Harry Emerson Fosdick

Einer der bekanntesten Sprecher der liberalen Christen war Harry Emerson Fosdick, Pastor der Riverside Church in New York. Obwohl Fosdick fest der liberalen Theologie verpflichtet blieb, erkannte er dennoch an, dass die neue Theologie die Vorstellung von einem heiligen Gott untergräbt. In einer Gegenüberstellung von seiner Zeit mit der Zeit Jonathan Edwards' schrieb er:

> Jonathan Edwards' Predigt in Enfield beschreibt, wie Sünder über den flammenden Abgrund der Hölle gehalten werden – von den Händen eines zornigen Gottes, der sie jeden Augenblick fahren lassen könnte. Diese Rede war derart aufwühlend, dass dabei Frauen in Ohnmacht fielen und starke Männer sich in Seelenangst an die Säulen der Kirche klammerten. *Offensichtlich glauben wir nicht mehr an einen solchen Gott*, und in einer typischen Gegenreaktion fallen wir ins andere Extrem. Deshalb haben wir in der Theologie der jüngeren Zeit einen äußerst sanften, gütigen Gott gelehrt ... Ja, der Gott der neuen Theologie scheint über Sünde nicht sonderlich besorgt zu sein; man warnt keinesfalls davor, dass er schwere Strafen auferlegen wird; er sei ein toleranter Vater und wenn wir sündigen, sei ein freundliches »Entschuldige bitte« offenbar mehr als ausreichend, um die Sache wieder in Ordnung zu bringen.[7]

Hier hatte Fosdick offenbar seine Sternstunde der Wahrheit. Ganz richtig sah er, dass der Liberalismus zu einem verzerrten und unausgewogenen Gottesbild führte. Er konnte sogar weit genug vorausschauen, um zu erkennen, dass der Liberalismus die Gesellschaft in ein gefährliches Niemandsland der Unmoral führte, wo »die Sünde des Menschen, seine Habgier, seine Selbstsucht und seine Raffgier im Laufe der Jahre zu einer Unmenge von Konsequenzen führen werden, bis schließlich die ganze Erde im Wahn kollabieren und in den Untergang fahren wird.«[8]

Trotz alledem erkannte Fosdick letztlich nicht an, dass der Zorn Gottes gegenüber unbußfertigen Sündern eine buchstäbliche Wirklichkeit ist. Für ihn war der Zorn Gottes nichts weiteres als eine Metapher für die natürlichen Konsequenzen von Fehlverhalten. Im Kielwasser des 1. Weltkriegs schrieb er: »*Der moralische Zustand der Welt hat uns in die Hölle gestürzt.*«[9] Seine Theologie tolerierte keinen persönlichen Gott, dessen gerechter Zorn gegen Sünde entbrennt. Für Fosdick war die Androhung eines buchstäblichen Höllenfeuers ein Relikt aus barbarischer Zeit. »*Offensichtlich glauben wir nicht mehr an einen solchen Gott.*«

Gottes Liebe und die Christenheit von heute

Diese Aussage schrieb Fosdick vor etwa achtzig Jahren. Leider ist das, was damals für den Liberalismus galt, heute auch für die Evangelikalen nur allzu wahr. Wir haben den Glauben an den realen Zorn Gottes verloren. Wir haben seinen Hass auf die Sünde ignoriert. Der Gott, den die meisten Evangelikalen heute beschreiben, ist nur liebevoll und überhaupt nicht zornig. Wir haben vergessen, dass es »furchtbar ist, in die Hände des lebendigen Gottes zu fallen!« (Hebr 10,31). *Wir glauben nicht mehr an einen solchen Gott.*

Ironischerweise verhindert diese Überbetonung des Wohlwollens Gottes in Wirklichkeit ein gesundes Verständnis von der Liebe Gottes. Einige Theologen sind so versessen auf dieses Gottesbild reiner Liebe, dass sie Unglück und Unerwünschtes als Anzeichen dafür ansehen, dass Gott nicht wirklich alles unter Kontrolle hat. Sie glauben, wenn Gott wirklich liebevoll ist, könne er nicht absolut souverän sein. Diese Auffassung degradiert Gott zu einem Opfer des Bösen.[10]

Unmengen haben diese katastrophale Vorstellung übernommen, Gott sei nicht imstande, mit Bösem fertig zu werden. Sie glauben, er sei gütig, aber eingeschränkt oder vielleicht distanziert oder einfach gleichgültig gegenüber der Bosheit der Menschen. Wundert es, dass Menschen mit einem solchen Gottesbild seine Heiligkeit leugnen, seine Liebe für selbstverständlich nehmen und seine Gnade und Barmherzigkeit ausnutzen? Gewiss würde niemand einen solchen Gott fürchten.

Doch die Bibel sagt uns immer wieder, dass die *Furcht* Gottes gerade die Grundlage wahrer Weisheit ist (Hiob 28,28; Ps 111,10; Spr 1,7; 9,10; 15,33; Mi 6,9). Oft wird versucht, die Bedeutung dieser Verse wegzuerklären, indem man sagt, hier sei eine Furcht gemeint im Sinne frommer Ehrfurcht und Ehrerbietung. Sicherlich gehört zur Gottesfurcht auch Ehrfurcht und Ehrerbietung, aber sie schließt buchstäblichen heiligen Schrecken nicht aus. »Den HERRN der Heerscharen, den sollt ihr heiligen! *Er* sei eure Furcht, und *er* sei euer Schrecken!« (Jes 8,13).

Wir müssen etwas von diesem heiligen Schrecken zurückerlangen, der mit einem richtigen Verständnis von Gottes gerechtem Zorn einhergeht. Wir müssen uns darauf besinnen, dass Gottes Zorn *tatsächlich* gegen unbußfertige Sünder entbrennt (Ps 38,2-4). Gerade diese Realität macht seine Liebe so erstaunlich. Deshalb müssen wir diese Wahrheiten mit derselben Überzeugung und Inbrunst verkünden wie die Liebe Gottes. Nur vor dem Hintergrund des Zornes Gottes kann die volle Bedeutung der Liebe Gottes wirklich verstanden werden. Genau das ist die Botschaft des Kreuzes Jesu Christi. Schließlich war es am Kreuz, wo Gottes Liebe und sein Zorn in majestätischer Fülle aufeinander trafen.

Nur wer sich selbst als Sünder in den Händen eines zornigen Gottes ansieht, kann die Größe und Faszination seiner Liebe wirklich wertschätzen. In dieser Hinsicht ist unsere Generation sicherlich beträchtlich im Nachteil gegenüber allen früheren Zeiten. Uns wurde so lange die Lehre des Selbstwertgefühls eingetrichtert, dass sich die meisten nicht als Sünder betrachten, die den Zorn Gottes verdient haben. Außerdem haben liberale Theologie, Humanismus, evangelikale Kompromissbereitschaft und Unkenntnis der Bibel das Ihrige getan, um ein richtiges Verständnis davon, wer Gott ist, zu verhindern. Ironischerweise ist es so, dass in einer Generation, die sich Gott als rundum liebevoll und ohne jeden Zorn vorstellt, nur wenige begreifen, was Gottes Liebe wirklich bedeutet!

Es ist von entscheidender Wichtigkeit, *wie* wir mit diesem Missverständnis unserer Generation umgehen. Auf die Überbetonung der Liebe Gottes dürfen wir nicht mit einer Leugnung der Liebe Gottes reagieren. Das unausgewogene Gottesbild unserer Zeit kann nicht durch eine ebenso falsche, entgegengesetzte Unausgewogenheit korrigiert werden. Ich fürchte, dass dies in manchen Kreisen eine sehr reale Gefahr ist. Eine der tiefen Sorgen, die mich zu diesem Buch veranlasst haben, ist der steigende Trend, den ich beobachtet habe – insbesondere unter solchen Christen, die der biblischen Wahrheit von Gottes Souveränität und Erwählung verpflichtet sind. Einige von ihnen streiten pauschal ab, dass Gott jene Menschen, die nicht zum Heil erwählt sind, überhaupt in irgendeinem Sinne liebt.

Ich bin von der Bibel her überzeugt, dass Gott in der Errettung von Sündern absolut souverän ist. Die Errettung »liegt … nicht an dem Wollenden, auch nicht an dem Laufenden, sondern an dem begnadigenden Gott« (Röm 9,16). Wir sind nicht aufgrund von irgendetwas Gutem in uns erlöst, sondern weil Gott uns zum Heil erwählt hat. Er hat bestimmte Personen erwählt und bestimmte andere nicht, und diese Wahl hat er in der ewigen Vergangenheit getroffen, vor Grundlegung der Welt (Eph 1,4). Außerdem erwählte er, ohne irgendetwas zu berücksichtigen, was er an den Erwählten voraussah – er erwählte einfach »nach dem Wohlgefallen seines Willens, zum Preise der Herrlichkeit seiner Gnade« (Eph 1,5-6). Erwählung gründet in der Liebe Gottes. Die Erwählten sind jene, zu denen er sagt: »Ja, mit ewiger Liebe habe ich dich geliebt; darum habe ich dir meine Güte bewahrt« (Jer 31,3).

Doch sicherlich können wir diesen Wahrheiten zustimmen, ohne dabei zu schlussfolgern, dass Gottes Haltung gegenüber den Nichterwählten völlig von Hass bestimmt sei.

Ich bin besorgt über die Neigung einiger oft junger Menschen, die frisch mit der reformatorischen Lehre konfrontiert wurden und dann fest behaupten, dass Gott unmöglich jene lieben könne, die niemals Buße tun und glauben. Diese Ansicht kommt anscheinend immer häufiger vor. Die Argumentation verläuft stets etwa so: In Psalm 7,12 heißt es: »Gott ist ein gerechter Richter und ein strafender Gott an jedem Tag.« Es scheint also logisch zu sein: Wenn Gott jeden Menschen liebt, müsse er auch jeden zum Heil erwählt haben. Deshalb liebt Gott diejenigen nicht, die nicht erwählt sind. Die Vertreter dieser Auffassung versuchen oft mit ausführlichen Argumenten zu zeigen, dass Johannes 3,16 nicht wirklich bedeutete, dass Gott die ganze Welt liebt.

Das vielleicht beste Argument für diese Sichtweise findet sich in der ungekürzten Fassung eines ansonsten exzellenten Buches: *Die Souveränität Gottes* von Arthur W. Pink.[11] Pink schrieb: Gott liebt, wen er erwählt. Er liebt nicht jeden.«[12] An späterer Stelle fügte er hinzu:

> Stimmt es, dass Gott denjenigen *liebt*, der seinen geliebten Sohn *verachtet* und verwirft? Gott ist sowohl Licht als auch Liebe, und deshalb muss seine Liebe eine *heilige* Liebe sein. Dem Christus-Verächter zu sagen, Gott liebe ihn, bedeutet sein Gewissen zu verhärten und ihm ein Gefühl der Sicherheit in seinem sündigen Zustand zu vermitteln. Die Tatsache ist, dass die Liebe Gottes eine Wahrheit nur für die Gläubigen ist, und sie den Feinden Gottes zu präsentieren, bedeutet, den Kindern das Brot wegzunehmen und es den Hunden vorzuwerfen. Abgesehen von Johannes 3,16 lesen wir in den vier Evangelien kein einziges Mal, dass der Herr Jesus – der vollkommene Lehrer – Sündern sagt, dass Gott sie liebt![13]

In einem Anhang der ungekürzten Fassung argumentiert Pink, dass das Wort *Welt* in Johannes 3,16 (»So sehr hat Gott die Welt geliebt ...«) »sich auf die *Welt der Gläubigen beziehe* (Gottes Auserwählte), im Gegensatz zur ›*Welt der Gottlosen*‹«[14]

Pink wollte auf den springenden Punkt hinaus, dass Gott in der Erweisung seiner Liebe souverän ist. Die Hauptaussage seiner Argumentation ist sicherlich richtig: Es ist Torheit zu glauben, Gott liebe alle gleich oder sei durch irgendeine Regel der Gerechtigkeit gezwungen, jeden in gleicher Weise zu lieben. Die Schrift lehrt, dass Gott liebt, weil er zu lieben wählt (vgl. 5Mo 7,6-7), weil er liebevoll ist – weil er Liebe ist (1Jo 4,8) – und nicht, weil er unter irgendeiner Verpflichtung steht, alle gleich zu lieben. Nichts anderes als Gottes souveränes und eigenes Wohlgefallen veranlasst ihn, Sünder zu lieben. Nichts anderes als seine eigene Souveränität bestimmt seine Liebe. Das muss wahr sein, weil es gewiss in keinem Sünder irgendetwas gibt, was ihn nur im geringsten Maße würdig macht, von Gott geliebt zu werden.

Leider hat Pink die Logik zu weit ausgereizt. Die Tatsache, dass einige Sünder nicht zum Heil erwählt sind, beweist nicht, dass es in Gottes Haltung ihnen gegenüber überhaupt keine echte Liebe gäbe. Aus der Bibel wissen wir, dass Gott sogar zu den hartnäckigsten Sündern mitleidig, freundlich, großherzig und gütig ist. Wer könnte abstreiten, dass diese Barmherzigkeiten aus Gottes grenzenloser Liebe fließen? Vielmehr ist offensichtlich, dass diese Gütigkeiten auch auf unbußfertige Sünder ausgeschüttet werden. Paulus schreibt z. B., dass die Erkenntnis der Güte, Geduld und Langmut Gottes die Sünder zur Buße führen soll (Röm 2,4). Doch Paulus schreibt auch, dass viele Empfänger von Gottes Liebeserweisen diese verschmähen und sich dadurch Zorn aufhäufen für den Tag des Zorns (V. 5). Die Hartherzigkeit des Sünders ist der einzige Grund, weshalb Menschen in ihren Sünden verharren, obwohl Gott ihnen Güte erweist. Ist Gott deshalb unaufrichtig, wenn er Barmherzigkeiten über sie ausschüttet und sie zur Buße ruft? Und wie kann man schlussfolgern, Gottes wahre Haltung gegenüber den Verächtern seiner Gütigkeiten bestünde in nichts anderem als schierem Hass?

Ich möchte jedoch anerkennen, dass die Liebe Gottes zu den Gottlosen nicht so einfach zu erklären ist wie die meisten modernen Evangelikalen es darzustellen versuchen. Die Aussage des Psalmisten: »Ich habe die Versammlungen der Übeltäter gehasst« (Ps 26,5), ist eindeutig in gewissem Sinne ein Ausdruck der Gedanken Gottes. »Sollte ich nicht hassen, HERR, die dich hassen, und sollte mir nicht ekeln vor denen, die gegen dich aufstehen? Mit äußerstem Hass hasse ich sie. Sie sind Feinde für mich« (Ps 139,21-22). Ein solcher Hass, wie ihn der Psalmist hier zum Ausdruck bringt, ist eine Tugend, und wir haben jeden Grund zur Schlussfolgerung, dass es ein Hass ist, an dem Gott selbst Anteil hat. Schließlich sagte er tatsächlich: »Ich habe Jakob geliebt; Esau aber habe ich gehasst« (Mal 1,2-3; Röm 9,13). Im Kontext wird deutlich, dass Gott hier von einem ganzen *Volk* von gottlosen Menschen sprach. Daher gibt es einen wahren und echten Sinn, in welchem die Bibel lehrt, dass Gott die Gottlosen hasst.

Viele versuchen die dadurch aufgeworfene Schwierigkeit durch das Argument zu umgehen, dass Gott zwar Sünde hasse, aber nicht den Sünder. Aber warum verdammt Gott dann den Sünder und übergibt ihn – und nicht bloß die Sünde – der ewigen Hölle? Wir können die Tragweite dieser Wahrheit sicherlich nicht von der Hand weisen, indem wir Gottes Hass auf die Gottlosen leugnen. Ebenso wenig sollten wir meinen, dass ein solcher Hass ein Makel auf dem Charakter Gottes wäre. Es ist ein heiliger Hass, der in vollkommener Harmonie steht zu seiner makellosen, unnahbaren, unbegreiflichen Heiligkeit.

Gottes Liebe zur ungläubigen Welt

Doch ich bin von der Bibel her überzeugt, dass Gottes Hass gegen die Gottlosen kein purer Hass ist ohne jede Spur von Mitleid, Erbarmen oder Liebe. Aus Erfahrung wissen wir, dass Liebe und Hass sich nicht unbedingt gegenseitig ausschließen. Es ist keineswegs ungewöhnlich, für eine Person gleichzeitig die konkurrierenden Gefühle von Liebe und Hass zu empfinden. Wir sprechen oft von Menschen, die eine Beziehung der Hassliebe zueinander haben. Es gibt keinen Grund zu verleugnen, dass Gottes Hass gegen die Gottlosen in einem unendlich reineren und nobleren Sinne mit einer echten, mitleidigen Liebe zu ihnen einhergeht.[15]

Die Tatsache, dass Gott all jene Sünder in die ewige Hölle schicken wird, die in Sünde und Unglauben verharren, beweist seinen Hass auf sie. Andererseits gilt: Die Tatsache, dass Gott allen, die auf Christus als ihren Retter vertrauen, Vergebung verheißt und sie in seine ewige Herrlichkeit bringen wird – und Sünder sogar zur Buße drängt –, beweist seine Liebe zu ihnen.

Wir müssen begreifen, dass es Gottes ureigenes Wesen ist, zu lieben. Die Begründung, mit der uns der Herr befahl, unsere Feinde zu lieben, lautet: »… damit ihr Söhne eures Vaters seid, der in den Himmeln ist! Denn er lässt seine Sonne aufgehen über Böse und Gute und lässt regnen über Gerechte und Ungerechte« (Mt 5,45). Hier charakterisierte der Herr Jesus seinen Vater eindeutig als jemanden, der sogar jene liebt, die bewusst in Feindschaft gegen ihn leben.

Wir fragen zwar alle oft, warum ein liebender Gott zulässt, dass seinen Kindern Böses geschieht, aber wir sollten uns ebenso fragen, warum ein heiliger Gott bösen Menschen Gutes tut. Die Antwort ist, dass Gott auch zu denen barmherzig ist, die nicht zu ihm gehören.

An dieser Stelle müssen wir jedoch eine wichtige Unterscheidung treffen: Gott liebt die Gläubigen mit einer ganz besonderen Liebe. Sie ist eine innerfamiliäre Liebe, die höchste Liebe eines ewigen Vaters zu seinen Kindern. Sie ist die vollkommene Liebe eines Bräutigams zu seiner Braut. Sie ist eine ewige Liebe, die den Geliebten die Rettung von Sünde und von deren grässlichen Strafe garantiert. Diese besondere Liebe ist nur den Gläubigen vorbehalten. Das Einschränken dieser rettenden, ewigen Liebe Gottes zu seinen Erwählten macht Gottes Mitleid, Erbarmen, Güte und Liebe gegenüber dem Rest der Menschheit nicht unecht oder bedeutungslos. Wenn Gott Sünder einlädt, Buße zu tun und Vergebung zu empfangen (Jes 1,18; Mt 11,28-30), kommt sein Appell aus einem aufrichtigen Herzen echter Liebe. »So wahr ich lebe, spricht der Herr, HERR: Wenn ich Gefallen habe am Tod des Gottlosen! Wenn nicht vielmehr daran, dass der Gottlose von seinem Weg umkehrt und lebt! Kehrt um, kehrt um von euren bösen Wegen! Ja, warum wollt ihr sterben, Haus Israel?« (Hes 33,11). Eindeutig liebt Gott tatsächlich sogar jene, die seine liebevolle Gnade verschmähen, aber hier handelt es sich um eine andere Qualität von Liebe, die anders bemessen ist als die Liebe zu den Seinen.

Wir können dazu folgende Parallele aus dem menschlichen Bereich aufzeigen: Ich liebe meine Nächsten. Zahlreiche Schriftstellen gebieten mir, sie so zu lieben wie mich selbst (z. B. 3Mo 19,18; Mt 22,39; Lk 10,29-37). Ich liebe auch meine Frau. Auch das steht in Übereinstimmung mit der Bibel (Eph 5,25-28; Kol 3,19). Aber die Liebe zu meiner Frau ist eindeutig etwas Höheres, sowohl von ihrem Ausmaß als auch in ihrer Qualität, im Vergleich zur Liebe zu meinem Nächsten. Meine Frau habe ich erwählt, meinen Nächsten habe ich nicht erwählt. Ich habe meine Frau aufgrund meines Willensentschlusses in meine Familie aufgenommen, um den Rest meines Leben mit ihr zusammen zu leben. Es besteht kein Grund zur Annahme, dass meine Liebe zu meinen Nächsten nicht echt und aufrichtig sei, nur weil ich ihnen nicht dieselben Vorrechte einräume wie meiner Frau. Genauso ist es bei Gott. Er liebt die Erwählten in einer besonderen Weise, die nur ihnen vorbehalten ist. Aber das macht seine Liebe zum Rest der Menschheit um nichts weniger real.

Darüber hinaus gilt sogar im menschlichen Bereich, dass mit der Liebe zum Ehepartner und der Liebe zum Nächsten längst nicht die verschiedenen Formen von Liebe erschöpft sind. Ich liebe auch meine Kinder mit höchster Inbrunst; doch auch sie liebe ich mit einer anderen Qualität von Liebe als ich meine Frau liebe. Und ich liebe meine gläubigen Nachbarn in einer innigeren Weise als meine ungläubigen Nachbarn. Offensichtlich gibt es verschiedenste Arten und Intensitäten echter Liebe. Warum fällt es uns so schwer uns vorzustellen, dass auch Gott verschiedene Menschen auf verschiedene Weise und mit verschiedenen Auswirkungen liebt?

Gottes Liebe zu den Erwählten ist eine unendliche, ewige, rettende Liebe. Aus der Bibel wissen wir, dass diese große Liebe der eigentliche Grund für unsere Erwählung war (Eph 2,4). Eine solche Liebe gilt eindeutig nicht allen Menschen gleich, sondern wird in einzigartiger und persönlicher Weise denen zuteil, die Gott in der ewigen Vergangenheit erwählt hat.

Doch daraus folgt nicht, dass Gottes Haltung gegenüber denen, die er nicht erwählt hat, purer Hass sein muss. Sein Appellieren an die Gottlosen, seine Gnadenangebote an die Verlorenen und seine Botschaft des Evangeliums an alle, die sie hören, sind sicherlich allesamt aufrichtige Liebeserweise aus dem Herzen eines liebenden Gottes. Wir denken daran, dass er kein Gefallen am Tod des Gottlosen hat, sondern Sünder gütig zur Umkehr von ihren bösen Wegen und Lebensweisen ruft. Er bietet allen das Wasser des Lebens kostenlos an (Jes 55,1; Offb 22,17). Diese Wahrheiten sind keineswegs unvereinbar mit der Wahrheit der Souveränität Gottes.

Die reformatorische Theologie war historisch der Zweig des Protestantismus, der am stärksten der Souveränität Gottes verpflichtet war. Doch dabei hat der Großteil der reformatorischen Theologen stets zugestimmt, dass Gott alle Sünder liebt. Johannes Calvin selbst schrieb über Johannes 3,16: »[Zwei] Punkte werden uns ausdrücklich gesagt: nämlich, dass Glauben an Christus allen Leben bringt, und dass Christus Leben gebracht hat, weil der Vater die Menschheit liebt und wünscht, dass sie nicht verloren gehen.«[16] Calvin fuhr fort und schrieb:

> [In Johannes 3,16 verwendet der Evangelist] den allgemeinen Ausdruck *jeder*, sowohl um alle ohne Unterschied einzuladen am Leben teilzuhaben, als auch jede Ausrede von Ungläubigen auszuschließen. Das ist auch die Bedeutung des Wortes *Welt*, das zuvor verwendet wurde. Denn zwar gibt es in der *Welt* nichts, was der Gunst Gottes würdig wäre, doch Gott zeigt seine Ambition, mit der ganzen Welt versöhnt zu werden, indem er alle ohne Ausnahme zum Glauben an Christus einlädt, und dieser Glaube ist nichts Geringeres als der Eingang ins Leben.
>
> Lasst uns andererseits bedenken, dass zwar das *Leben* uneingeschränkt *allen* verheißen ist, die an Christus *glauben*, doch Glauben nicht allen gemein ist, sondern allein die Erwählten sind es, deren Augen Gott öffnet, damit sie ihn durch Glauben suchen.[17]

Calvins Kommentare sind sowohl ausgewogen als auch biblisch. Er stellt heraus, dass weder die Einladung des Evangeliums noch »die Welt«, die von Gott geliebt wird, auf die Erwählten beschränkt ist. Aber er erkennt an, dass Gottes erwählende, besondere Liebe einzig seinen Erwählten zuteil wird.

Dieselben Wahrheiten wurden von einer ganzen Schar reformatorischer Vorkämpfer leidenschaftlich verteidigt, darunter Thomas Boston, John Brown, Andrew Fuller, W.G.T. Shedd, R.L. Dabney, B.B. Warfield, John Murray, R.B. Kuiper und viele andere.[18] Der Glaube an die Souveränität Gottes schließt in keiner Weise die Liebe Gottes zur ganzen Menschheit aus.

Heute sehen wir ein quasi noch nie dagewesenes Interesse an den Lehren der Reformation und der Zeit der Puritaner. Das erfreut mich in vielerlei Hinsicht. Für das Weiterbestehen der Christenheit ist eine Rückkehr zu diesen historischen Wahrheiten meiner Überzeugung nach unverzichtbar. Aber es ist eine Gefahr, wenn übereifrige Christen eine Lehre wie die der Souveränität Gottes missbrauchen, um Gottes aufrichtiges Gnadenangebot an alle Sünder abzustreiten.

Wir müssen bei unserer Beschäftigung mit der Liebe Gottes sorgfältig auf die Ausgewogenheit unserer Perspektive achten. Weder kann Gottes Liebe von seinem Zorn isoliert werden noch umgekehrt. Ebenso wenig sind seine Liebe und sein Zorn einander entgegengesetzt wie etwa ein mystisches Yin-Yang-Prinzip. Beide Eigenschaften sind konstant, vollkommen und ohne Kommen und Gehen. Gott selbst ist unveränderlich und unwandelbar. Er ist nicht in einem Augenblick liebevoll und im nächsten Augenblick zornig. Sein Zorn koexistiert mit seiner Liebe; deshalb widersprechen sich diese beiden nie. Weil Gott so vollkommen ist, können wir diese Dinge niemals ergründen. Vor allem dürfen wir sie nicht gegeneinander ausspielen, als gäbe es in Gott irgendeine Diskrepanz. Gott ist sich und seinem Wort stets treu (Röm 3,4; 2Tim 2,13).

Sowohl Gottes Zorn als auch seine Liebe dienen demselben letztendlichen Ziel: seiner Ehre. Gott ist verherrlicht in der Verdammung der Gottlosen und er ist verherrlicht in der Errettung seines Volkes. Sowohl der Ausdruck seines Zorns als auch der Ausdruck seiner Liebe sind beide notwendig, um seine volle Herrlichkeit zu offenbaren. Da seine Verherrlichung das große Ziel seines ewigen Planes ist und da alles, was er über sich selbst offenbart hat, für seine Verherrlichung notwendig ist, dürfen wir keinen Aspekt seines Charakters ignorieren. Wir können seine Liebe nicht auf Kosten anderer Wesenszüge hervorheben.

Wer jedoch Gott wirklich kennt, wird bezeugen, dass die tiefsten geistlichen Freuden aus der Erkenntnis seiner Liebe entspringen. Seine Liebe war es, die uns ursprünglich zu ihm zog: »Wir lieben, weil er uns zuerst geliebt hat« (1Jo 4,19). Seine Liebe – und gewiss nichts Würdiges in uns – ist der Grund, weshalb er uns errettet und mit so vielen geistlichen Segnungen überschüttet hat: »Gott aber, der reich ist an Barmherzigkeit, hat *um seiner vielen Liebe willen, womit er uns geliebt hat*, auch uns, die wir in den Vergehungen tot waren, mit dem Christus lebendig gemacht – durch Gnade seid ihr errettet! Er hat uns mitauferweckt und mitsitzen lassen in der

Himmelswelt in Christus Jesus« (Eph 2,4-6, Hervorhebungen hinzugefügt).

Bei unserer Beschäftigung mit diesem Thema werden wir in diesem Buch immer wieder auf diese Wahrheiten zurückkommen. Ich habe dabei nicht vor, polemisch zu werden. Meine einzige Absicht ist, Gottes Liebe in solcher Weise darzustellen, dass ihr strahlendes Licht das Herz des Lesers erfüllt. Wenn Sie gläubig sind, bete ich, dass die Herrlichkeit und Größe der Liebe Gottes Ihre Liebe zu ihm vergrößert und dass Sie die Freuden und Schmerzen eines Lebens begreifen, das von einem richtigen Verständnis der Liebe Gottes geprägt ist.

Wenn Sie nicht gläubig sind, wird Gott Sie vielleicht zu sich ziehen. Wir wissen aus der Bibel, dass er Sie zur Buße ruft und Ihnen das Wasser des Lebens anbietet. Es ist mein Gebet, dass Sie beim Lesen dieser Seiten die erstaunlichen Vorrechte der Liebe Gottes erkennen und dass Sie deshalb auf die Wahrheit des Wortes Gottes mit einem demütigen und gläubigen Herzen reagieren. Ich ermuntere Sie, sich an der Gnade zu sättigen, die der Herr Jesus mit diesen liebevollen Worten anbietet: »Kommt her zu mir, alle ihr Mühseligen und Beladenen! Und ich werde euch Ruhe geben. Nehmt auf euch mein Joch, und lernt von mir! Denn ich bin sanftmütig und von Herzen demütig, und ihr werdet Ruhe finden für eure Seelen; denn mein Joch ist sanft und meine Last ist leicht« (Mt 11,28-30).

Doch seien Sie gewarnt: Die Erkenntnis der Güte und Barmherzigkeit Gottes wird Ihre Verdammnis nur verschlimmern, wenn Sie ihn verschmähen. »Wie werden wir entfliehen, wenn wir eine so große Rettung missachten?« (Hebr 2,3). Gottes Liebe ist nur für bußfertige Sünder ein Zufluchtsort. Wer mit seiner Sünde zufrieden ist, sollte keinen Trost daran finden, dass Gott voll Erbarmen und Mitgefühl ist. Und unbußfertige Sünder, die dazu neigen, das Gnadenangebot des Retters zu verachten, sollten zuerst diese erhabene Warnung beachten: »Denn wenn wir mutwillig sündigen, nachdem wir die Erkenntnis der Wahrheit empfangen haben, bleibt kein Schlachtopfer für Sünden mehr übrig, sondern ein furchtbares Erwarten des Gerichts und der Eifer eines Feuers, das die Widersacher verzehren wird« (Hebr 10,26-27).

Dieses »furchtbare Erwarten des Gerichts und der Eifer eines Feuers, das die Widersacher verzehren wird« ist der einzige legitime Kontext, in welchem man die Liebe Gottes begreifen kann.

Ich will dich erheben, mein Gott, du König,
und deinen Namen preisen immer und ewig.
Täglich will ich dich preisen,
deinen Namen will ich loben immer und ewig.
Groß ist der HERR und sehr zu loben.
Seine Größe ist unerforschlich.
Ein Geschlecht wird dem andern rühmen deine Werke,
deine Machttaten werden sie verkünden.
Reden sollen sie von der herrlichen Pracht deiner Majestät,
und deine Wunder will ich bedenken.
Sie sollen sprechen
von der Kraft deiner furchtbaren Taten,
und deine Großtaten will ich erzählen.
Das Gedächtnis deiner großen Güte
werden sie hervorströmen lassen,
deine Gerechtigkeit werden sie jubelnd preisen.
Gnädig und barmherzig ist der HERR,
langsam zum Zorn und groß an Gnade.
Der HERR ist gut gegen alle,
sein Erbarmen ist über alle seine Werke.
Es werden dich loben, HERR, alle deine Werke
und deine Frommen dich preisen.
Sie werden sprechen von der Herrlichkeit deines Reiches,
sie werden reden von deiner Kraft,
um den Menschenkindern kundzutun deine Machttaten
und die prachtvolle Herrlichkeit deines Reiches.
Dein Reich ist ein Reich aller künftigen Zeiten,
deine Herrschaft dauert durch alle Geschlechter hindurch.
Der HERR stützt alle Fallenden,
er richtet auf alle Niedergebeugten.
Aller Augen warten auf dich,
und du gibst ihnen ihre Speise zu seiner Zeit.
Du tust deine Hand auf

und sättigst alles Lebendige nach Wohlgefallen.
Der HERR ist gerecht in allen seinen Wegen
und treu in allen seinen Werken.
Nahe ist der HERR allen, die ihn anrufen,
allen, die ihn in Wahrheit anrufen.
Er erfüllt das Verlangen derer, die ihn fürchten.
Ihr Schreien hört er und er hilft ihnen.
Der HERR bewahrt alle, die ihn lieben,
aber alle Gottlosen vertilgt er.
Mein Mund soll das Lob des HERRN aussprechen,
und alles Fleisch preise seinen heiligen Namen
immer und ewig!

Psalm 145 (Hervorhebungen hinzugefügt)

»Der Herr aber richte eure Herzen auf die Liebe Gottes und auf das Ausharren des Christus!« (2Thes 3,5).

Kapitel 2
Gott ist Liebe

Vor ein paar Jahren hörte ich auf einem Flug ein wenig Musik per Kopfhörer aus dem Programm. Mich erstaunte, dass es bei den meisten Liedern um Liebe ging. Damals predigte ich gerade fortlaufend durch den 1. Johannesbrief und deshalb war das Thema Liebe für mich sehr aktuell. Mir fiel auf, wie oberflächlich und seicht die meisten Texte waren: »She loves you, yeah, yeah, yeah« ist nach weltlichen Maßstäben ein Klassiker. Aber nur wenige würden behaupten, dass der Text sonderlich tiefgründig sei.

Mir wurde dadurch bewusst, wie leichtfertig unsere Kultur Liebe trivialisiert, indem sie sie als Gefühlsduselei darstellt. Die Liebe, von der wir in der Popmusik hören, wird fast immer als ein *Gefühl* beschrieben – und üblicherweise geht es dabei um unerfüllte Wünsche. Die meisten Liebeslieder beschreiben Liebe als eine Sehnsucht, eine Leidenschaft, ein Verlangen, das nie wirklich gestillt wird und als Menge von Erwartungen, die nie erfüllt werden. Dieser Art von Liebe fehlt leider jegliche tatsächliche Bedeutung. Sie ist eigentlich eine tragische Widerspiegelung der Verlorenheit des Menschen.

Als ich darüber nachdachte, wurde mir noch etwas anders klar: Die meisten Liebeslieder reduzieren Liebe nicht nur auf ein Gefühl, sondern machen sie zu einem *unfreiwilligen* Gefühl. Menschen *ver*lieben sich – man sagt, es hat sie »erwischt«. Sie werden durch dieses Liebesgefühl förmlich umgehauen. Sie können nicht anders. Sie werden verrückt vor Liebe. In einem Lied wehklagt der Sänger: »Ich bin an ein Gefühl festgenagelt«. Und ein anderer bekennt: »Ich glaub', meine Sinne verlassen mich.«

Es mag ja eine nette romantische Empfindung sein, Liebe als unbeherrschbare Leidenschaft zu charakterisieren, aber wer genauer darüber nachdenkt, wird merken, dass eine solche »Liebe« sowohl selbstsüchtig als auch unlogisch ist. Sie ist etwas ganz anderes als Liebe im Sinne der Bibel. Der Bibel zufolge ist Liebe keine zwanghafte Sehnsucht, sondern eine zielgerichtete Selbsthingabe. Wahre Liebe ist eine Sache des Willens – und nicht des blinden Gefühls. Betrachten wir z. B., wie Paulus Liebe beschreibt:

> Die Liebe ist langmütig, die Liebe ist gütig; sie neidet nicht; die Liebe tut nicht groß, sie bläht sich nicht auf, sie benimmt sich nicht unanständig, sie sucht nicht das Ihre, sie lässt sich nicht erbittern, sie rechnet Böses nicht zu, sie freut sich nicht über die Ungerechtigkeit, sondern sie freut sich mit der Wahrheit, sie erträgt alles, sie glaubt alles, sie hofft alles, sie erduldet alles (1Kor 13,4-7).

Diese Art von Liebe kann unmöglich ein Gefühl sein, das kommt und geht, ob wir wollen oder nicht. Sie ist keine bloße Emotion. Alle Eigenschaften der Liebe, die Paulus hier auflistet, beziehen den Verstand und den Willen mit ein. Anders ausgedrückt: Diese Liebe ist ein wohlüberlegter, bewusster Entschluss. Man beachte außerdem, dass echte Liebe »nicht das Ihre sucht«. D. h., wenn ich wirklich liebe, geht es mir nicht darum, dass meine eigenen Bedürfnisse gestillt werden, sondern darum, dass der, den ich liebe, etwas Gutes bekommt.

Das Kennzeichen wahrer Liebe ist also nicht zügellose Begierde oder wilde Leidenschaft, sondern Selbsthingabe. Jesus selbst unterstrich das, als er seinen Jüngern sagte: »Größere Liebe hat niemand als die, dass er sein Leben hingibt für seine Freunde« (Joh 15,13). Wenn Liebe Selbsthingabe ist, dann wird die größte Liebe dadurch erwiesen, dass man sein eigenes Leben für jemanden gibt. Das vollkommene Beispiel für eine solche Liebe ist natürlich Christus selbst.

Liebe ist das Herzstück des Charakters Gottes

Der Apostel Johannes wurde als »Apostel der Liebe« bezeichnet, weil er so viel über dieses Thema schrieb. Er war völlig begeistert davon und überwältigt von der Tatsache, dass Gott ihn liebt. In seinem Evangelium bezeichnet er sich oft als »der Jünger, den Jesus liebte« (Joh 21,20; vgl. 13,23; 20,2; 21,7).

In seinem ersten Brief schrieb Johannes: »Gott ist Liebe. Hierin ist die Liebe Gottes zu uns geoffenbart worden, dass Gott seinen eingeborenen Sohn in die Welt gesandt hat, damit wir durch ihn leben möchten« (1Jo 4,8-9). Diese Worte sind wie ein Echo des bekannten Verses Johannes 3,16: »Denn so hat Gott die Welt geliebt, dass er seinen eingeborenen Sohn gab, damit jeder, der an ihn glaubt, nicht verloren geht, sondern ewiges Leben hat.«

Wir wollen uns zuerst mit diesem einfachen Ausdruck aus 1. Johannes 4,8 näher befassen: »Gott ist Liebe.« In welchem Sinne ist Gott Liebe? Diese Aussage des Johannes kann auf vielerlei Weise missverstanden werden. Dieser Vers wird anscheinend sogar besonders gern von Sektierern herangezogen. Alle möglichen Sekten von der »Christlichen Wissenschaft« bis zu den »Kindern Gottes« haben diesen Vers missbraucht, um ihre wilden Irrlehren zu belegen. Die »Christliche Wissenschaft« beschreibt mit dieser Aussage »Gott als göttliches Prinzip – Liebe – und nicht als Person.«[1] Die »Kinder Gottes« rechtfertigen mit diesem Vers außerehelichen Verkehr.[2] Es ist wichtig, dass wir nicht nur diese Irrlehren durchschauen und verwerfen, sondern auch die falschen Grundgedanken, auf denen sie beruhen, damit wir nicht in unserem eigenen Denken in die Irre geleitet werden.

Erstens bedeutet der Ausdruck »Gott ist Liebe« nicht, dass Gott keine Person sei und lediglich eine Kraft, eine Wahrnehmung, ein Prinzip oder eine Art kosmischer Energie. Vielmehr ist er ein persönliches Wesen und hat alle Eigenschaften einer Person: Wille, Gefühl und Verstand. Was der Apostel tatsächlich sagt, ist, dass Gottes Liebe der höchste Ausdruck seiner Person ist. Wenn man daher anhand dieses Verses versucht, die Persönlichkeit Gottes zu leugnen, tut man der klaren Bedeutung des Bibeltextes Gewalt an. Eine solche Auslegung stellt den Text förmlich auf den Kopf.

Zweitens identifiziert dieser Vers keineswegs Gott mit allem, was in unserer Gesellschaft als Liebe bezeichnet wird.

Gordon Clark schrieb: »Johannes sagt nicht, dass alle Gefühlsregungen, die Liebe genannt werden, von Gott sind. Weder Romantik bei Goethe noch viel weniger die heutige sexuelle Unmoral sind von Gott.«[3] Wer sich auf diesen Vers beruft, um unrechtmäßige Formen von »Liebe« zu rechtfertigen, behauptet damit etwas absolut anderes, als der Apostel sagen wollte. Die Liebe, von der Johannes spricht, ist eine reine und heilige Liebe, die mit allen Eigenschaften Gottes harmoniert.

Drittens soll dieser Vers weder eine Definition von Gott liefern noch eine Zusammenfassung seiner Eigenschaften. Die Liebe Gottes schmälert oder annulliert in keiner Weise Gottes andere Eigenschaften – seine Allwissenheit, Allmacht, Allgegenwart, Unveränderlichkeit, souveräne Herrschaft, Gerechtigkeit, seinen Zorn gegen die Sünde oder sonst eine seiner glorreichen Vollkommenheiten. Wer auch nur eine dieser Eigenschaften leugnet, leugnet den Gott der Bibel.

Gewiss gibt es außer Liebe noch mehr, was das Wesen Gottes ausmacht. Das wird durch andere, ähnliche Ausdrücke in der Bibel deutlich. Beispielsweise schrieb derselbe Apostel auch »Gott ist Geist« (Joh 4,24). Wir haben bereits bemerkt, dass die Bibel auch sagt, dass Gott »ein verzehrendes Feuer ist« (5Mo 4,24; Hebr 12,29). Und Psalm 7,12 besagt: »Gott ist ein gerechter Richter und ein strafender Gott an jedem Tag.« Die einfache Aussage »Gott ist Liebe« offenbart eindeutig nicht alles, was über Gott zu offenbaren ist. Wir wissen aus der Bibel, dass er auch heilig und gerecht und seinem Wort treu ist. Gottes Liebe widerspricht nicht seiner Heiligkeit, sondern ergänzt und unterstreicht sie und verleiht ihr die tiefstmögliche Bedeutung. Somit können wir diesen einen Ausdruck nicht vom Rest der Bibel isolieren und versuchen, die Liebe zur repräsentativen Summe dessen zu erheben, was wir über Gott wissen.

Nebenbei bemerkt ist dieser Ausdruck »Gott ist Liebe« nicht einmal die einzige derartige Aussage im ersten Johannesbrief. In der Einleitung dieses Briefes nannte Johannes die Botschaft seines Schreibens in Kurzform: »dass *Gott Licht ist* und gar keine Finsternis in ihm ist« (1Jo 1,5; Hervorhebung hinzugefügt). Mit der Aussage »Gott ist Licht« spricht Johannes mehrere Gedanken an wie die Heiligkeit, Wahrheit und Herrlichkeit Gottes. Daher müssen wir beim Lesen dieses Briefes die beiden Aussagen »Gott ist Licht« und »Gott ist Liebe« ständig ausgewogen in unseren Gedanken bewahren. Ja, Gott *ist* Liebe, aber damit ist nicht alles gesagt, was wahr ist über Gott.

Dennoch wagen wir nicht, die Kraft dieser entscheidenden Aussage zu schmälern. Mit dem Satz »Gott ist Liebe« trifft der Apostel eine sehr starke Aussage über den Charakter und das Wesen Gottes. Es ist Gottes ureigenes Wesen zu lieben – sein ganzes Wesen ist von Liebe durchdrungen. Oder, wie John Stott schrieb: »Gott ist in seinem innersten Wesen Liebe.«[4] Stott nennt die biblische Aussage, dass Gott Liebe ist, »das umfassendste und erhabenste aller biblischen Zeugnisse über Gottes Wesen.«[5]

Die Aussage »Gott ist Liebe« ist so tiefgründig, dass niemand Geringeres als Augustinus sie als wichtigen Beweis für die Lehre der Dreieinigkeit ansah. Wenn Gott Liebe ist – d. h. wenn Liebe zu seinem innersten Wesen gehört –, dann hat er immer geliebt, sogar in der ewigen Vergangenheit, bevor es irgendein Geschöpf gab, dem seine Liebe gelten konnte. Augustinus meinte, dass diese Liebe zwischen den Personen der Dreieinigkeit bestanden haben muss: Der Vater liebte den Sohn usw. Augustinus zufolge bestätigt gerade die Tatsache, dass Gott Liebe ist, die Lehre von der Dreieinigkeit.

Die Liebe, die in 1. Johannes 4,16 beschrieben wird, ist gewiss eine ewige Realität. Sie fließt aus dem inneren Wesen Gottes und ist nicht eine Reaktion auf irgendetwas außerhalb der Person Gottes. Johannes schreibt nicht: »Gott *ist liebend*«, als beschreibe er eine von vielen Eigenschaften Gottes, sondern er schreibt: »Gott ist *Liebe*« – als wolle er sagen, dass Liebe alle seine Eigenschaften durchdringt und prägt.

Wir wissen z. B., dass Gott »heilig« ist, »unbefleckt, abgesondert von den Sündern und höher als die Himmel geworden« (Hebr 7,26). Als heiliger Gott wäre er vollkommen gerecht, wenn er alle Sünder mit höchster Verachtung ansehen würde. Aber seine Heiligkeit ist eine liebende Heiligkeit, die sich zu Sündern ausstreckt, um sie zu retten – das ist das Gegenteil von Verachtung und Gleichgültigkeit.

Liebe mildert sicherlich auch Gottes Gerichte. Welch ein Wunder ist es, dass er, der ein verzehrendes Feuer ist und ein unzugängliches Licht bewohnt, auch die personifizierte Liebe ist! Er verzögert seine Gerichte über die Sünde, während er die Sünder zur Buße aufruft. Er bietet allen freie Gnade an, die Buße tun. Er erweist sogar vielen Langmut und Güte, die ihr Herz gegen ihn verhärten. Die Liebe Gottes hält nicht nur den Zorn Gottes zurück, während Gott Sündern nachgeht – sie beweist auch, dass Gott gerecht ist, wenn er die Unbußfertigen letzten Endes doch verdammt.

Und sogar wenn er verdammt, gilt: »Gott ist Liebe.« Unser Gott erweist sich deshalb nicht nur als herrlich, sondern auch als gut; nicht nur makellos heilig, sondern auch wunderbar mitleidig, nicht nur gerecht, sondern auch als ein Gott beispielloser Liebe. Und diese Liebe strömt aus seinem innersten Wesen hervor.

Jeder, der liebt, ist aus Gott geboren und erkennt Gott

Aus der Wahrheit, dass Gott Liebe ist, schließt Johannes: »Die Liebe ist aus Gott« (1Jo 4,7). Gott ist die Quelle aller wahren Liebe. Liebe ist daher das beste Indiz dafür, dass jemand wirklich Gott kennt: »Jeder, der liebt, ist aus Gott geboren und erkennt Gott. Wer nicht liebt, hat Gott nicht erkannt« (1Jo 4,7-8). Anders ausgedrückt: Liebe ist der Beweis für ein wiedergeborenes Herz. Nur wahre Christen sind imstande, wirklich zu lieben.

Die Art von Liebe, von der Johannes hier spricht, ist eindeutig eine höhere, reinere Form von Liebe, als wir sie üblicherweise aus unserer Erfahrung kennen. Diese Liebe kommt nicht natürlicherweise aus dem Herzen des Menschen. Sie ist keine fleischliche Liebe, keine verliebte Liebe und noch nicht einmal eine natürliche Liebe zwischen Familienangehörigen. Sie ist eine übernatürliche Liebe, die nur denen eigen ist, die Gott kennen. Sie ist eine *göttliche* Liebe.

Johannes verwendete hier sogar ein griechisches Wort für Liebe, das im 1. Jahrhundert höchst unüblich war. Dieses Wort, *agape*, war ungebräuchlich, bis es durch das Neue Testament bekannt wurde. Wenn ein typischer Heide des 1. Jahrhunderts an Liebe dachte, kam ihm dabei nicht das Wort *agape* in den Sinn. Stattdessen gab es zwei andere übliche griechische Wörter für Liebe: *phileo*, was Bruderliebe bedeutet, und *eros*, was die ganze Bandbreite zwischen Verliebtheit und sexueller Leidenschaft abdeckte.

Phileo wird manchmal als Synonym für *agape* verwendet, aber meistens wird *agape* als reinerer und höherer Begriff verwendet. In dem Sinne, wie Johannes *agape* hier verwendet, ist diese Art von Liebe einzigartig für Gott. Er ist die einzige Quelle solcher Liebe.

Liebe zu Familienangehörigen, Verliebtsein und die Liebe zu Freunden gehören alle in die Kategorie, die die Bibel als »natürliche Liebe« bezeichnet (Röm 1,31; 2Tim 3,3). Auch die Ausdrucksformen dieser natürlichen oder menschlichen Liebe können wunderbar reichhaltig sein. Sie erfüllen das Leben mit Farbe und Freude. Doch sind sie nur ein blasser Widerschein des Bildes Gottes in seinen Geschöpfen. Seine Liebe ist eine *vollkommene* Liebe. Sie ist jene reine, heilige, göttliche Liebe, die nur solche kennen können, die aus ihm geboren sind. Sie ist dieselbe unergründliche Liebe, die Gott veranlasste, dass er »seinen eingeborenen Sohn in die Welt gesandt hat, damit wir durch ihn leben möchten« (1Jo 4,9).

Donald W. Burdick nennt die Merkmale dieser göttlichen Liebe:

Sie ist unbeeinflusst. In den geliebten Personen gab es nichts, was eine solche aufopfernde Liebe hervorgerufen hätte. Gott richtete aus seinem eigenen freien Willen seine Liebe auf uns, trotz unserer Feindschaft und Sünde. *[Agape]* ist Liebe, die vom Liebenden ausgeht, weil er lieben will, und nicht aufgrund einer Wertigkeit oder Liebenswürdigkeit seitens der geliebten Person.

Sie ist selbstaufopfernd. *[Agape]*interessiert sich nicht für Gewinn, sondern für das, was sie geben kann. Sie ist nicht darauf aus, dem Liebenden Genugtuung zu verschaffen, sondern darauf, dem Geliebten um jeden Preis zu helfen. *Sie ist aktiv. [Agape]* ist kein bloßes Gefühl, das im Herzen gepflegt wird. Sie besteht auch nicht in noch so eloquenten Worten. Sie beinhaltet Gefühle und kann in Worten zum Ausdruck kommen, aber sie ist in erster Linie eine Haltung, die den Willen zum Handeln veranlasst, damit das Bedürfnis des Geliebten gestillt wird.[6]

Alle wahren Gläubigen haben diese Liebe; und jeder, der sie hat, ist ein wahrer Gläubiger. Diese Art von Liebe kann nicht durch den Willen des Menschen heraufbeschworen werden. Sie wird von Gott selbst im Herzen des Gläubigen gewirkt. »Wir lieben, weil er uns zuerst geliebt hat« (1Jo 4,19). Liebe zu Gott und Liebe zu Mitgläubigen ist ein zwangsläufiges Ergebnis der Wiedergeburt, durch die wir »Teilhaber der göttlichen Natur« werden (2Petr 1,4). So wie es Gottes Wesen ist zu lieben, so kennzeichnet Liebe seine wahren Kinder. »Die Liebe Gottes ist ausgegossen in unsere Herzen durch den Heiligen Geist, der uns gegeben worden ist« (Röm 5,5). Deshalb ist göttliche Liebe eines der wichtigsten Erkennungszeichen für die Echtheit des Glaubens.

Wer nicht liebt, hat Gott nicht erkannt

Es ist wichtig, den Kontext des 1. Johannesbriefes zu verstehen. Johannes schreibt über Heilsgewissheit und zählt mehrere praktische und lehrmäßige Erkennungszeichen auf, die die Echtheit der Errettung entweder belegen oder widerlegen.

Johannes schreibt, um zweifelnden Gläubigen zur Gewissheit zu verhelfen. Das sagt er in 5,13: »Dies habe ich euch geschrieben, *damit ihr wisst, dass ihr ewiges Leben habt,* die ihr an den Namen des Sohnes Gottes glaubt« (Hervorhebung hinzugefügt).

Doch damit einhergehend verfolgt er einen zweiten Zweck, nämlich die *falsche Gewissheit* jener zu entkräften, die Glauben an Christus bekennen, ohne ihn wirklich zu kennen. Deshalb schreibt er z. B.: »Wenn wir sagen, dass wir Gemeinschaft mit ihm haben, und wandeln in der Finsternis, lügen wir und tun nicht die Wahrheit« (1Jo 1,6). »Wer sagt: Ich habe ihn erkannt, und hält seine Gebote nicht, ist ein Lügner, und in dem ist nicht die Wahrheit« (2,4). »Wer sagt, dass er im Licht sei, und hasst seinen Bruder, ist in der Finsternis bis jetzt« (2,9).

Hier macht Johannes gottgemäße Liebe zu einem Lackmustest für einen wahren Christen: »Wer nicht liebt, hat Gott nicht erkannt, denn Gott ist Liebe« (4,8). Martyn Lloyd-Jones beobachtete hinsichtlich dieser Aussage:

> Johannes erteilt hiermit nicht bloß eine Ermahnung. Er drückt sich so aus, dass dies zu einer hochgradig ernstlichen Sache wird. Ich zittere förmlich, wenn ich diese Lehre verkündige. Es gibt Leute, die sind lieblos, unfreundlich, ständig am Kritisieren, reden übel nach, verleumden andere und freuen sich, wenn sie etwa Schlechtes über andere Christen hören. O, mein Herz seufzt und blutet für sie, wenn ich an sie denke; sie erklären und verkünden, dass sie nicht aus Gott geboren sind. Sie sind bar des Lebens Gottes; und ich wiederhole: Für solche Leute gibt es keine Hoffnung, es sei denn, sie tun Buße und kehren um zu ihm.[7]

Leider kennen die meisten von uns solche bekennenden Christen, deren Herzen anscheinend jede echte Liebe fehlt. Die Ermahnung des Johannes ist eine erhabene Erinnerung, dass ein bloßes Vorgeben eines Glaubens an Christus wertlos ist. *Echter* Glaube wird sich zwangsläufig durch Liebe zeigen. Schließlich ist echter Glaube »durch Liebe wirksam« (Gal 5,6).

Diese Art gottgegebener Liebe kann nicht leicht imitiert werden, denn es gehört sehr viel dazu: Liebe zu Gott (1Kor 16,22); Liebe zu den Mitgeschwistern (1Jo 3,14); Liebe zur Wahrheit und Gerechtigkeit (Röm 6,17-18); Liebe zum Wort Gottes (Ps 1,2) und sogar Feindesliebe! (Mt 5,44). Eine solche Liebe widerspricht der menschlichen Natur. Sie ist das Gegenteil von unserer natürlichen Eigennützigkeit. Dem sündigen Herzen ist schon der Gedanke verhasst, diese Dinge zu lieben.

Weiter unten im selben Kapitel schreibt Johannes: »Gott ist Liebe, und wer in der Liebe bleibt, bleibt in Gott und Gott bleibt in ihm« (4,16). Auch hier erklärt er die göttliche Liebe abermals zum Kennzeichen echten Glaubens.

Martyn Lloyd-Jones listet zehn simple, praktische Weisen auf, wie wir erkennen können, ob wir in der Liebe bleiben.[8] Ich gebe sie hier frei wieder und füge bei jedem Punkt zur Verdeutlichung noch einige Bibelstellen hinzu:

- Denke ich nicht mehr, dass Gott gegen mich ist? (Röm 5,1; 8,31)
- Habe ich die bohrende Angst vor Gott verloren und wächst stattdessen die Gottesfurcht? (vgl. 1Jo 4,18; Hebr 12,28).
- Bin ich mir der Liebe Gottes zu mir bewusst? (1Jo 4,16).
- Weiß ich, dass meine Sünden vergeben sind? (Röm 4,7-8).
- Bin ich Gott dankbar. (Kol 2,6-7).
- Hasse ich die Sünde immer mehr? (Röm 7,15-16).
- Wünsche ich Gott zu gefallen und heilig zu leben? (Joh 14,21; 1Jo 2,5-6)
- Habe ich den Wunsch, Gott besser kennen zu lernen und ihm näher zu kommen? (Phil 3,10).
- Bedauere ich bewusst, dass meine Liebe zu ihm geringer ist, als sie sein sollte? (Phil 1,9-10).
- Freue ich mich, wenn ich etwas über Gott und das, was ihn betrifft, höre? (Ps 1,1-2).

Was ist, wenn Sie diesen Test nicht bestehen? Wie kann man die Liebe Gottes kennen lernen? Lloyd-Jones sagt: »Sie brauchen sich nicht auf den Weg der Mystik zu begeben; Sie brauchen nicht zu versuchen, Ihre Gefühle aufzuputschen. Sie müssen nur eines tun: Ihren Blick auf Gott richten, sich selbst und Ihre Sünden sehen und Christus als Ihren Retter sehen.«[9]

Das Kreuz ist der höchste Beweis der Liebe Gottes

Wir wollen uns nun den Bibeltext genauer ansehen, dem der Titel dieses Kapitels entnommen ist: »… Gott ist Liebe. Hierin ist die Liebe Gottes zu uns geoffenbart worden, dass Gott seinen eingeborenen Sohn in die Welt gesandt hat, damit wir durch ihn leben möchten« (1Jo 4,8-9).

Wir würden diesem Vers Unrecht antun, wenn wir unsere Abhandlung über göttliche Liebe auf abstrakte Begriffe beschränken würden. Die Liebe Gottes ist nicht bloß ein subjektives Noumenon. Sie ist dynamisch, aktiv, lebhaft und wirksam. Gott hat seine Liebe »offenbart« oder erwiesen, nämlich in einer konkreten Handlung, die objektiv untersucht werden kann.

Anders ausgedrückt: Die Bibel sagt nicht bloß, »Gott ist Liebe« und überlässt es dem Einzelnen, für sich selbst zu interpretieren, was das bedeutet. Es gibt einen sehr wichtigen lehrmäßigen Kontext, in welchem die Liebe Gottes erklärt und illustriert wird. Wenn man sagt, dass Gott Liebe ist und gleichzeitig die Lehre leugnet, die dieser Wahrheit zugrunde liegt und sie definiert, macht man dadurch diese Wahrheit bedeutungslos.

Doch genau das haben viele getan. Zum Beispiel betonen unsere Widersacher, die liberalen Theologen, mit großem Nachdruck, dass Gott Liebe ist; doch oft leugnen sie in Bausch und Bogen die Bedeutung von Jesu stellvertretendem Sühnopfer. Sie meinen, weil Gott Liebe ist, hätte Christus nicht wirklich als stellvertretendes Opfer sterben müssen, um Gottes Zorn von Sündern abzuwenden. Sie beschreiben Gott als jemanden, der leicht zu besänftigen ist und charakterisieren Jesu Tod als Martyrium oder als ethisches Vorbild für Gläubige. Dabei leugnen sie, dass es Gottes eigener Zorn war, der durch ein blutiges Opfer gestillt werden musste und streiten ab, dass er gerade deshalb seinen Sohn gab, um ein solches Sühnopfer zu bringen. Damit verwerfen sie den höchsten Erweis der Liebe Gottes, während sie andererseits versuchen, die Liebe Gottes zum Dreh- und Angelpunkt ihres Systems zu machen.

Immer wieder treffe ich Leute, die meinen, weil Gott Liebe ist, sei Theologie völlig unwichtig. Vor kurzem schrieb mir ein junger Mann in einem Brief: »Meinen Sie wirklich, für Gott seien all diese Lehrpunkte wichtig, die uns als Christen trennen? Wie viel besser wäre es, wenn wir unsere lehrmäßigen Unterschiede vergessen und der Welt einfach die Liebe Gottes zeigen!« Doch diese Auffassung ist unhaltbar, weil viele, die sich als Christen bezeichnen, sich selbst und anderen etwas vormachen. Deshalb begann Johannes dieses Kapitel mit den Worten: »Geliebte, glaubt nicht jedem Geist, sondern prüft die Geister, ob sie aus Gott sind! Denn viele falsche Propheten sind in die Welt hinausgegangen« (1Jo 4,1).

Und da der biblischen Lehre über Gottes Liebe ein bedeutender lehrmäßiger Unterbau zugrunde liegt, ist es ein Trugschluss zu meinen, Gottes Liebe und gesunde Lehre widersprächen sich.

Martyn Lloyd-Jones schrieb zu diesem Thema:

> Die große Tendenz im gegenwärtigen Jahrhundert war, die Vorstellung von Gott als Gott der Liebe einerseits und Theologie bzw. Dogmatik andererseits als Gegensätze hinzustellen. Nun hat der Durchschnittsmensch gewöhnlich Auffassungen übernommen wie: »Wissen Sie, für Ihre Lehre interessiere ich mich nicht. Die Kirche hat in all den Jahrhunderten den großen Fehler gemacht, so viel über Dogmatik zu sprechen, über all diese Lehren von Sünde und von Erlösung und über die Gedanken der Rechtfertigung und Heiligung. Natürlich gibt es ein paar Leute, die an so etwas interessiert sind; sie haben vielleicht Freude daran, darüber zu lesen und zu diskutieren. Aber was mich betrifft«, sagt dieser Mensch, »scheint mir keinerlei Wahrheit darin zu sein; was ich sage, beläuft sich auf: Gott ist Liebe.« Und damit stellt er seine Vorstellung von Gott als Liebe über und gegen all diese Lehren, die die Kirche in allen Jahrhunderten gelehrt hat.[10]

Eine solche Denkweise war über die meiste Zeit des 20. Jahrhunderts tatsächlich die vorherrschende Stimmung sowohl im populären Denken als auch im Großteil des organisierten Christentums. Diese Einstellung war in vielerlei Hinsicht zum Markenzeichen der sichtbaren Kirche des 20. Jahrhunderts geworden. Lloyd-Jones stellt aufgrund von 1. Johannes 4,9-10 heraus: »Wer in solcher Weise die Tatsache, dass Gott Liebe ist, und die fundamentalen Lehren gegeneinander ausspielt, kann im Grunde genommen *überhaupt nichts von der Liebe Gottes wissen*.«[11]

Wenn wir uns diesen Vers noch einmal näher ansehen, entdecken wir: Johannes erklärt die Liebe Gottes mit den Ausdrücken »Opfer« und »Sühnung für Sünde«: »Hierin ist die Liebe: nicht dass wir Gott geliebt haben, sondern dass er uns geliebt und seinen Sohn gesandt hat als eine *Sühnung für unsere Sünden*« (1Jo 4,10; Hervorhebung hinzugefügt). Dieses Wort spricht von einem Opfer, das dazu dient, den Zorn eines beleidigten Gottes abzuwenden. Johannes sagt damit, dass Gott seinen Sohn als Sündopfer gab, um in der Errettung von Sündern seinem Zorn und seiner Gerechtigkeit Genüge zu tun.

Das ist das eigentliche Herzstück des Evangeliums. Die frohe Botschaft lautet nicht, dass Gott bereit ist, über Sünde hinwegzusehen und Sündern zu vergeben. Dann würde Gott Kompromisse mit seiner Heiligkeit machen. Dann würden seine gerechten Forderungen nicht erfüllt. Dann würde wahre Gerechtigkeit mit Füßen getreten. Außerdem wäre das auf Seiten Gottes keine Liebe, sondern Gleichgültigkeit.

Die *wirkliche* frohe Botschaft ist, dass Gott durch das Opfer seines Sohnes selbst den Preis für die Sünde bezahlt hat. Er hat die Initiative ergriffen (»nicht dass wir Gott geliebt haben, sondern dass er uns geliebt hat«). Er reagierte nicht auf irgendetwas in Sündern, was sie seiner Gnade würdig macht. Im Gegenteil, seine Liebe ist für sündige Menschen ganz und gar unverdient. Die Sünder, für die Christus starb, verdienten nichts anderes als seinen Zorn. So schrieb Paulus: »Christus ist ... für *Gottlose* gestorben. Denn kaum wird jemand für einen Gerechten sterben; denn für den Gütigen möchte vielleicht jemand auch zu sterben wagen. Gott aber erweist seine

Liebe zu uns darin, dass Christus, *als wir noch Sünder waren,* für uns gestorben ist« (Röm 5,6-8; Hervorhebungen hinzugefügt). Weil Gott gerecht ist, muss er Sünde bestrafen; er kann Schuld nicht einfach annullieren und die Gerechtigkeit außer Acht lassen. Aber der Tod Jesu hat völliges Genüge getan im Hinblick auf Gottes Gerechtigkeit und seinen heiligen Hass gegen die Sünde.

Manche schrecken vor dem Gedanken zurück, dass ein unschuldiges Opfer Sühne für schuldige Sünder leistet. Sie mögen lieber die Vorstellung, dass Menschen für ihre Sünden selber zahlen müssen. Aber wenn man diese Lehre der Stellvertretung wegnimmt, gibt es überhaupt kein Evangelium mehr. Wenn der Tod Jesu weniger war als ein Schuldopfer für Sünder, dann könnte niemand jemals gerettet werden.

Doch Jesu Tod am Kreuz ist der höchstmögliche Ausdruck der Liebe Gottes. Er, der Liebe ist, sandte seinen geliebten Sohn und ließe ihn als ein Sünde sühnendes Opfer sterben. Wenn das gegen Ihren Sinn für Fairness geht – gut so! Das soll eine schockierende Tatsache sein. Das soll in Erstaunen versetzen. Das soll Sie erschüttern. Denken Sie darüber nach, und dann werden Sie eine Ahnung davon bekommen, welch enormen Preis Gott dafür zahlte, seine Liebe zu erweisen.

Das Kreuz Christi verleiht uns auch die vollständigste und genaueste Perspektive für eine Sache, auf die wir in diesem Buch immer wieder zurückkommen werden: die Ausgewogenheit zwischen Gottes Liebe und seinem Zorn.

Am Kreuz zeigte sich seine *Liebe* zu den sündigen Menschen: Sie sind gefallene Geschöpfe, die keinen Anspruch auf seine Güte, Barmherzigkeit oder Liebe haben. Dort wurde auch sein *Zorn* ausgeschüttet auf seinen geliebten Sohn, der nichts getan hatte, was irgendeine Strafe verdient hätte.

Wenn Sie bei diesem Gedanken nicht in ehrfürchtigen Schrecken erstarren, verstehen Sie dies noch nicht. Wenn Sie jedoch auch nur einen Schimmer von dieser Wahrheit erfassen, werden Ihre Vorstellungen von Gott als liebenden Vater eine gänzlich neue Tiefe und Reichhaltigkeit bekommen. »Gott ist Liebe« – und er zeigte seine Liebe zu uns darin, dass er, als wir noch Sünder waren und gegen ihn rebellierten, seinen einzigen Sohn gab und ihn für uns sterben ließ, damit wir durch ihn leben möchten (Röm 5,8; 1Jo 4,9-10). Das ist das Herzstück des Evangeliums, das denen, die von Sünde geknechtet sind, die einzige Hoffnung bietet: »Glaube an den Herrn Jesus, und du wirst errettet werden« (Apg 16,31).

Kapitel 3
Sieh nun die Güte …

A. W. Tozer schrieb: »Was uns in den Sinn kommt, wenn wir an Gott denken, ist – was uns betrifft – die wichtigste Sache überhaupt.«[1] Tozer hatte Recht. Ein richtiges Verständnis von Gott schafft die Grundlage für alles, was für ein gesundes geistliches Leben absolut notwendig ist. Auf der anderen Seite gilt: Wer eine beträchtlich gestörte Vorstellung von Gott hat, bei dem ist echter Glaube völlig unmöglich. Daher kann eine falsche Auffassung von Gottes Charakter geistlich sogar fatal sein.

Das ist die eigentliche Gefahr des heutigen Missverständnisses von Gottes Liebe. Obwohl sich die Bibel so klar über Gottes Liebe ausdrückt, stecken Millionen in geistlicher Finsternis, weil sie eine völlig unausgewogene Vorstellung von Gott haben. Sie wollen einen Gott, der liebevoll, aber nicht zornig ist. Der Gott der Bibel entspricht nicht ihrer Vorstellung. Deshalb beten sie einen selbst fabrizierten Gott an. Ihre Gedanken über Gott sind reiner Götzendienst.

Aus diesem Grund birgt es eine Gefahr in sich, wenn man sich zu stark auf eine einzige Eigenschaft Gottes konzentriert wie z. B. auf seine Liebe. Paulus schreibt: »Sieh nun die Güte *und* die Strenge Gottes« (Röm 11,22; Hervorhebung hinzugefügt). Es ist entscheidend wichtig, dass wir in unserem Denken die biblische Ausgewogenheit bewahren. Wenn wir uns mit Gottes Liebe befassen, dürfen wir nicht vergessen, dass Gott auch heilig, sündlos, unbefleckt, abgesondert von den Sündern und höher als die Himmel ist (Hebr 7,26), dass er »ein gerechter Richter und ein strafender Gott an jedem Tag« ist (Ps 7,12). Psalm 7 fährt fort: »Wenn er nicht umkehrt, so wetzt er sein Schwert; seinen Bogen hat er gespannt und ihn gerichtet. Und Werkzeuge des Todes hat er für ihn bereitet, seine Pfeile macht er brennend« (V. 13-14; Elb.). »Denn auch unser Gott ist ein verzehrendes Feuer« (Hebr 12,29). Er ist ein eifersüchtiger Gott, der die Schuld der Väter heimsucht an den Kindern, an der dritten und vierten Generation von denen, die ihn hassen (2Mo 20,5; 5Mo 5,9). So unermesslich Gottes Liebe auch ist, hebt sie keine dieser Wahrheiten auf. Wir dürfen Gottes Liebe nicht so überbetonen, dass wir dadurch andere ebenso wichtige Wahrheiten über Gott verzerren. Leider ist genau das der tragische Weg, den unsere Kultur eingeschlagen hat. Gottes Zorn ist praktisch tabu. Die meisten wären nur allzu bereit, den Gedanken an den Zorn Gottes auf den Schrottplatz ausgedienter oder naiver religiöser Vorstellungen zu verbannen. In einer »aufgeklärten« Zeit wie der unsrigen gibt es für einen zornigen Gott keinen Platz. Sogar einige Prediger, die zwar bekennen, an die Bibel zu glauben, aber wissen, was die Leute von einem zornigen Gott halten, vermeiden dieses Thema sorgfältig zugunsten einer freundlicheren Botschaft. All das hat das Problem nur verstärkt.

Ein weitverbreitetes Missverständnis ist, dass der zornige Gott auf das Alte Testament beschränkt wird. Nach dieser Auffassung offenbart uns die Bibel Gott in fortschreitender Weise. Das Alte Testament schildere ihn als eine zornige, grimmige Gottheit – aber nur, weil das dem primitiven Verständnis unserer damaligen Vorväter entsprach. Angeblich korrigierte das Neue Testament – und insbesondere Jesus – diese »fehlerhafte« Vorstellung und betonte stattdessen die Liebe Gottes. Die Vertreter dieser Auffassung meinen, der liebende Gott des Neuen Testaments stelle ein ausgereifteres Verständnis Gottes dar, als es die Patriarchen hatten.

Diese Theorie hat ein schwerwiegendes Manko: Alle biblischen Fakten widerlegen sie eindeutig. Zum einen gilt, dass das Alte Testament genauso viel über die Liebe Gottes zu sagen hat wie das Neue. Immer wieder betont das AT die Liebe und Güte Gottes. Das Wort für »Güte« wird allein im Alten Testament 150 Mal für Gott gebraucht: »Es sind die Gütigkeiten des HERRN, dass wir nicht aufgerieben sind; denn seine Erbarmungen sind nicht zu Ende; sie sind alle Morgen neu, deine

Treue ist groß« (Kla 3,22-23; Elb.). Diese Wahrheit wird im Alten Testament vom Anfang bis zum Ende betont. Immer wieder offenbart Gott seine Liebe zu Israel, trotz der Ablehnung seitens des Volkes. Der Prophet Hosea beschreibt diese Liebe Gottes in unmissverständlicher und sogar schockierender Weise. Hoseas Beziehung zu seiner Frau Gomer wurde zu einer eindrücklichen Gegenstandslektion für Gottes Liebe. Gomer wurde eine Hure und gebar mehrere uneheliche Kinder. Sie brach ihrem Mann das Herz. Sie ging ihrem ehebrecherischen und hurerischen Leben so lange nach, bis schließlich das Höchstmaß der Zügellosigkeit erreicht war. Am Ende wurde sie auf einem Sklavenmarkt zum Verkauf angeboten. Hosea hatte ihre schmachvolle Entwicklung mitverfolgt und im Hintergrund für ihre Bedürfnisse gesorgt. Als sie auf den Block gestellt und zum Verkauf angeboten wurde, kaufte er sie selbst, brachte sie nach Hause und behandelte sie wie eine Jungfrau. Hoseas lobenswerte, großzügige, vergebende Liebe zu seiner boshaften Frau und seine Bereitschaft, sie trotz ihrer Schandtaten wieder aufzunehmen, sind Gegenstandslektionen, die Gottes Liebe zum sündigen Volk Israel veranschaulichen. Hosea zitierte Gottes eigenen Aufruf an diese widerspenstige Nation: »Mein Herz kehrt sich in mir um, ganz und gar erregt ist all mein Mitleid« (Hos 11,8). Wie treu doch Gottes Liebe ist!

Im ganzen Alten Testament wird Gott in dieser Weise beschrieben: als ein Gott des liebevollen Erbarmens, unendlicher Güte, großen Mitleids und geduldiger Langmut.

Andererseits gilt, dass das Neue Testament genauso viel über den *Zorn* Gottes zu sagen hat wie das AT. Jesus selbst beschrieb im Neuen Testament die Schrecknisse der Hölle am ausführlichsten und ausdrücklichsten (Mt 5,29-30; Mk 9,43-48; Lk 16,19-31). Und das NT berichtet auch von folgenden Worten Jesu: »Ich will euch aber zeigen, wen ihr fürchten sollt: Fürchtet den, der nach dem Töten Macht hat, in die Hölle zu werfen; ja, sage ich euch, diesen fürchtet!« (Lk 12,5). Am Ende der Bibel wird Jesus Christus bei seiner Wiederkunft in Herrlichkeit so beschrieben: »Aus seinem Mund geht ein scharfes Schwert hervor, damit er mit ihm die Nationen schlage; und er wird sie hüten mit eisernem Stab, und er tritt die Kelter des Weines des Grimmes des Zornes Gottes, des Allmächtigen« (Offb 19,15).

Deshalb gibt es absolut keine Grundlage für die Auffassung, das NT vermittle im Vergleich zum AT ein anderes Gottesbild und lehre keinen zornigen, sondern einen nur liebenden Gott. Nein, in beiden Testamenten offenbart sich derselbe Gott. Die herrliche Wahrheit ist: »Gott ist Liebe« (1Jo 4,8.16) – und zugleich gilt: »Es ist furchtbar, in die Hände des lebendigen Gottes zu fallen!« (Hebr 10,31). Beide Wahrheiten werden in beiden Testamenten betont.

Zu diesem Punkt ist eine weitere Erklärung nötig. Wenn wir von Gottes Liebe und Gottes Zorn reden, sprechen wir nicht über so etwas wie menschliche Leidenschaften. Dem bekanntesten protestantischen Glaubensbekenntnis zufolge ist Gott »ganz und gar Geist, unsichtbar, ohne Körper, Teile oder willkürliche Gemütserregungen. Er ist unveränderlich ...«[2] Gottes Zorn und seine Liebe sind feste und beständige Wesenszüge von ihm. Es handelt sich dabei nicht um Launen oder leidenschaftliche Gefühle. Er wechselt nicht wild von einem Gemütszustand in den anderen. Sich Gott so vorzustellen bedeutet seine ewige Unwandelbarkeit zu leugnen. Er selbst sagt: »Ich, der HERR, ich habe mich nicht geändert« (Mal 3,6). Bei Gott »ist keine Veränderung noch eines Wechsels Schatten« (Jak 1,17). Er ist »derselbe gestern und heute und in Ewigkeit« (Hebr 13,8).

Ebenso wenig stellen Gottes Zorn und Liebe irgendeinen Widerspruch in seinem Wesen dar. »Er kann sich selbst nicht verleugnen« (2Tim 2,13). Sein Zorn ist mit seiner Liebe keineswegs unvereinbar. Weil er Wahrheit und Recht so absolut liebt, muss er Lüge und Unrecht hassen. Weil er seine Kinder so vollkommen liebt, erstrebt er für sie das, was ihnen zum Segen und zur Auferbauung dient und hasst alles, was Fluch und Verderben über sie bringt. Deshalb ist sein Zorn gegen die Sünde tatsächlich ein Ausdruck seiner Liebe zu den Seinen. Wenn er sie wegen ihrer Sünden züchtigt, ist das der Beweis dafür, dass er ein liebender Vater ist (Hebr 12,6-11). Und wenn er sich an den Feinden der Wahrheit rächt, offenbart auch das seine Liebe zu seinen Erwählten. Die Geschichte Israels ist voller Beispiele dafür.

Ein klassisches Beispiel ist Ninive. Diese Stadt war mehrere Jahrhunderte lang Israels Zuchtrute. An dieser Stadt zeigten sich sowohl die Güte als auch die Strenge Gottes auf dramatische Weise. Man kann sogar sagen, dass sich Gottes Güte und sein heiliger Zorn nirgendwo anders eindrücklicher Seite an Seite zeigen als in der Geschichte Ninives. In diesem Kapitel werden wir Gottes Güte gegenüber dieser Stadt in Augenschein nehmen, und im nächsten Kapitel werden wir sehen, wie diese Güte letztlich Platz machte für ein schreckliches Ausgießen des Zornes Gottes.

Die Hauptstadt der Sünde

Die uralte Stadt Ninive war einst von Nimrod gegründet worden. 1. Mose 10,8-12 berichtet, dass Nimrod das ganze Reich Babylon gründete, zu dem Ninive gehörte (vgl. Mi 5,6). Nimrods Babylon wurde quasi die Quelle jeglicher falschen Religion.[3] Deshalb bezeichnet die Bibel Babylon als »die große, die Mutter der Huren und der Gräuel der Erde« (Offb 17,5). Ninive war von Anfang an eine der wichtigsten Städte des Babylonischen Reiches und durchdrungen von Verderbnis und Ausschweifung. Ninive widersetzte sich allem, was dem wahren Gott entsprach und nahm alles an, was diesem Gott widersprach.

Im 8. Jahrhundert v. Chr. wurde Ninive die Hauptstadt von Assyrien. Die Assyrer waren bekannt für ihre boshafte Grausamkeit. Ein Autor schreibt:

> Dieses Volk herrschte mit abscheulicher Tyrannei und Gewalt vom Kaukasus und dem Kaspischen Meer bis zum Persischen Golf und von jenseits des Tigris bis Kleinasien und Ägypten. Die Assyrerkönige folterten buchstäblich die Welt. Sie warfen die Leichen von Soldaten fort wie überschüssigen Lehm; sie häuften Menschenköpfe zu Pyramiden auf; sie opferten ganze Holocausts von Söhnen und

Töchtern ihrer Feinde; sie brannten Städte nieder; sie erfüllten reich bevölkerte Länder mit Tod und Verwüstung; sie färbten weite Wüstenlandstriche mit dem Blut von Soldaten; sie übersäten ganze Länder mit den Leichen ihrer Abwehrkräfte wie mit Spreu; sie spießten haufenweise Menschen an Pfählen auf und bedeckten die Berge und verstopften die Flüsse mit Totengebeinen; sie hauten Königen die Hände ab und nagelten sie an Mauern und überließen ihre Leiber den Bären und Hunden an den Toren der Städte; sie mähten Soldaten nieder wie Unkraut oder erschlugen sie wie wilde Tiere im Wald, und sie bedeckten Säulen mit den abgezogenen Häuten feindlicher Monarchen ... und das alles taten sie ohne Gefühlsregungen oder Gewissensbisse.[4]

Ninive war der Hauptsitz dieser bösartigen Kultur. Verständlicherweise hassten die Israeliten Ninive samt allem, was die Assyrer repräsentierten.

Ein widerwilliger Prophet und eine große Erweckung

Als Assyrien auf dem Gipfel seiner Macht angelangt war, berief Gott einen Propheten aus Israel, nach Ninive zu gehen und die Niniviten vor Gottes bevorstehendem Gericht zu warnen. Es überrascht nicht, dass der Prophet dagegen rebellierte.

Dieser Prophet war Jona, dessen Geschichte jedes Kind in der Sonntagsschule lernt. Obwohl Gott ihn nach Ninive beordert hatte, stach Jona mit einem Schiff ins Mittelmeer und reiste somit in die entgegengesetzte Richtung! (Jona 1,3). »Da warf der HERR einen gewaltigen Wind auf das Meer ... sodass das Schiff zu zerbrechen drohte« (V. 4). Die Seeleute auf dem Schiff stellten fest, dass Jona Gott erzürnt hatte und warfen Jona auf seine eigene Aufforderung hin über Bord (V. 12-15).

Gott hatte einen großen Fisch bestellt, der genau passend zur Stelle war und Jona verschlang (2,1). Nachdem der ungehorsame Prophet drei Tage und Nächte im Bauch des Fisches zugebracht und währenddessen eines der eindrücklichsten Bußgebete der Bibel gebetet hatte, wurde Jona auf wunderbare Weise gerettet (2,2-10). »Und der HERR befahl dem Fisch und er spie Jona auf das trockene Land aus« (2,11).

Die Bibel berichtet weiter: »Da geschah das Wort des HERRN zum zweiten Mal zu Jona: Mache dich auf, geh nach Ninive, der großen Stadt, und ruf ihr die Botschaft zu, die ich dir sagen werde« (3,1-2). Dieses Mal – wenngleich immer noch widerwillig – »machte Jona sich auf und ging nach Ninive, gemäß dem Wort des HERRN« (V. 3)

Ist Ihnen je aufgefallen, weshalb Jona versuchte, vor Ninive zu fliehen? Der Grund war nicht, dass er etwa die Niniviten fürchtete. Er war nicht von dem Gedanken eingeschüchtert, Heiden Gottes Wort zu verkünden. Nichts deutet darauf hin, dass Jona sich vor den Feinden Gottes auch nur im Geringsten fürchtete. Die wenigen Details, die wir kennen, beweisen sogar, dass er kein besonders ängstlicher Mensch war.

Jona gab offen zu, warum er sich vor seiner Aufgabe drückte. Gott gegenüber erklärte er: »Ich wusste, dass du ein gnädiger und barmherziger Gott bist, langsam zum Zorn und groß an Güte, und einer, der sich das Unheil gereuen lässt« (4,2). Kurz gesagt, wollte Jona die heidnischen Niniviten nicht warnen, weil er wusste, dass Gott Sünder liebt und sie retten will. Er zog es vor zu schweigen und zuzulassen, dass Gottes Gericht sie überrasche. Ihm wäre es am liebsten gewesen, wenn Gott die Niniviten ohne Vorwarnung vom Angesicht der Erde vertilgt hätte. Am meisten fürchtete er, dass die Stadt Buße tun und Gott sein Gericht zurückziehen würde.

Und genau das geschah. Jona war kaum einen Tag in Ninive, als der Ort bereits von einer erstaunlichen geistlichen Erweckung erfasst wurde. Jonas Botschaft war kurz: »Noch vierzig Tage und Ninive ist zerstört!« (3,4). Auf diese einfache Warnung hin »glaubten die Leute von Ninive an Gott; und sie riefen ein Fasten aus und kleideten sich in Sacktuch von ihrem Größten bis zu ihrem Kleinsten« (V. 5). Diese heidnische Stadt tat Buße für das Übel, das sie getan hatten. Die Erweckung ergriff die ganze Stadtbevölkerung (von schätzungsweise etwa 600.000 Einwohnern). Sogar der König »stand von seinem Thron auf, legte seinen Mantel ab, hüllte sich in Sacktuch und setzte sich in den Staub« (V. 6). Das war die außergewöhnlichste geistliche Erweckung, die die Welt je gesehen hatte. Bis heute hat die Weltgeschichte wohl nie wieder eine solche Erweckung wie in Ninive erlebt.

Aber Jona freute sich *nicht* darüber. Seine schlimmste Befürchtung war vor seinen Augen eingetreten. Immer noch hoffte er, dass Gott sein Gericht ausführen würde. Er baute sich östlich der Stadt eine Hütte und wartete dort das weitere Geschehen ab (4,5). Was dort geschah, ist nicht so wohlbekannt wie die Geschichte von Jona und dem Fisch. Aber diese Begebenheit offenbart die Hauptaussage des Buches Jona: Gott erteilte Jona eine Lektion über die Herrlichkeit des göttlichen Mitgefühls.

Das Buch endet mit folgenden Versen, als Jona in der Wüste vor den Toren Ninives kampierte und erbittert abwartete, was geschehen würde:

> Da bestellte Gott, der HERR, einen Rizinus und ließ ihn über Jona emporwachsen, damit Schatten über seinem Kopf sei, ihn von seinem Missmut zu befreien. Und Jona freute sich über den Rizinus mit großer Freude. – Aber Gott bestellte am folgenden Tag einen Wurm, beim Aufgang der Morgenröte; der stach den Rizinus, sodass er verdorrte. Und es geschah, als die Sonne aufging, da bestellte Gott einen sengenden Ostwind, und die Sonne stach Jona auf den Kopf, sodass er ermattet niedersank. Und er wünschte, dass seine Seele stürbe und sagte: Es ist besser, dass ich sterbe, als dass ich lebe!
>
> Und Gott sprach zu Jona: Ist es recht, dass du wegen des Rizinus zornig bist? Und er sagte: Mit Recht bin ich zornig bis zum Tod! Und der HERR sprach: Du bist betrübt wegen des Rizinus, um den du dich nicht gemüht und den du nicht großgezogen hast, der als Sohn *einer* Nacht entstand und als Sohn *einer* Nacht zugrunde ging. Und *ich*, ich sollte nicht betrübt sein wegen der großen Stadt Ninive, in der mehr als 120.000 Menschen sind, die nicht unterscheiden

können zwischen ihrer Rechten und ihrer Linken, und eine Menge Vieh? (Jona 4,6-11).

Das ist sicherlich eines der seltsamsten Enden aller Bibelbücher. Wir erfahren nicht, was aus Jona geworden ist. Wir wissen nicht, ob sich danach seine Einstellung änderte oder ob er die ganzen 40 Tage abwartete und weiter hoffte, den Untergang Ninives mitzuerleben. Wir haben keinen Hinweis darauf, ob Jona in seinem Herzen auf die liebevolle Ermahnung Gottes einging. Wir wissen nichts über seinen weiteren Dienst. Die Geschichtsschreibung schweigt sogar darüber, ob die Erweckung in Ninive nachhaltige Auswirkungen hatte. Aber die Lektion, die Gott Jona – und ganz Israel – erteilt hatte, war sehr deutlich. Gott ist gegenüber Sündern liebevoll, gnädig, geduldig und mitleidig.

Was wurde aus der Prophezeiung von Ninives Zerstörung? »Und Gott sah ihre Taten, dass sie von ihrem bösen Weg umkehrten. Und Gott ließ sich das Unheil gereuen, das er ihnen zu tun angesagt hatte, und er tat es nicht« (3,10). Impliziert das etwa eine gewisse Veränderlichkeit Gottes? Widerspricht die Aussage, dass Gott sich etwas *gereuen* ließ, etwa 4. Mose 23,19: »Nicht ein Mensch ist Gott, dass er lüge, noch der Sohn eines Menschen, dass er bereue. Sollte *er* gesprochen haben und es nicht tun und geredet haben und es nicht aufrecht halten?« Das ist kein Widerspruch, sondern ein *Anthropopathismus* – ein rhetorisches Mittel, durch das Gott anhand menschlicher Gedanken und Gefühle beschrieben wird. Mithilfe von Anthropopathismen erklärt uns die Bibel Wahrheiten über Gott, die mit buchstäblichen menschlichen Begriffen nicht ausgedrückt werden können.

Jona 3,10 besagt nicht, dass Gott tatsächlich seine Gesinnung geändert habe. Ganz im Gegenteil: Es waren die Niniviten, die sich geändert hatten. Das Abwenden des Zornes Gottes stimmte völlig mit seinem ewigen, liebenden Charakter überein. Hätte er seine Hand *nicht* von Ninive zurückgehalten, dann hätte das vielmehr eine Änderung bei Gott signalisiert, denn seine Verheißung der Gnade überragt alle seine Gerichtsandrohungen: »Kehrt aber jenes Volk, über das ich geredet habe, von seiner Bosheit um, lasse ich mich des Unheils gereuen, das ich ihm zu tun gedachte« (Jer 18,8).

Die verhängnisvolle Verheißung gegen Ninive wurde den hochmütigen, gewalttätigen und Gott hassenden Heiden verkündet. Niemals wurde eine solche Drohung gegen demütige Menschen ausgesprochen, die in Sack und Asche Buße taten. Die Erweckung veränderte die Niniviten völlig und so zog Gott seine richtende Hand zurück und vergab ihnen aufgrund seiner Liebe.

Das Geschehen war natürlich von Anfang an Gottes Plan gewesen. Jona schien das zu verstehen. Ihm war klar, dass die prophetische Warnung von Gott dazu dienen sollte, die Herzen der Niniviten zu bekehren. Deshalb war er anfänglich Richtung Tarsis geflohen. Gott war von der Wendung der Ereignisse sicherlich alles andere als überrascht, sondern waltete souverän über jedem Detail des sich entfaltenden Dramas. Er, der jeden Sperling beaufsichtigt und der sogar die Anzahl der Haare auf unseren Häuptern kennt, kann alle Dinge perfekt zusammenwirken lassen auf seine guten Ziele hin. In jedem Detail aller Dinge werden alle seine Absichten erfüllt und wird all sein Wohlgefallen verwirklicht (Jes 46,10). Nichts kann Gottes vollkommenen Plan durchkreuzen, vereiteln oder verbessern. Durch seine Vorsehung steuert er alles, was geschieht – nach dem Plan, den er vor Grundlegung der Welt beschlossen hat.

Im ganzen Buch Jona sehen wir Gott in seiner Vorsehung am Werk, wie er souverän alle Ereignisse in Übereinstimmung mit seinen ewigen Absichten ordnet. Beispielsweise wird uns gesagt, dass Gott den Fisch bestellte, der Jona verschluckte (2,1). Im letzten Kapitel des Buches lesen wir drei Mal, dass Gott bestimmte Dinge »bestellte«. Dadurch erteilte er Jona anschauliche Lektionen über göttliches Mitgefühl. Diese Veranschaulichungen zeigen, dass Gott sogar die kleinsten Details aller Ereignisse fügt, sodass alles zusammenwirkt zu seiner Ehre und zum Segen für die, die ihn lieben. In der Geschichte Jonas fügte Gott alle Dinge in seiner Souveränität, und das nicht nur zum Wohl der Niniviten, sondern auch zum Nutzen von Jona – obwohl die Dinge nicht gerade so verliefen, wie Jona es gern gehabt hätte.

Gott erteilte dem schmollenden Propheten eine Reihe von Gegenstandslektionen, um ihn wegen seiner Lieblosigkeit gegenüber den Niniviten zurechtzuweisen:

Erstens *bestellte Gott eine Rizinuspflanze*, die rasch über Jona aufwuchs und ihm bei seiner Wüstenwache Schatten spendete. Die Bibel berichtet: »Jona freute sich über den Rizinus mit großer Freude« (4,6). Jona sah den Rizinus wahrscheinlich als Zeichen der Gunst Gottes ihm gegenüber an. Vielleicht dachte er, er könne in diesem Phänomen die vorsehende Hand Gottes erkennen. Wenn mitten in der Wüste genau an der richtigen Stelle plötzlich und unerklärbar eine Pflanze aufschießt und Schatten bietet, *musste* das Jona schließlich signalisieren, dass Gott auf seiner Seite war – und nicht auf der Seite der Niniviten! Vielleicht dachte Jona sogar, dies bedeute, dass Gott Ninive schließlich doch noch zerstören würde. Die Stimmung des Propheten schlug sofort um von Verdruss in Freude.

Doch bei Morgengrauen des nächsten Tages *bestellte Gott einen Wurm*, der den Rizinus schädigte, sodass dieser verwelkte und abstarb. Und obendrein *bestellte Gott einen heißen Wind*, der den Propheten seiner letzten Kraft beraubte und ihn in eine höchst unangenehme Lebenslage brachte.

Gott wirkte immer noch alle Dinge zum Guten für Jona, aber der Prophet sah das anders. Gott erinnerte Jona, dass in Ninive viele kleine Kinder lebten (»mehr als 120.000 Menschen, die nicht unterscheiden können zwischen ihrer Rechten und ihrer Linken«). Sie wären alle umgekommen, wenn Gott seinen Zorn auf die Stadt ausgegossen hätte. Der Herr verdeutlichte, dass Jona so eigennützig auf sein eigenes Wohlbefinden aus war, dass ihm mehr an dem Rizinus lag als an den Menschen in Ninive.

Man beachte, welcher Gegensatz besteht zwischen Jonas unvernünftigen Gefühlen bezüglich des Rizinus (»um den du dich nicht gemüht und den du nicht großgezogen hast«) und Gottes Mitgefühl für seine eigenen Geschöpfe: »Ich sollte nicht betrübt sein wegen der großen Stadt Ninive …?« In Römer 9 findet sich derselbe Grundgedanke: »Ich werde mich erbarmen, wessen ich mich erbarme, und werde Mitleid haben, mit wem ich Mitleid habe … Oder hat der Töpfer nicht Macht über den Ton ...? (V. 15.21). Wenn Gott beschlossen hatte, den Niniviten gnädig zu sein, hatte er jedes Recht, seine rettende Liebe auf diese Weise zu zeigen. Jona hingegen – der selber ein Empfänger der wunderbaren Gnade Gottes war – hatte *kein* Recht, sich über Gottes Mitleid für andere zu ärgern. Außerdem hatte er kein Recht, diesen Menschen gegenüber so gefühllos zu sein.

Aus menschlicher Perspektive ist es sicher verständlich, dass es Jona – und mit ihm ganz Israel – am liebsten gewesen wäre, wenn Gott Ninive einfach zerstört hätte. Doch die menschliche Perspektive ist mangelhaft. Gott ist ein Gott der Geduld, des Mitgefühls und der Gnade. Weil Gott willens war, einer verdorbenen Gesellschaft seine Gnade zu erweisen, führte Jonas Predigt zu einer der bemerkenswertesten Erweckungen der Menschheitsgeschichte – und das entgegen Jonas Absichten. Und durch diesen Erweis der großen Liebe Gottes zu Sündern wurde Gott verherrlicht.

Gottes Gabe der Buße

Dass Gott seine Güte und liebevollen Gnadenerweise einer solch bösen Gesellschaft zukommen ließ, gibt uns einen Einblick in das Herz Gottes. Es ist sein Wesen, zu lieben, Gnade zu zeigen und Mitgefühl zu haben. Man beachte jedoch genau: Als er seine richtende Hand von Ninive zurückhielt, sah er nicht lediglich über die Sünden jener Gemeinschaft hinweg und gestattete ihnen, unverblümt mit ihren Bosheiten fortzufahren. Nein, er veränderte die Herzen der Niniviten. Die Erweckung war ein von Gott gewirktes Wunder. Jona selbst bezeugte: »Das Heil kommt vom Herrn!« (2,10; Schl.). Gott ist derjenige, der die Niniviten zur Buße führte. Er erweckte sie geistlich, sodass sie ihre Sünden beklagten (3,8). Sie kehrten sich von ihren bösen Wegen ab (3,10) – aber es war Gott, der sie umkehrte (Kla 5,21: »Kehre uns um zu dir, Herr, dass wir umkehren«; wörtl. aus dem hebr. Grundtext).

Wahre Buße ist stets eine Gabe Gottes. Paulus erteilte Timotheus einen Ratschlag, der auch gut für Jona gewesen wäre: »Ein Knecht des Herrn aber soll nicht streiten, sondern gegen alle milde sein, lehrfähig, duldsam, und die Widersacher in Sanftmut zurechtweisen und hoffen, *ob ihnen Gott nicht etwa Buße gebe* zur Erkenntnis der Wahrheit« (2Tim 2,24-25; Hervorhebungen hinzugefügt).

Gerade die praktisch sichtbare Buße der Niniviten war eine Bestätigung für die souveräne Gnade und das liebevolle Erbarmen Gottes. Hätte er nicht ihre Herzen bekehrt, dann wären sie nie umgekehrt. Doch sie kehrten tatsächlich um, und zwar unverzüglich. »Da glaubten die Leute von Ninive an Gott; und sie riefen ein Fasten aus und kleideten sich in Sacktuch von ihrem Größten bis zu ihrem Kleinsten« (3,5). Der König legte seine königlichen Gewänder ab und Sacktuch an und rief ein Fasten aus. Es war erstaunlich, dass eine von bösartiger Arroganz geprägte Gesellschaft sich auf der Stelle und geschlossen in Sack und Asche in die tiefste Demut niederwarf.

Hugh Martin, ein schottischer Prediger des 19. Jahrhunderts, schrieb darüber:

> Hierin ist zweifellos die Hand Gottes zu erkennen und seine Macht und sein gnadenreicher Einfluss auf ihre Herzen. Und es ist ein sehr wundersames Werk der Gnade Gottes, dass eine Stadt wie Ninive – groß, gewalttätig, stolz und von hochmütiger Gesinnung – sich derart massiv und plötzlich demütigte und der Botschaft Gottes glaubte. Gewiss war Gottes Heiliger Geist zusammen mit Gottes heiligem Wort unter ihnen; und er wirkte – wenngleich im Verborgenen – äußerst mächtig. Ihr Glaube lässt sich unmöglich anders erklären als durch das Wirken Gottes an ihren Herzen und durch die souveräne Gnade Gottes, die ihnen zuteil wurde … Als die Niniviten an Gott glaubten, war das ein Glaube, der »nicht aus euch selbst« war. Ja, war dieser Glaube nicht »die Gabe Gottes« [Eph 2,8]?[5]

Manche meinen, der »Glaube« der Niniviten sei kein wahrer, rettender Glaube gewesen. Aber diese Ansicht teile ich nicht. Aus dem Zeugnis des Herrn selbst wird offensichtlich, dass dieses Bekenntnis bei einer großen Menge Niniviten echt und rettend war. Jesus zitierte die Buße der Niniviten sogar als Zeugnis gegen seine eigene Generation: »Männer von Ninive werden aufstehen im Gericht mit diesem Geschlecht und werden es verdammen, denn sie taten Buße auf die Predigt Jonas; und siehe, mehr als Jona ist hier« (Mt 12,41; Lk 11,32). So wurde einzig und allein durch Gottes liebende Gnade eine ganze Generation von Niniviten ins Reich Gottes gebracht.

Welche Langzeitwirkung hatte diese Erweckung? Weder die Bibel noch die Geschichtsschreibung geben uns darüber Auskunft. Was wir wissen, ist nicht ermutigend. Leider kehrte Ninive etwa eine Generation nach dieser Erweckung wieder zu den alten Wegen zurück. Wie wir im nächsten Kapitel sehen werden, musste Gott schließlich seinen Zorn über der Stadt ausgießen.

Das weist uns hin auf eine entscheidende Wahrheit über Gottes Liebe und Güte: »Jedem aber, dem viel gegeben ist – viel wird von ihm verlangt werden« (Lk 12,48). Gottes Gnade und Privilegien dürfen nicht auf die leichte Schulter genommen werden. Mit größeren Privilegien ist auch eine größere Verantwortung verbunden. Und wer gegen Gottes Güte sündigt, verschlimmert nur noch seine unausweichliche Verdammnis.

Die Geschichte Ninives veranschaulicht diese Wahrheit auf dramatische Weise. Jene glückselige Generation sah die Güte Gottes, obwohl sie seinen Zorn verdient hatte. Erst die Ewigkeit wird zeigen, wie viele Seelen bei dieser großartigen Erweckung ins Reich Gottes versetzt worden sind.

Doch die Erweckung währte nur eine Zeitlang und die Erinnerung daran verblasste bald. Trauriger Weise kehrte die nachfolgende Generation von Niniviten nach dieser Erweckung wieder zur schlimmen Gottlosigkeit ihrer Vorväter zurück. Die Gnade Gottes gegenüber dieser Generation war schnell vergessen. Die jüngere Generation wandte sich wieder den Sünden ihrer Vorgänger zu. Gottes Güte gegenüber Ninive wurde zur fernen Vergangenheit. Die Erweckung wurde noch nicht einmal in einer der bekannten assyrischen Geschichtsschreibungen erwähnt. Es gibt keine Hinweise darauf, dass die Erweckung jemals über die Grenzen Ninives hinaus ging und die übrige assyrische Nation erfasste. Was wir aus der assyrischen Geschichte wissen, deutet vielmehr darauf hin, dass die Erweckung und ihr Einfluss auf eine einzige Generation einer einzigen Stadt begrenzt war. Assyrien als Ganzes blieb dem Gott Israels gegenüber feindlich. Ohne das alttestamentliche Buch Jona wüssten wir gar nichts davon, wie Gott dieser bösen Stadt seine liebende Gnade erwies.

Die Jahre nach Jonas Erweckung waren genau die Zeit, als Assyrien zur vorherrschenden Weltmacht aufstieg und seine militärische und politische Macht immer größer wurde. Getragen und erhoben von der Gnade Gottes, stieg Ninive als Zentrum der assyrischen Vorherrschaft zur mächtigsten Stadt der ganzen Welt auf. Währenddessen setzte Assyrien seinen Krieg gegen das Volk Gottes fort. Schon kurze Zeit später wurde Jahwe, der Gott Israels, von den Niniviten wieder mehr gehasst als geliebt.

Doch Gott war mit Ninive noch nicht fertig. Die letzte Seite der Geschichte dieser Stadt sollte noch geschrieben werden. Diese verdorbene Stadt, die so viel von der Güte Gottes geschmeckt hatte, nur um Gott anschließend wieder zu verschmähen, sollte lernen, wie schrecklich es ist, in die Hände des lebendigen Gottes zu fallen.

Kapitel 4
... und die Strenge Gottes

Von der Zeit Jonas an zogen mehr als hundert Jahre ins Land, bis der Prophet Nahum den endgültigen Fall Ninives ankündigte. Wie vor ihm Jona, war auch Nahum speziell berufen, über diese Stadt zu weissagen. Das kurze Bibelbuch, das nach ihm benannt ist, ist die einzige von ihm bekannte Prophezeiung.

Dieses Mal hatte Gott nicht Gnade, sondern Vergeltung im Sinn. Durch Jonas Botschaft war die Stadt liebevoll gewarnt worden. Nahums Botschaft sollte eine Gerichtsankündigung sein. Gott wollte sich wiederum verherrlichen, doch diesmal durch den Erweis seines *Zorns* gegen Ninive.

Kurz nach Jonas Erfahrung in Ninive marschierten die Assyrer – unter der Führung Sanheribs, dessen Palast in Ninive war – auf, um ihre barbarische Behandlung den Israeliten zu spüren zu geben. Die assyrischen Herrscher jener Zeit waren ruchlose Männer, die mit ihren Brutalitäten prahlten. Sie liebten es, ihre Opfer mit langsamen, grausamen Todesmitteln zu foltern und waren bekannt dafür, dass sie für ihre Eroberungen Denkmäler aus verstümmelten Leichenteilen errichteten. Sanherib war der Schlimmste von allen.

Assyrien hatte die zehn Nordstämme Israels in die Gefangenschaft verschleppt, aus der diese nie zurückkehrten. Die Assyrer unter Sanherib griffen während der Regierung Hiskias auch das Südreich Juda an. Durch Nahum sagte Gott im Endeffekt, dass er die Sünden Assyriens bzw. die Verfolgung seines Volkes nicht länger tolerieren würde. Und da Ninive die Hauptstadt Assyriens war, war Gottes Gerichtsankündigung gegen die Niniviten gerichtet.

Unter Jonas Wirken – und trotz Jonas Mangel an Mitgefühl – erwies Gott den Niniviten seine Liebe und sein Mitleid.

Jetzt aber stand er im Begriff, seinen Zorn auszugießen. Beide Fälle dienten seiner Verherrlichung.

Nahums Prophezeiung gibt uns einen erhellenden Einblick in den Charakter Gottes. Damit wir nicht nur auf seine Gnade schauen und dabei seine Strenge vergessen, werden wir hier erinnert, dass ein heiliger Gott Sünde letztendlich vergelten muss. Gott ist ein gerechter Richter. Wenn er das Gericht nicht ausführen würde, dann widerspräche das seiner Herrlichkeit, dann wäre er seinem Wort nicht treu und es wäre ein Widerspruch zu ihm selbst. Anders ausgedrückt: Die Grundlage für sein Gericht ist sein gerechter Charakter. Sein Gericht ist für seine Herrlichkeit genauso elementar wichtig wie seine Liebe.

Daher verkündigt Nahum in deutlichsten und eindrücklichsten Worten den majestätischen Charakter Gottes als Richter. Nahums Prophezeiung ist auffallend ausgewogen. Der Prophet spricht vier Aspekte des Gerichtes Gottes an, und diese vier Aspekte zeigen das vollkommene Gleichgewicht der Eigenschaften Gottes.

Er ist ein Gott des unbeugsamen Rechts

Mit »Recht« ist hier im juristischen Sinne die Gerechtigkeit der Regierung Gottes gemeint. Gott ist ein gerechter Gott. Seine Gerechtigkeit ist so unwandelbar wie viele andere seiner Charaktereigenschaften. Gott kann nicht seine Gesinnung ändern oder seine Moralmaßstäbe herabsetzen. Da er absolut vollkommen ist, würde jede Veränderung seine Vollkommenheit beeinträchtigen – und das wäre undenkbar. Daher ist seine Gerechtigkeit unbeugsam, denn sein heiliges Wesen erfordert dies.

Als Schöpfer hat er das Recht, über alle seine Geschöpfe nach seinem Belieben zu herrschen. Der Töpfer hat ganz einfach Macht über den Ton, ihn in der Weise zu formen, wie er es will. Er verordnet die Gesetze; er setzt die Maßstäbe und er richtet dementsprechend. Er hat alles zu seinem Wohlgefallen erschaffen und er hat jedes Recht dazu. Er hat auch die abso-

... und die Strenge Gottes

lute Macht, die Prinzipien zu bestimmen, nach denen seine Schöpfung zu funktionieren hat. Und da er gerecht ist, regiert er in vollkommener Gerechtigkeit und hält sich dabei stets an den höchsten Maßstab für Wahrheit und vollkommene Vorzüglichkeit.

Wenn irgendein Geschöpf der Herrschaft Gottes trotzt oder gegen Gottes Regierung rebelliert, fällt es dadurch unmittelbar unter das Gericht Gottes. Jeder, der nicht dem Willen Gottes entsprechend lebt, zieht die unbeugsame Gerechtigkeit Gottes auf sich. Anders ausgedrückt: Gottes Gerechtigkeit ist *vollkommen*, weil er selbst absolut rein und vollendet gerecht ist – er selbst ist vollkommen. Er kann nicht ungerecht sein. Genau deshalb ist seine Gerechtigkeit unbeugsam.

Mit dieser Beschreibung Gottes beginnt Nahum seine Prophezeiung: »Ein eifersüchtiger und rächender Gott ist der HERR; ein Rächer ist der HERR und voller Grimm. Rache übt der HERR an seinen Gegnern und er grollt seinen Feinden. Der HERR ist langsam zum Zorn und groß an Kraft. Doch keinesfalls lässt der HERR ungestraft« (Nah 1,2-3). Das sind starke Aussagen, die uns einen unmissverständlichen Einblick in den Charakter Gottes geben.

Man beachte, dass Gott als »eifersüchtig« beschrieben wird. Als ich als Kind zum ersten Mal davon hörte, war ich dadurch beunruhigt, denn ich stellte mir Eifersucht als einen unheilvollen Charakterzug vor. Aber hier geht es um eine gerechte Eifersucht, die nur Gott hat. Er ist intolerant gegenüber Unglauben, Rebellion, Untreue und Unergebenheit. Er ist erzürnt über die Angriffe und Demütigungen durch Menschen, die etwas oder jemand anderen außer ihn anbeten. Er fordert sein Anrecht ein, den ersten Platz einzunehmen über allem anderen, was wir lieben oder anbeten.

Nun mag jemand behaupten: »Gott ist ichbezogen.« Doch bedenken wir: Natürlich hat Gott als einziger das *Recht* ichbezogen zu sein. Im Gegensatz zu allen seinen Geschöpfen hat er das Recht, Anbetung einzufordern und nach seiner eigenen Verherrlichung zu eifern. Er ist Gott, und es gibt niemanden, der ihm vergleichbar wäre (Jes 46,9). Er, und er allein, hat die absolute Autorität, jene zu richten, die gegen seine Gesetze rebellieren, die sich weigern, ihn zu ehren, seiner Autorität spotten oder sein Wort anzweifeln. Und er hütet seinen Namen eifersüchtig vor allen, die seine Ehre beeinträchtigen würden. »Ich bin Jahwe, das ist mein Name. Und meine Ehre gebe ich keinem anderen noch meinen Ruhm den Götterbildern« (Jes 42,8). »*Um meinetwillen, um meinetwillen will ich es tun – denn wie würde mein Name entweiht werden! –, und meine Ehre gebe ich keinem andern*« (Jes 48,11; Hervorhebungen hinzugefügt). Was bei jedem geringeren Wesen als untragbarer Stolz erscheinen würde, ist der notwendige Ausdruck eines heiligen Gottes, der nicht zulässt, dass seine Heiligkeit besudelt wird. Deshalb ist Gottes Eifersucht eine gerechte Eifersucht.

Diese Wahrheit wird im ersten der Zehn Gebote gelehrt: »Ich bin der HERR, dein Gott, der ich dich aus dem Land Ägypten, aus dem Sklavenhaus herausgeführt habe. Du sollst keine anderen Götter haben neben mir« (2Mo 20,2-3).

Das zweite Gebot verbietet Götzendienst und beschreibt Gott ausdrücklich als eifersüchtig:

> Du sollst dir kein Götterbild machen, auch keinerlei Abbild dessen, was oben im Himmel oder was unten auf der Erde oder was in den Wassern unter der Erde ist. Du sollst dich vor ihnen nicht niederwerfen und ihnen nicht dienen. Denn *ich*, der HERR, dein Gott, bin ein eifersüchtiger Gott, der die Schuld der Väter heimsucht an den Kindern, an der dritten und vierten Generation von denen, die mich hassen (V. 4-5).

Das dritte Gebot setzt dasselbe Thema fort und warnt jene, die mit dem Namen Gottes leichtfertig umgehen: »Du sollst den Namen des HERRN, deines Gottes, nicht zu Nichtigem aussprechen, denn der HERR wird den nicht ungestraft lassen, der seinen Namen zu Nichtigem ausspricht« (V. 7). In Hesekiel 39,25 sagt Gott ganz ähnlich: »Ich eifere um meinen heiligen Namen.«

Gottes heilige Eifersucht ist so bezeichnend für sein Wesen, dass er das Wort »Eifersüchtig« sogar als Namen für sich verwendet: »Denn du darfst dich vor keinem anderen Gott anbetend niederwerfen; denn der HERR, *dessen Name ›Eifersüchtig‹ ist*, ist ein eifersüchtiger Gott« (2Mo 34,14; Hervorhebung hinzugefügt). Und in 5. Mose 4,24 lesen wir: »Denn der HERR, dein Gott, ist ein verzehrendes Feuer, ein eifersüchtiger Gott!«

Die Botschaft ist klar: Gott eifert für seine Ehre. Und wer seine Ehre in irgendeiner Weise schmälert – sei es durch Anbeten eines falschen Gottes oder durch Ungehorsam gegenüber dem wahren Gott oder einfach durch Abstriche in der Liebe zu ihm mit Herz, Seele, Verstand und Kraft – reizt dadurch Gott zur Eifersucht und zieht seinen heiligen Zorn auf sich. Weil Gott der ist, der er ist, ist er ganz einfach vollkommen gerecht, wenn er für seine Ehre eifert und zornig auf alle ist, die ihn in irgendeiner Weise verunglimpfen oder verunehren.

Hesekiel 38,18 liefert eine lebhafte Beschreibung von Gottes gerechter Eifersucht: »An jenem Tag wird es geschehen, an dem Tag, wenn Gog in das Land Israel kommt, spricht der Herr, HERR, da wird mein Grimm in meiner Nase aufsteigen.« In diesem klassischen Anthropopathismus beschreibt die Bibel Gott als so zornig, dass sein Zorn ihm bis ins Gesicht hochkommt – wie bei jemanden, dem die Zornesröte ins Gesicht steigt. Hesekiels Prophezeiung geht weiter:

> Und in meinem Eifer, im Feuer meiner Zornglut habe ich geredet: Wenn an jenem Tag nicht ein großes Beben im Land Israel sein wird! Und vor mir werden beben die Fische des Meeres und die Vögel des Himmels und die Tiere des Feldes und alle Kriechtiere, die auf dem Erdboden kriechen, und alle Menschen, die auf der Fläche des Erdbodens sind; und die Berge werden niedergerissen werden, und die Felsstufen werden einstürzen, und jede Mauer wird zu Boden fallen. Und ich rufe auf meinem ganzen Gebirge das Schwert über ihn herbei, spricht der Herr, HERR; da wird das Schwert des einen gegen den anderen gerichtet sein. Und ich werde ins Gericht mit ihm gehen durch Pest und durch Blut. Und einen überschwemmenden Regen und Hagelsteine, Feuer und Schwefel lasse ich auf ihn regnen und auf seine Scharen und auf die vielen Völker, die mit

ihm sind. Und ich werde mich groß und heilig erweisen und werde mich kundtun vor den Augen vieler Nationen. Und sie werden erkennen, dass ich der Herr bin (V. 19-23).

Gott duldet keine Rivalen und toleriert keine Rebellen. Er ist ein eifersüchtiger Gott. Und wenn der Herr Jesus Christus in Herrlichkeit wiederkommt, wird der Zorn Gottes offenbar werden. In Judas 14-15 lesen wir: »Siehe, der Herr ist gekommen mit seinen heiligen Myriaden, Gericht auszuüben gegen alle und alle Gottlosen zu überführen von allen ihren Werken der Gottlosigkeit, die sie gottlos verübt haben, und von all den harten Worten, die gottlose Sünder gegen ihn geredet haben.«

Warum nun widmen wir in einem Buch, in dem es um die Liebe Gottes geht, der Eifersucht Gottes so viel Raum? Ganz einfach, weil Gottes Eifersucht ein Ausdruck seiner Liebe ist. Eifersucht ist nur innerhalb einer Liebesbeziehung möglich.

Gott ist eifersüchtig, weil er liebt. Er ist eifersüchtig, wenn die, denen seine Güte gilt, von Sünde und von Bösem fortgezogen werden und andere Götter anbeten. Er ist eifersüchtig, wenn jene, die ihn lieben sollten, ihm trotzen und ihre Liebe auf etwas anderes, Geringeres richten.

Doch die stärkste Eifersucht Gottes richtet sich gegen jene, die seinen geliebten Sohn verschmähen. Die Bibel sagt: »Wenn jemand den Herrn nicht lieb hat, der sei verflucht!« (1Kor 16,22). Wer sich weigert, den Herrn Jesus Christus zu lieben, bleibt unter dem Fluch Gottes – weil er für seinen geliebten Sohn eifert. Somit ist Gottes Liebe – insbesondere die Liebe des Vaters zum Sohn – unauflöslich mit seiner heiligen Eifersucht verbunden. Seine Liebe würde sogar geschmälert, wenn er seinen eifersüchtigen Zorn verringern würde.

Sehen wir uns nochmals die Prophezeiung Nahums gegen Ninive an. Hier sehen wir, dass Gottes Zorn – der gezügelt wird von seiner jahrelangen großen Geduld und Güte – unausweichlich seiner Vergeltung für Sünde den Weg bereitet. Man beachte, wie bereits im zweiten Vers der Prophezeiung Nahums die Vergeltung Gottes betont wird: »Ein eifersüchtiger und *rächender* Gott ist der Herr, ein *Rächer* ist der Herr

... und die Strenge Gottes

und voller Grimm. *Rache* übt der HERR an seinen Gegnern, und er grollt seinen Feinden« (Nah 1,2; Hervorhebung hinzugefügt).

Die Wiederholung dieses erhabenen Gedankens verleiht der Prophezeiung einen Tonfall, der sowohl furchteinflößend als auch ernst ist – und das zurecht. Das sind keine leeren Drohungen. Gott steht im Begriff, an einer boshaften Stadt, der er zuvor seine Geduld und sein Mitgefühl erwiesen hat, seinen Namen zu rächen. Nun wird Ninive keine Gnade mehr finden.

Der Gedanke der Rache hat – wie der Gedanke der Eifersucht – einen nicht gerade edelmütigen Unterton. Jesus untersagte uns eine rachsüchtige Gesinnung (Mt 5,38-44). Doch auch hier gilt wieder: Weil Gott Gott ist, hat er jedes Recht, seine Rache über die Gottlosen auszugießen. Ja, er ist gerecht, wenn er das tut. In 5. Mose 32,35 sagt er: »Mein ist die Rache und die Vergeltung.« Er hat das Exklusivrecht, Übeltäter zu richten, Rache zu üben und seinen Zorn über die Sünde auszugießen. Das sind Gottes alleinige Vorrechte.

Der Grund, weshalb *wir* nicht selber Rache üben sollen, besteht sogar gerade darin, dass Gericht und Verurteilung Gottes Vorrechte sind. Paulus schrieb an die Römer: »Rächt euch nicht selbst, Geliebte, sondern gebt Raum dem Zorn! Denn es steht geschrieben: Mein ist die Rache; ich will vergelten, spricht der Herr« (Röm 12,19).

Niemand kann Gottes Zorn entkommen, wenn er die Ehre und Herrlichkeit Gottes verletzt, seinen Sohn verachtet oder sein geliebtes Volk antastet. In Nahum 1,3 heißt es schlicht und ergreifend: »Keinesfalls lässt der HERR ungestraft.«

»Der HERR ist ... voller Grimm« (V. 2). Der hebräische Ausdruck, der hier mit »voller Grimm« übersetzt ist, bedeutet wörtlich »Herr seines Grimmes«. Das spricht von beherrschtem Zorn – also nicht von einer Gefühlswallung oder Leidenschaft, sondern von einer festen Veranlagung. »Gott ist ... ein strafender Gott an jedem Tag« (Ps 7,12). Sein Zorn ist beständig gegen all jene, die gegen ihn rebellieren.

Gottes Zorn wird vom Himmel her offenbart über alle Gottlosigkeit und Ungerechtigkeit der Menschen (Röm 1,18). Seine

Gerechtigkeit ist unbeugsam und beständig. Er wird mit allen abrechnen, die gegen ihn rebellieren. Er wird an allen seinen Widersachern Rache nehmen. »Rache übt der HERR an seinen Gegnern und er grollt seinen Feinden« (Nah 1,2), denn das ist gerecht. »Keinesfalls lässt der HERR ungestraft« (V. 3).

Sünder missbrauchen oft die Gnade und Güte Gottes. Er ist langsam zum Zorn (V. 3) – geduldig, langmütig, freundlich und gnädig. Doch kein Sünder sollte die Gnade jemals als selbstverständlich nehmen. Niemand sollte seine Geduld für Schwäche halten. Niemand sollte meinen, seine Güte signalisiere die Erlaubnis, weiter in Sünde und Unglauben zu leben. Niemand sollte meinen, seine Liebe würde seinen Zorn ungültig machen. Seine Güte dient nicht als Trost für Sünder, sondern dem exakten Gegenteil: »Oder verachtest du den Reichtum seiner Gütigkeit und Geduld und Langmut und weißt nicht, dass *die Güte Gottes dich zur Buße leitet?*« (Röm 2,4; Hervorhebung hinzugefügt).

Doch viele deuten Gottes Güte fälschlicherweise *tatsächlich* als Gleichgültigkeit gegenüber Sünde und als Hindernis für sein Gericht. In 2. Petrus 3,4 werden Spötter beschrieben, die diesen Irrtum ins Extrem führen und sich in der Endzeit über die Androhung der Rache Gottes lustig machen: »Wo ist die Verheißung seiner Ankunft? Denn seitdem die Väter entschlafen sind, bleibt alles so von Anfang der Schöpfung an.«

Wir dürfen auf keinen Fall den eigentlichen Sinn der Geduld Gottes übersehen. Obgleich Gott voller Liebe ist, hat er keineswegs vor, über die Übertretungen der Gottlosen hinwegzusehen. »Der Herr weiß … die Ungerechten aufzubewahren für den Tag des Gerichts, wenn sie bestraft werden« (2Petr 2,9). Er vernachlässigt seine Verheißungen nicht, sondern ist langmütig (3,9).

Wenn Nahum schreibt: »Der HERR ist langsam zum Zorn« (1,3), warnt auch er seine Leser, dass sie Gottes Geduld nicht mit Ohnmacht verwechseln dürfen. Schauen wir uns den Vers noch einmal genauer an: »Der HERR ist langsam zum Zorn und *groß an Kraft*« (Hervorhebung hinzugefügt). Wer glaubt, vor dem Gericht sicher zu sein, weil Gott seinen Zorn bisher nicht ausgegossen hat, sollte besser nochmals nachdenken.

... und die Strenge Gottes

Gottes Güte ist keine Schwäche und seine Langmut ist keine Gleichgültigkeit. »Die Rache ist mein; ich will vergelten«, sagt der Herr. »Zu seiner Zeit soll ihr Fuß gleiten; denn die Zeit ihres Unglücks ist nahe, und was über sie kommen soll, eilt herzu« (5Mo 32,35; Luther). »Keinesfalls lässt der HERR ungestraft« (Nah 1,3).

Nahums Aussage, dass Gott »groß an Kraft« ist, führt uns zum zweiten der drei Aspekte göttlichen Gerichts, auf die Nahum eingeht.

Er ist ein Gott unwiderstehlicher Macht

Die ganze Prophezeiung Nahums ist eine verbale Offenbarung der Majestät Gottes und ein Loblied auf Gottes Macht. »Im Sturmwind und im Unwetter ist sein Weg und Gewölk ist der Staub seiner Füße« (V. 3). Wer schon einmal die Kraft eines Wirbelsturms erlebt hat, kann verstehen, was diese Aussage bedeutet. Nahum beschreibt die majestätische Macht des Zornes Gottes und verdeutlicht sie mit drei Aspekten aus der Natur: Gottes Macht im Himmel, Gottes Macht über die Gewässer und Gottes Macht über das Festland.

In Psalm 19,2 schreibt David: »Die Himmel erzählen die Herrlichkeit Gottes und das Himmelsgewölbe verkündet seiner Hände Werk.« Die Herrlichkeit, die Nahum im Himmel sieht, ist Gottes rächende Macht. Gott herrscht über Wirbelstürme, Unwetter und Wolken (V. 3). Diese Naturphänomene sind nicht nur Zeichen von Gottes Macht, sondern werden auch häufig als Instrumente seines Gerichts herangezogen. Wolken dienen in der Bibel z. B. als Zeichen für göttliches Gericht. Wenn Christus im Gericht wiederkommt, kommt er mit den Wolken und mit großer Macht (Mk 13,26; Offb 1,7).

In Nahums Weissagung wird die Rache Gottes nicht nur durch den Himmel repräsentiert, sondern auch von den Gewässern: »Er bedroht das Meer« (Nah 1,4). Das erinnert uns natürlich an den dramatischen Bericht in Markus 4,39: Jesus »bedrohte den Wind und sprach zu dem See: Schweig, verstumme! Und der Wind legte sich, und es entstand eine große

Stille.« Wissen Sie, wie die Jünger reagierten?»Sie fürchteten sich mit großer Furcht und sprachen zueinander: Wer ist denn dieser, dass auch der Wind und der See ihm gehorchen? (V. 41)« Sie sahen die furchteinflößende Macht Gottes in Christus offenbart und erzitterten vor dieser Macht. Sie wussten, dass es die Macht eines heiligen, allmächtigen, vergeltenden Richters ist. Vielleicht dachten sie sogar an diesen Vers in Nahum und erinnerten sich an die Prophezeiung der Rache Gottes.

Als Nahum schrieb:»Er bedroht das Meer und legt es trocken. Alle Flüsse lässt er versiegen. Es welken Basan und Karmel, die Blüte des Libanon welkt«, sagte er den Untergang der Feinde Israels voraus. Basan, Karmel und der Libanon waren die Grenzgebiete Israels. Natürlich bezog sich diese Prophezeiung insbesondere auf Ninive. Diese Stadt lag weit jenseits der Grenzen Israels, beheimatete jedoch eine Armee, die diese Grenzen bedrohte.

Als nächstes sprach Nahum von Gottes Macht über das Land:»Die Berge erbeben vor ihm, und die Hügel zerfließen. Vor seinem Angesicht hebt sich die Erde, das Festland und alle, die darauf wohnen« (Nah 1,5). Nach Offenbarung 6,12; 11,13 und 16,18-20 wird Gott eines Tages die Erde mit einem Erdbeben erschüttern, von dem sich die Erde, wie wir sie jetzt kennen, nie erholen wird. In Haggai 2,6-7 lesen wir diese Prophezeiung:»Denn so spricht der HERR der Heerscharen: Noch einmal – wenig Zeit ist es noch – und ich werde den Himmel und die Erde und das Meer und das Trockene erschüttern. Dann werde ich alle Nationen erschüttern.«

Gott herrscht über die Erde. Er kann sie erschüttern, wann immer er will. Die Berge erzittern vor seiner Gegenwart (Jes 64,3). Die Hügel zerschmelzen vor ihm wie heißer Wachs (Ps 97,5). Wenn er entschließt, die Erde zu erschüttern, dann erschüttert er sie (Ri 5,5; Hes 38,20). Seine Macht ist unwiderstehlich.

In Nahum 1,6 fragt der Prophet:»Wer kann vor seinem Groll bestehen, wer standhalten bei der Glut seines Zorns?« Die Antwort ist, dass *niemand* vor ihm bestehen kann. Sein Gericht wird beschrieben:»Sein Grimm ergießt sich wie Feuer, die Felsen bersten durch ihn.« Gottes Zorn führte letztlich

den Untergang Ninives herbei und so wurden alle Prophezeiungen Nahums auf dramatische Weise erfüllt.
Gottes Gerechtigkeit ist absolut unbeugsam. Seine Macht ist absolut unwiderstehlich. Unser Gott ist ein verzehrendes Feuer. Kein Wunder, dass der Schreiber des Hebräerbriefes warnte:

> Seht zu, dass ihr den nicht abweist, der da redet! Denn wenn jene nicht entkamen, die den abwiesen, der auf Erden die göttlichen Weisungen gab: wie viel mehr wir nicht, wenn wir uns von dem abwenden, der von den Himmeln her redet! Dessen Stimme erschütterte damals die Erde; jetzt aber hat er verheißen und gesagt: ›Noch einmal werde ich nicht nur die Erde bewegen, sondern auch den Himmel.‹ Aber das ›noch einmal‹ deutet die Verwandlung der Dinge an, die als geschaffene erschüttert werden, damit die unerschütterlichen bleiben ... Denn auch unser Gott ›ist ein verzehrendes Feuer‹ (Hebr 12,25-29).

Er ist ein Gott unendlicher Barmherzigkeit

Doch in Vers 7 fügt Nahum in seine Prophezeiung des Untergangs der Feinde Gottes einen kurzen Exkurs ein. Er erinnert das Volk Israel: »Gut ist der HERR. Er ist ein Zufluchtsort am Tag der Bedrängnis; und er kennt die, die sich bei ihm bergen.« Das hebräische Wort, das hier mit »bergen« übersetzt ist, vermittelt den Gedanken von jemanden vertrauen, Zuversicht in jemanden haben, Zuflucht nehmen, an jemanden glauben. Die »sich beim Herrn bergen« sind jene, die an ihn *glauben* und ihm *vertrauen*. Luther und die alte Elberfelder Bibel übersetzen den Vers sogar so: »... er kennt die, die auf ihn vertrauen.«

Der Herr – der Richter selbst – ist ein Zufluchtsort für jene, die sich glaubend bei ihm bergen. Diese Worte enthalten quasi ein »Evangelium in der Nussschale« von der Rechtfertigung aus Glauben. Derselbe Gott, der den Gottlosen das Gericht androht, lädt verzweifelte Sünder liebevoll und mitfühlend ein, bei ihm Zuflucht zu nehmen. Er allein wird ihr sicherer Hafen sein, ihre Burg und ihr Schutz vor göttlichem Gericht. Wie schützt er jene, die sich bei ihm bergen? Er bedeckt sie mit seiner eigenen Gerechtigkeit, die sie sich durch Glauben aneignen (Phil 3,9). Deshalb wird er im Alten Testament »der HERR, unsere Gerechtigkeit« (Jer 23,6) genannt.

Das Alte Testament offenbart Gott immer wieder als Zuflucht für das gläubige Israel. In Psalm 61 wird er »Zuflucht und starker Turm« genannt, der sein Volk mit seinen Flügeln bedeckt wie ein Vogel seine Küken (V. 4-5). In Psalm 140,7 bezeichnet der Psalmist den Herrn als »Hort meiner Rettung«, der sein »Haupt beschirmt hat am Tag der Waffen«. Er ist der Fels, die Burg, der Retter (2Sam 22,2). Alle diese bildhaften Ausdrücke haben wichtige Bedeutungen für die Lehre der Rechtfertigung aus Glauben. Im Alten Testament gipfelt dieses Thema in Jesaja 53,11, wo Gott den Messias beschreibt: »... der Gerechte, mein Knecht, [wird] den Vielen zur Gerechtigkeit verhelfen, und ihre Sünden wird er sich selbst aufladen.«

Im Neuen Testament wird die Lehre von der Rechtfertigung schließlich vollends entfaltet. Paulus erklärt sie in seinen Briefen sehr gründlich. Dort lernen wir, dass den Gläubigen Gottes eigene Gerechtigkeit zugerechnet wird – allein aus Glauben und nicht aufgrund von irgendwelchen Werken, die der Gläubige getan hat (Röm 4,4-6). Christus selbst hat bereits die gerechten Forderungen des Gesetzes zugunsten der Gläubigen erfüllt und ist an ihrer Stelle gestorben, um den schrecklichen Preis der Sünde zu bezahlen. Deshalb wird jeder, der an Christus glaubt, sowohl von seiner Schuld erlöst als auch mit Jesu vollkommener Gerechtigkeit bekleidet. Das ist die einzige Möglichkeit, wie schuldige Sünder jemals Frieden mit Gott erlangen können (Röm 5,1). Diese Lehre von der Rechtfertigung aus Glauben ist Herz und Seele wahren Christentums. Keine Glaubensrichtung, die diese Lehre leugnet, verdient es, christlich genannt zu werden.

Die lehrbuchmäßige Definition von Rechtfertigung aus Glauben lautet so: »Rechtfertigung ist eine juristische Handlung Gottes, mit der er auf Grundlage der Gerechtigkeit Jesu

Christi erklärt, dass im Hinblick auf den Sünder alle Forderungen des Gesetzes erfüllt sind.«[1] Anders ausgedrückt: Gott *erklärt* den glaubenden Sünder aufgrund von Christus gerecht – und nicht aufgrund irgendeiner tatsächlichen Gerechtigkeit auf Seiten des Sünders selbst. Manche behaupten womöglich, dass Nahum 1,3 eine solche Art von Rechtfertigung unmöglich mache: »Keinesfalls lässt der HERR ungestraft.« Eine Parallelstelle besagt dasselbe, wobei Gott selber sagt: »Ich werde dem Schuldigen nicht Recht geben« (2Mo 23,7). Wenn Gott Sünder nicht rechtfertigt, stecken wir offenbar allesamt in einer hoffnungslosen Situation.

Doch genau an diesem Punkt leuchtet das Licht des Neuen Testaments am hellsten auf und offenbart es die wahre Tiefe der Liebe Gottes. Gott spricht Sünder nicht nur frei. Er sieht über ihre Sünden nicht hinweg. In der Person Jesu Christi hat er eine einmalige, unendliche Erlösung für ihre Sünden geschaffen. Nun bedeckt er sie mit seiner eigenen vollkommenen Gerechtigkeit, indem er ihnen diese seine Gerechtigkeit durch Glauben zurechnet (Röm 4,11). Deshalb stehen alle wahren Gläubigen völlig gerechtfertigt vor einem gerechten Gott. Das ist nicht nur eine Hoffnung auf die Zukunft, sondern eine gegenwärtige Realität. Das ist kein allmählicher Prozess, sondern ein unmittelbarer Akt Gottes, der im ersten Augenblick des Glaubens stattfindet. Durch die von Christus errungene Errettung wird Gottes heiliger Zorn gestillt und seine Liebe vollkommen erfüllt. Somit ist Christus wirklich die Burg, zu der Sünder vor Gottes schrecklichen Gerichten Zuflucht nehmen können.

Wiederum sehen wir, dass die Liebe Gottes und sein Zorn unauflöslich miteinander verbunden sind. Man kann sich nicht mit dem einen beschäftigen, ohne auch das andere zu beachten. Deshalb platziert Nahum seinen Einschub über die Güte und Barmherzigkeit Gottes inmitten eines Abschnitts, in dem es um Gottes Zorn geht. Dieser Vers schweift nicht vom Thema ab, sondern ist das Herzstück der Botschaft.

Vielen fällt es äußerst schwer, diese Parallele des Zornes und der Güte Gottes zu schlucken. Wie bereits in Kapitel 1 gesagt, leugnet die liberale Theologie pauschal, dass ein Gott des Zorns zugleich liebevoll sein kann. Die Vertreter der liberalen Auffassung definieren Gott zwangsläufig gemäß ihrer eigenen Vorstellungen. Sie denken sich Gott als wohlwollend, aber ohnmächtig, und meinen, er sei nicht imstande, seine gerechten Maßstäbe durchzusetzen oder Böses zu verhindern. Anders gesagt, leugnen sie, dass Gott wirklich souverän ist.

Andere streiten Gottes wesensmäßige Güte ab. Sie sehen die Auswirkungen des Bösen in der Welt – Armut, Krankheit, die Verdorbenheit des Menschen, Naturkatastrophen und andere Schrecknisse – und schließen daraus, Gott sei grausam oder lieblos. Oder sie streiten sogar seine Existenz ab. Sie können sich nicht vorstellen, dass ein souveräner Gott, der wirklich gut ist, so viel Böses zulässt.

Doch Nahum kannte Gott sowohl als souverän als auch als gut, ohne dass dies ein Widerspruch gewesen wäre. Der Herr *ist* gut; im Alten Testament lesen wir 41 Mal, dass seine Gnade ewig währt. Sieben mal finden wir die Aussage, »der Herr ist gut«. Er allein ist gut (Mt 19,17). Seine Güte ist personifiziert in Christus, dem guten Hirten (Joh 10,11.14). Seine unumschränkte Güte offenbart sich in allen seinen Werken: »Der HERR ist gut gegen alle; sein Erbarmen ist über alle seine Werke« (Ps 145,9). In Psalm 33,5 lesen wir: »Die Erde ist voll der Gnade des HERRN.« Die ganze Schöpfung verdeutlicht, dass Gott im Wesen gütig ist.

Bedenken wir diese einfache Überlegung: Der Herr hätte alles braun machen können! Braunes Gras, braune Blumen, brauner Himmel, braunes Meer. Aber das tat er nicht. Die Vielfalt und Schönheit seiner Schöpfung bietet uns viel Anlass zur Freude. Diese Dinge veranschaulichen seine wesensmäßige Güte. Gott ist gut. Seine Güte ist in allen seinen Werken zu sehen. Lassen wir uns die Tiefgründigkeit dieser Wahrheit nicht entgehen!

Niemand kann die Güte Gottes so wertschätzen wie jene, die bei ihm Zuflucht nehmen. Sie sind jene, die ihn kennen und lieben. Ihnen gilt seine ewige Liebe. Sie sind zu ihm als ihre sichere Burg geflohen und haben Gnade bei ihm gefunden. Sie erfahren seine Güte und schätzen seine Liebe wie niemand sonst.

»Er kennt die, die sich bei ihm bergen« (Nah 1,7). Bedeutet das, dass er nur jene kennt, die auf ihn vertrauen? Gewiss nicht. Wir müssen bedenken, dass das Wort »kennen« und die davon abgeleiteten Begriffe in der Bibel oft als Synonyme für »lieben« verwendet werden. »Kain erkannte seine Frau« (1Mo 4,17). Dieser Ausdruck spricht von der vertrautesten Art von Liebe – in diesem Fall von der geschlechtlichen Vereinigung von Mann und Frau. Wenn die Bibel sagt, dass Gott diejenigen »kennt«, die Zuflucht bei ihm nehmen, bedeutet das, dass er sie mit der tiefsten, feinfühligsten und persönlichsten Zuneigung liebt. So beschreibt dieses Wort die enge Vertrautheit der Liebe Gottes, die mit keiner irdischen Art von Liebe vergleichbar ist.

Als Jesus sagte: »Meine Schafe hören meine Stimme, und ich kenne sie« (Joh 10,27), meinte er damit nicht, dass er weiß, wer sie sind. Er meinte, dass er eine enge persönliche Beziehung zu ihnen hat. Und als Jesus sagte: »Ich habe euch niemals gekannt. Weicht von mir, ihr Übeltäter!« (Mt 7,23), meinte er damit nicht, dass er nicht weiß, wer diese Leute sind. Er meinte, dass er niemals eine persönliche Beziehung der Liebe zu ihnen hatte.

Gott liebt diejenigen innig, die auf ihn vertrauen. Das Wissen um diese Liebe ist die größte aller Freuden, die das Herz des Menschen erfahren kann. Eine meiner Lieblingsschriftstellen ist Micha 7,18-19:

> Wer ist ein Gott wie du, der Schuld vergibt und Vergehen verzeiht dem Überrest seines Erbteils! Nicht für immer behält er seinen Zorn, denn er hat Gefallen an Gnade. Er wird sich wieder über uns erbarmen, wird unsere Schuld niedertreten. Und du wirst alle ihre Sünden in die Tiefen des Meeres werfen.

Das beschreibt die unendliche Barmherzigkeit Gottes, die in der Errettung der Seinen zum Ausdruck kommt. Wenn Sie diese Liebe niemals persönlich kennen gelernt haben, aber Ihr Herz von der Faszination dieser Liebe angerührt ist, bitte ich Sie: Kehren Sie durch Glauben zu Christus um und nehmen Sie Zuflucht bei ihm!

Er ist ein Gott unvorstellbarer Gerechtigkeit

Man ist leicht versucht, bei Nahum 1,7 zu verharren und sich nur mit der Güte Gottes zu beschäftigen. Aber wir müssen bedenken, dass dieser eine Vers nur ein Einschub in einem Kapitel ist, das ansonsten die absolute Gerechtigkeit Gottes preist, die im Gericht über die Gottlosen zum Ausdruck kommt. Wie wir bemerkt haben, prophezeit das Buch Nahum den Untergang einer gottlosen Stadt. Obwohl die Niniviten zu Jonas Zeiten in Gott Zuflucht vor dem Gericht fanden, sollten ihre Nachkommen den vollen Zorn Gottes zu spüren bekommen. Nahum 1,7 bezeugt deutlich, dass Gott immer noch gütig zu denen ist, die Zuflucht bei ihm suchen, aber die Niniviten zu Nahums Zeiten sollten letztendlich zu einer Gegenstandslektion für eine andere Wahrheit werden: »Was plant ihr gegen den Herrn? Ein Ende macht er. Nicht zweimal wird sich die Not erheben« (1,9).

Gottes Gericht widerspricht nicht seiner inneren Güte. Seine Güte relativiert auch nicht die Strenge seines Gerichts. Gott ist langmütig. Aber wenn er letztendlich Gericht üben muss, ist seine Langmut absolut zu Ende. Hartnäckige Sünder sollten hier aufmerken und zittern.

Nahums Botschaft in den Versen 10-14 sagt die Niederlage der Assyrer voraus. Gottes gerechte Geringschätzung ihrer bösen Werke kommt in seiner Gerichtsankündigung über sie zum Ausdruck:

> Denn wenn sie auch wie Dornen verflochten sind und sich mit Ranken umwinden, sie sollen völlig verzehrt werden wie dürres Stroh. Aus dir kam der hervor, der Böses plante gegen den Herrn, der Heilloses riet. So spricht der Herr: Wenn sie auch noch so unversehrt und noch so zahlreich sind, so sollen sie doch geschoren werden, und es ist vorüber! Habe ich dich auch gedemütigt, ich werde dich nicht mehr demütigen. Und nun, seine Jochstange auf dir zerbreche ich, und deine Fesseln zerreiße ich. Über dich aber hat der Herr geboten: Von deinem Namen soll kein Nachkomme mehr erstehen! Aus dem Haus deines Gottes werde

ich das Götterbild und das gegossene Bild ausrotten. Ich bereite dir das Grab, denn du bist nichts wert.

Wie ein Feld voller Dornengestrüpp taugten sie zu nichts anderem als verbrannt zu werden. Sie waren wehrlos wie Betrunkene. Wie trockenes Stroh waren sie machtlos, den verzehrenden Flammen des göttlichen Zorns zu widerstehen. Mit dem Ausdruck »der Böses plante gegen den HERRN, der Heilloses riet« ist anscheinend Sanherib gemeint. Gott verkündete der ganzen Nation und allen ihren Götzengöttern den völligen Untergang.

Die Prophezeiung wurde buchstabengetreu erfüllt. In 2. Könige 19,35-37 lesen wir: »Und es geschah in dieser Nacht, da zog ein Engel des HERRN aus und schlug im Lager von Assur 185.000 Mann. Und als man früh am Morgen aufstand, siehe, da fand man sie alle, lauter Leichen. Und Sanherib, der König von Assur, brach auf, zog fort und kehrte zurück; und er blieb in Ninive. Und es geschah, als er sich im Haus seines Gottes Nisroch niederwarf, da erschlugen ihn seine Söhne Adrammelech und Sarezer mit dem Schwert; und sie entkamen in das Land Ararat. Und sein Sohn Asarhaddon wurde an seiner Stelle König.«

Das aber war erst der Anfang des Gerichts über die Assyrer – und über Ninive insbesondere.

Ab Kapitel 2 prophezeit Nahum die Zerstörung von Ninive. Es würde den thematischen Rahmen dieses Buches sprengen, wenn wir diese Prophezeiungen im Detail durchgingen. Wir sollten aber beachten, dass sich diese Prophezeiungen exakt so erfüllten, wie es hier geschrieben steht. Nach einer Reihe von Angriffen durch Feinde und Naturkatastrophen wurde Ninive von den Medern besiegt und die Stadt dem Erdboden gleichgemacht. Mit dem Fall Ninives ging auch das Assyrische Reich unter.

In Nahums Prophezeiungen sagt der Herr zweimal zu Ninive: »Ich will an dich« (2,14; 3,15), was auch mit »ich bin gegen dich« (so die engl. King-James-Bibel) übersetzt werden kann. Mein Mentor Dr. Charles L. Feinberg schrieb darüber:

Paulus schreibt (Röm 8,31), wenn Gott für uns ist, kann niemand erfolgreich gegen uns sein. Der Umkehrschluss gilt ebenso: Wenn Gott aufgrund von Sünde gegen eine Person oder Nation ist, kann niemand erfolgreich für diese Person oder Nation eintreten.

Als Assyrien Israel antastete, sprach Gott: »Siehe, ich bin gegen dich!« Das ist zwangsläufig so, wenn Gott seiner Verheißung an Abraham treu ist. Er hat feierlich verheißen, dass er gerade in solchen Situationen jene verfluchen wird, die den Samen Abrahams verfluchen [1Mo 12,3]. Die Wahrheit von Gottes Ausspruch ist im Schicksal Ninives aufgezeichnet.[2]

Und so sehen wir abermals, dass Gottes Zorn ein Beweis für seine Liebe ist. Sein Gericht hängt mit seiner Treue zusammen. Und wenn er richtet, ist er gerecht.

Ninive war als Stadt an ihr Ende gekommen. Bis heute liegt die Stadt in Ruinen als stummes Zeugnis für die Strenge des Zornes Gottes gegen Sünde. Aber zugleich erinnert sie an Gottes unermessliche Liebe zu seinem Volk. Die Zerstörung Ninives befreite Israel von Jahrhunderten des Leids, das es durch die einfallenden Assyrer erlitten hatte. Diese Gerichtshandlung war Gottes Botschaft an eine widerspenstige Nation, dass er sie immer noch liebte.

Gott hat Israel für die Sünden dieses Volkes schwer gezüchtigt. Doch die Drangsale, die er über Israel brachte, dienten nur der Korrektur. Durch Nahum versicherte er ihnen: »[Die Assyrer sollen] umgehauen werden und dahinfahren. Ich habe dich gedemütigt; aber ich will dich nicht wiederum demütigen« (1,21).

Es besteht ein großer und wichtiger Unterschied zwischen Gottes Gericht und Gottes Zuchtmaßnahmen. Gericht ist hart, endgültig und zerstörerisch. Züchtigung ist liebevoll, sanft und korrigierend. »Denn wen der Herr liebt, den züchtigt er; er schlägt aber jeden Sohn, den er aufnimmt« (Hebr 12,6). Seine Züchtigung hat einen liebevollen Zweck: »Er [züchtigt uns] zum Nutzen, damit wir seiner Heiligkeit teilhaftig werden. Alle Züchtigung scheint uns zwar für die Gegenwart

... und die Strenge Gottes

nicht Freude, sondern Traurigkeit zu sein; nachher aber gibt sie denen, die durch sie geübt sind, die friedvolle Frucht der Gerechtigkeit« (Hebr 12,10-11).

Sein Gericht über die Gottlosen ist jedoch von ganz anderem Charakter. Für den mutwillig Ungläubigen »ist Gott ein verzehrendes Feuer« (Hebr 12,29). »Darum kommt plötzlich sein Unglück; im Nu wird er zerschmettert ohne Heilung« (Spr 6,15).

Niemand sollte sich in dem Wissen, dass Gott liebevoll und gnädig ist, in Sorglosigkeit einlullen. Gottes Liebe ist unermesslich, unergründlich und unerschöpflich. Es ist vollkommen richtig zu sagen, dass Gottes Liebe unendlich ist. Aber das bedeutet nicht, dass seine Liebe seine Gerechtigkeit aufhebe oder seinen heiligen Zorn annulliere.

Der Herr ist gütig und seine Gnade währt ewig (Jer 33,11). Das werden die unzähligen Erlösten in alle Ewigkeit bezeugen. »Denn der HERR wird sein Volk nicht verstoßen, er wird sein Eigentum nicht verlassen. Denn zur Gerechtigkeit wird zurückkehren das Recht und hinter ihm her alle, die von Herzen aufrichtig sind« (Ps 94,14-15). Wer nicht aufrichtig im Herzen ist – wer Gottes Liebe verschmäht und seinen eigenen Wegen nachgeht – wird letztendlich dasselbe Schicksal erleiden wie Ninive. Diese Stadt, über die Gott einst seine Liebe in so großer Fülle ausgoss, ging schließlich im Feuer seines Zorns unter.

Sieh nun die Güte und die Strenge Gottes: gegen die, welche gefallen sind, Strenge; gegen dich aber Güte Gottes, wenn du an der Güte bleibst; sonst wirst auch du herausgeschnitten werden (Röm 11,22).

Kapitel 5
Ist die Liebe Gottes kinderleicht zu verstehen?

Jesus loves me, this I know,
For the Bible tells me so. –
Jesus liebt mich, das ist klar,
denn die Bibel sagt es ja.

Die meisten von uns haben von klein auf gelernt, dass Gott uns liebt. Die Bibel sagt, dass Liebe das innerste Wesen Gottes ist: »Gott ist Liebe« (1Jo 4,8.16). Er ist »der Gott der Liebe und des Friedens« (2Kor 13,11). Diese Wahrheiten sind so wunderbar, dass sie stets zu den ersten Dingen gehören, die wir unseren Kindern über Gott beibringen. Und das sollte auch so sein.

Aber wir sollten nicht meinen, dass Gottes Liebe ein Thema nur für Kinder sei. Und glauben Sie nicht, Sie seien mit dem Thema fertig, wenn Sie einfach nur das verinnerlichen, was Sie als Kind gelernt haben. Dieses Thema ist ganz sicher nicht ein Kinderspiel. Wie wir bereits gesehen haben, wirft Gottes Liebe einige äußerst komplexe und bisweilen beunruhigende Fragen auf. Diese Fragen müssen sorgfältig durchdacht und von der Bibel her beantwortet werden.

Zu Beginn dieses Buches versprach ich, dass wir auf einige der schwierigen Fragen zurückkommen werden, die die Lehre von der Liebe Gottes mit sich bringt. Auch nach allem, was wir in den bisherigen Kapiteln gelernt haben, müssen wir immer noch zugeben, dass diese Fragen zu den schwierigsten Dilemmas gehören, mit denen ein Bibellehrer oder Prediger konfrontiert werden kann. Wenn Gott Liebe ist, warum ist die Welt dann ein Schauplatz so viel Unglücks? Wenn Gott so liebevoll ist, warum lässt er dann zu, dass sogar sein eigenes

Volk leidet? Wenn »Gott so sehr die Welt geliebt« hat, warum lässt er dann all das zu: das Leid, die Folter, den Schmerz, die Sorgen, die Trübsale und den Tod? Wenn Gott liebend und zugleich allmächtig ist, warum befindet sich die Welt dann in einem so schlimmen Zustand? Warum lässt ein liebender Gott überhaupt Kriege, Hungersnöte und Katastrophen zu, die so viel Leid verursachen? Wenn Gott der liebende Vater der Menschheit ist, warum handelt er dann nicht wie ein menschlicher Vater, der seine Kinder liebt? Warum erlaubt er seinen Geschöpfen, Entscheidungen zu treffen, die zu ihrem Untergang führen, wenn er das doch verhindern oder unterbinden könnte? Wenn Gott ein liebender Gott ist, warum hat er dann überhaupt die Sünde und den Tod zugelassen?

Es gibt noch mehr und noch schwierigere Fragen: Wenn Gott Liebe ist, warum werden dann nicht alle Menschen gerettet? Warum sind nur *manche* von Gott zum ewigen Leben »auserwählt« (vgl. Mt 22,14; 2Tim 2,10)? Warum sollte ein liebender Gott Menschen ins ewige Leid der Hölle schicken? Warum sollte sich ein liebender Gott einen Plan ausdenken, der beinhaltet, dass so viele Menschen für alle Ewigkeit in die Hölle fahren? Was für eine Liebe ist das, die die Welt beherrschen kann, aber dennoch die Welt leiden lässt? Was für eine Liebe ist das, die souverän ist, und doch arme, leidende Menschen in die ewigen Flammen schickt? Wie sollen wir diese Art von Liebe verstehen?

Falsche Antworten auf die schwierigen Fragen über Gottes Liebe

Diese Fragen sind durchaus vernünftig und wir müssen uns mit ihnen aufrichtig auseinandersetzen. Es nützt nichts, zu behaupten, solche Schwierigkeiten seien mühelos zu beantworten oder man könne sie einfach ignorieren und hoffen, dass sie verschwinden. Jeder, der tiefgründig über Gott nachdenkt, wird sich irgendwann diesen und anderen schwierigen Fragen gegenüber sehen. Es sind knifflige, leidige und sogar verwirrende Fragen. Wirklich befriedigende Antworten darauf sind schwer zu finden. Es macht keinen Sinn zu behaupten, derartige Fragen sollten für einen Christen kein Problem darstellen.

Die Geschichte zeigt sogar, dass jene, die sich mit simplen Antworten auf diese Fragen begnügten, oft Schiffbruch im Glauben erlitten haben. Gewöhnlich zitieren sie ausgewählte Schriftstellen und ignorieren die eine Hälfte wichtiger biblischer Wahrheiten, während sie die andere Hälfte völlig überbetonen. Und so neigen sie zu Extremen. Die lange Verlustliste der Fälle, wo Menschen an diesen Fragen Schiffbruch erlitten haben, verdeutlicht, dass es sich hier um gefährliches Fahrwasser handelt.

Die Lehre der *Allversöhnung* lehrt z. B., dass letzten Endes alle gerettet würden. Allversöhner glauben, weil Gott Liebe ist, könne er niemanden für ewig verdammen. Am Ende, so glauben sie, werde die Hölle nicht einmal mehr existieren. Manche lehren sogar, der Teufel und seine gefallenen Engel würden erlöst. Uns sollte aber sofort klar werden, dass eine solche Auffassung der Bibel widerspricht (Offb 20,10).

Ein anderer Versuch, das durch Gottes Liebe aufgeworfene Dilemma zu lösen, ist die Theorie der so genannten *Vernichtungslehre*. In diesem Modell nimmt Gott die Gläubigen in den Himmel und löscht die Existenz der übrigen einfach aus. Sie erfahren keine bewusste Strafe und kein Leiden; ihr Urteil ist, dass sie aufhören zu existieren. Dieser Auffassung nach gibt es also keine ewige Hölle. Viele Sekten und abgefallene Denominationen vertreten diese Lehre.

Eine Lehre, die eng mit der Vernichtungslehre verwandt ist, ist die Theorie der so genannten *bedingten Unsterblichkeit*. Diese Auffassung besagt, dass die Seele des Menschen vergänglich sei, es sei denn, ihr wird Unsterblichkeit verliehen. Da ewiges Leben nur den Gläubigen gegeben wird, würden alle anderen nach dem Endgericht einfach ins Nichts verscheiden. Diese Auffassung gewinnt in unserer Zeit zunehmend an Popularität, doch auch sie widerspricht der Bibel (Mt 25,46; Offb 14,11).

Solche Ansichten mögen dazu dienen, unsere menschlichen Gefühle etwas zu besänftigen, aber sie werden der

Lehre der Bibel nicht gerecht. Deshalb sind sie Irrtümer – und zwar äußerst gefährliche, weil sie ein falsches Gefühl der Sicherheit vermitteln. Jesus selbst beschrieb die Hölle mit eindrücklichen Begriffen. Er sagte sogar mehr über die Hölle als sonst jemand in der Bibel. Er beschrieb sie als einen Ort »wo ihr Wurm nicht stirbt und das Feuer nicht erlischt« (Mk 9,48). Er bezeichnete die Hölle als »die äußere Finsternis: da wird das Weinen und das Zähneknirschen sein« (Mt 8,12; 25,30). Er warnte die Ungläubigen vor dem bevorstehenden Gericht: »Da wird das Weinen und das Zähneknirschen sein, wenn ihr Abraham und Isaak und Jakob und alle Propheten im Reich Gottes sehen werdet, euch aber draußen hinausgeworfen« (Lk 13,28). Er beschrieb die Hölle als »unauslöschliches Feuer« (Mk 9,43) und als »Feuerofen« (Mt 13,42). Und er warnte seine Zuhörer: »Wenn deine Hand dir Anlass zur Sünde gibt, so hau sie ab! Es ist besser für dich, als Krüppel in das Leben hineinzugehen, als mit zwei Händen in die Hölle zu kommen, in das unauslöschliche Feuer« (Mk 9,43).

Außerdem beschreibt Offenbarung 14,11 die Qualen der Hölle als unablässig und ewig: »Der Rauch ihrer Qual steigt auf von Ewigkeit zu Ewigkeit; und sie haben keine Ruhe Tag und Nacht.« In Offenbarung 20,10 heißt es: »Sie werden Tag und Nacht gepeinigt werden von Ewigkeit zu Ewigkeit.« In Matthäus 25,46 lesen wir: »Und diese werden hingehen zur ewigen Strafe, die Gerechten aber in das ewige Leben.« In diesem Vers beschreibt dasselbe griechische Wort für »ewig« (*aionos*, d. h. »beständig, ewig, für immer«) sowohl den Segen des Himmels als auch die Qualen der Hölle.

Die oben genannten Theorien machen die Christen üblicherweise gleichgültig gegenüber dem Auftrag zur Evangelisation. Sie geben sich zufrieden mit dem Gedanken, dass letztendlich ohnehin jeder errettet wird oder zumindest dem Elend entgeht, und so verliert die Evangelisation ihre Dringlichkeit. Das Evangelium erscheint weniger nötig. Es wird einfach, sich zurückzulehnen und die Ewigkeit weniger dramatisch zu sehen. Das sind genau die Auswirkungen, die diese Theorien in jenen Gemeinden und Denominationen hatten, wo sie vertreten wurden. Sobald Gemeinden liberal werden,

werden die unter ihrem Einfluss stehenden Christen kalt gegenüber geistlichen Dingen. Oft verleugnen sie schließlich den ganzen Glauben. Die Geschichte der Allversöhnungslehre bietet viele Beispiele dafür. Weil diese Lehre im Wesen eine Verleugnung der Bibel ist, ist sie ein sicherer Weg zum schlimmen Abfall.

Aber auch in entgegengesetzter Richtung kann man sich leicht irren. Wie bereits gesagt, gibt es einige Christen, die beim Nachdenken über die schwierigen Fragen bezüglich der Liebe Gottes schließen, dass Gott einfach jene Menschen nicht liebe, die nicht zu seinem Volk gehören, sondern sie hasse. Bei diesem Modell gibt es keine Spannung zwischen der Liebe Gottes und seinem Zorn. Hier gibt es keinen Anlass zum Verwundern, wie Gott Menschen lieben kann, die er letztendlich verdammt, weil man einfach schlussfolgert, dass er alle, die er verdammt, auch hasst. Die Unerwählten seien jene Menschen, die Gott niemals in irgendeinem Sinne geliebt habe. Die Vertreter dieser Auffassung weisen oft darauf hin, dass Gott zornig auf die Gottlosen ist (Ps 7,12), dass er Jakob liebte, aber Esau hasste (Röm 9,13) und dass er jene hasst, die Gottlosigkeit verüben (Spr 6,16-19). Sie schlussfolgern, ein solcher Hass und echte Liebe schlössen sich gegenseitig aus. Daher sei die Liebe Gottes dieser Sichtweise zufolge allein auf die Erwählten beschränkt.

Doch auch diese Auffassung wird der Bibel nicht gerecht. Sie beschränkt Gottes Liebe auf einen Überrest und besagt, dass er die große Mehrheit der Menschen hasse. Rein zahlenmäßig besagt das, Gottes Hass auf die Menschheit überträfe seine Liebe. Das stimmt aber nicht mit dem Gott der Bibel überein, der »barmherzig und gnädig, langsam zum Zorn und reich an Gnade und Treue« ist (2Mo 34,6). Diese Vorstellung passt nicht zu dem, den die Bibel beschreibt als den »Gott der Vergebung, gnädig und barmherzig, langsam zum Zorn und groß an Gnade« (Neh 9,17). Und sie harmoniert nicht mit der Wahrheit aus Psalm 145,8-9: »Gnädig und barmherzig ist der HERR, langsam zum Zorn und groß an Gnade. *Der HERR ist gut gegen alle, sein Erbarmen ist über alle seine Werke*« (Hervorhebungen hinzugefügt).

Und was ist mit dem Vers »so hat Gott die Welt geliebt« (Joh 3,16)? Mir ist klar, dass einige gute Bibelkommentatoren versucht haben, die Bedeutung des Wortes »Welt« in diesem Vers allein auf die Erwählten zu beschränken. Wie in Kapitel 1 bereits bemerkt, widerspricht diese Auffassung jedoch offenbar der Gesamtaussage des Abschnitts. Johannes Calvin verstand diesen Vers richtigerweise als eine Aussage, dass »der Vater die Menschheit liebt.«[1] Die Kernaussage des nächsten Verses (Joh 3,17) ist ja sogar, dass Jesu Kommen eine Mission des Suchens und Findens war – und kein Gerichtsfeldzug. »Denn Gott hat seinen Sohn nicht in die Welt gesandt, dass er die Welt richte, sondern dass die Welt durch ihn errettet werde.« Gottes hauptsächliche Absicht bei der Sendung Christi kam aus Liebe zustande und ist kein Gerichtsplan. Jesus kam nicht um zu zerstören, sondern um zu retten.

Diejenigen, die in Vers 16 die Bedeutung von »Welt« einschränken wollen, müssen zwangsläufig behaupten, dass die »Welt« in Vers 17 nicht jede Person in der Welt einschließen kann, da diese Schriftstelle ansonsten eine Form der Allversöhnung lehren würde. Der Vers sagt, dass Christus kam, damit die *Welt* durch ihn errettet werde. Offensichtlich ist aber nicht jeder Mensch der Welt errettet. Deshalb sagen sie, in beiden Versen müsse der Begriff »Welt« allein auf die Erwählten beschränkt werden und deshalb bedeute Vers 16: »So sehr hat Gott *die Erwählten* geliebt.«

Doch in diesem Zusammenhang spricht »Welt« offenbar von der Menschheit im Allgemeinen. Wenn wir versuchen, diesem Begriff die Bedeutung von »jede einzelne Person« oder »allein die Erwählten« zu geben, ergibt der Abschnitt einfach keinen Sinn. Das Wort »Welt« ist hier ein Synonym für die Menschheit. Die Menschheit im Allgemeinen ist der Gegenstand der Liebe Gottes. Vers 17 bedeutet einfach, dass Christus kam, um dieses gefallene Menschengeschlecht zu erlösen – nicht jeden Einzelnen persönlich, aber die Menschheit als Gruppe. Auch Titus 3,4 spricht von Gottes Liebe in genau diesem Sinne und sagt, dass »die Güte und die *Menschenliebe* unseres Heiland-Gottes erschien«. Die Grundaussage dieser Texte ist ja gerade, dass Gottes Liebe im weiteren Sinne der

Ist die Liebe Gottes kinderleicht zu verstehen?

ganzen Menschheit gilt und nicht nur einer kleinen Gruppe erwählter Einzelpersonen.

Um Johannes 3,16-17 richtig zu verstehen, müssen wir den Begriff »Welt« in diesen Versen ebenso weit gefasst verstehen wie in Vers 19: »Dies aber ist das Gericht, dass das Licht in die Welt gekommen ist, und die Menschen haben die Finsternis mehr geliebt als das Licht, denn ihre Werke waren böse.« Das Wort »Welt« hat sicherlich einen allgemeinen und korporativen Aspekt, der mehr umfasst als nur die Erwählten. Gottes Liebe gilt im allgemeinen Sinne der ganzen Welt, der ganzen Menschheit.

Wie haben wir dann aber Römer 9,13 zu verstehen? »Jakob habe ich geliebt, aber Esau habe ich gehasst.« Hat Gott Esau wirklich gehasst? Ja. Er hasste das Böse, das Esau repräsentierte. Er hasste Esaus Unglauben, Sünde und Weltlichkeit. Und in einem sehr realen Sinne hasste Gott Esau selbst. Das war kein belangloser, nicht ernst zu nehmender kindischer Hass, sondern etwas weitaus Bedrohlicheres. Es war göttliche Antipathie – eine heilige Abscheu gegen Esau als Person. Gott verabscheute sowohl ihn selbst auch das, was er repräsentierte.

Esau seinerseits hasste die Dinge Gottes. Er verachtete sein Erstgeburtsrecht und verkaufte es für eine Schüssel Linsensuppe (1Mo 25,34). Seinen Eltern machte er nichts als Kummer (26,35). Er schwor sich, seinen eigenen Bruder umzubringen (27,41). Er heiratete Heidinnen, weil er wusste, dass das seinen Vater ärgerte (28,8-9). Er lebte ein sorgloses, weltliches Leben in völliger Missachtung und Geringschätzung des Gottes seiner Vorväter. Sicherlich hasste Gott dies alles einschließlich Esau selbst.

Wir sollten beachten, dass Paulus in Römer 9 aus Maleachi 1,2-3 zitiert. Gott sprach hier von zwei Nationen, Israel und Edom, und nennt sie lediglich mit den Namen ihrer jeweiligen Stammväter. Die Bedeutung der Worte »Esau habe ich gehasst« (Mal 1,3) geht über Esau selbst hinaus und betrifft die ganze böse Nation Edom. Der hier beschriebene Hass ist keine belanglose, nicht ernst zu nehmende Abscheu, sondern eine heilige Aversion gegen ein Volk, das durch und durch verdorben war.

Aber Gottes Hass auf Esau und auf die Nation Edom beweist nicht, dass er keine Liebe, kein Mitgefühl und keinerlei Güte für Esau und seine Nachkommen gehabt habe. Vielmehr wissen wir aus der Bibel, dass Gott gütig zu dieser verachtenswerten Nation war. Auf ihrem Weg von Ägypten nach Kanaan durchquerten die Israeliten das Gebiet von Edom. Gott wies Mose ausdrücklich an: »Lasst euch nicht in Streit mit ihnen ein, denn ich werde euch von ihrem Land auch nicht die Breite einer Fußsohle geben! Denn das Gebirge Seir habe ich dem Esau zum Besitz gegeben« (5Mo 2,5).

Dieser heilige Hass, kombiniert mit Güte, bedeutet keineswegs Widersprüchlichkeit oder Doppeldeutigkeit auf Seiten Gottes. Sowohl Liebe als auch Zorn sind Ausdrücke seines Wesens. Er ist liebevoll, aber auch heilig. Er ist mitfühlend, aber auch empört über Böses. Wie bereits bemerkt, schließen sich Hass und Liebe nicht zwangsläufig aus. Sogar im Bereich des menschlichen Gefühlslebens sind solche gemischten Gefühle recht üblich. Die meisten Menschen wissen ganz gut, was es bedeutet, jemanden gleichzeitig zu lieben und zu hassen. Beispielsweise hat jemand vielleicht sowohl aufrichtiges Mitgefühl als auch eine tiefe Abscheu gegen einen schmutzigen Gauner, der sein Leben sinnlos vergeudet hat.

Wie alle Eltern wissen, schließen sich außerdem Zorn und Liebe nicht gegenseitig aus. Wir wissen, dass Gott oft zornig auf jene ist, denen seine ewige Liebe gilt. Schließlich waren sogar die Erwählten vor ihrer Errettung Feinde Gottes (Röm 5,10) und »Kinder des Zorns wie auch die anderen« (Eph 2,3). Umgekehrt gilt auch, dass Gott jene, denen sein ewiger Zorn gilt, echt und aufrichtig liebt.

Wir können die schwierige Frage über Gottes Liebe einfach nicht durch die Schlussfolgerung lösen, dass Gott seine Güte, Gnade, sein Wohlwollen und Mitgefühl allen vorenthalte außer den Erwählten. So müssen wir die Allversöhnung, die Vernichtungslehre und die Lehre der bedingten Unsterblichkeit ablehnen. Aber wir müssen ebenfalls die Auffassung zurückweisen, dass Gottes Hass auf die Gottlosen jegliche Liebe zu ihnen ausschließe. Wie aber sollen wir nun die schwierige Frage über Gottes Liebe beantworten?

Oft wird noch eine andere Lösung vorgeschlagen. Man solle den hartnäckigen Fragenstellern sagen: »Schweig still. Du hast kein Recht, solche Fragen zu stellen.« Die Vertreter dieser Herangehensweise verweisen üblicherweise auf Römer 9,20-21, wo Paulus jemandem entgegnete, der an der Souveränität Gottes zweifelte: »Ja freilich, o Mensch, wer bist du, der du das Wort nimmst gegen Gott? Wird etwa das Geformte zu dem Former sagen: Warum hast du mich so gemacht? Oder hat der Töpfer nicht Macht über den Ton, aus derselben Masse das eine Gefäß zur Ehre und das andere zur Unehre zu machen?«

Wer sind wir, dass wir Gott in Frage stellen? Darum geht es Paulus. Gott ist Gott. Er wird tun, was immer er tun will, denn er ist völlig souverän. Er ist der Töpfer. Er entscheidet, wie das Gefäß werden soll. Das Gefäß hat kein Recht Einwände zu erheben.

Das ist offensichtlich alles wohl war. Gott ist Gott. Wir können seine Wege nicht ergründen. Die Antworten auf viele unserer Fragen können wir nie begreifen. Sicherlich haben wir kein Recht, Gottes Motive in Frage zu stellen. Wir sind nicht berechtigt, ihn ins Verhör zu nehmen, als sei er uns Rechenschaft schuldig. Und manchmal verdienen unsere Fragen es nicht, beantwortet zu werden. Letzten Endes werden viele unserer Fragen unbeantwortet bleiben. Das wird uns zu Römer 9,20 führen und damit zum unausweichlichen Platz, wo wir einfach in ehrfürchtigem Staunen unseren Mund schließen müssen.

Bevor wir an diesen Punkt gelangen, müssen wir viele Dinge *tatsächlich* verstehen. Römer 9,20 ist die passende Antwort an einen Skeptiker. Sie ist für jemanden angemessen, der sich nicht mit der Kenntnis dessen zufrieden gibt, was Gott selbst offenbart hat. Aber der aufrichtige Wahrheitssucher, der Gott und seine Liebe wirklich verstehen will, findet in der Bibel vieles, was ihm weiterhilft, an diese schwierigen Fragen heranzugehen, bevor er bei Römer 9,20 an ein Ende gelangt.

Das soll nicht heißen, dass wir Antworten auf alle unseren schwierigen Fragen finden können. Das können wir eben nicht. Nehmen wir beispielsweise die äußerst schwierige Frage, warum ein liebender Gott nicht alle erlöst. *Wenn Gott Liebe ist, warum schickt er dann manche Menschen in die ewige Hölle? Warum erlöst er nicht alle?* Wir wissen es einfach nicht. Die Bibel sagt es nicht. Gott offenbart uns die Antworten auf diese Fragen nicht. Wer behauptet mehr zu wissen, als Gott uns mitgeteilt hat, ist töricht.

Letztendlich erreichen wir den Punkt, wo wir unsere Fragen Gott überlassen und seiner Gerechtigkeit, Güte und Gnade vertrauen müssen. Im Licht der Wahrheiten über Gott, die wir *kennen*, lernen wir mit den *unbeantworteten* Fragen zu leben. An dieser Stelle wird Römer 9,20 zu einer befriedigenden Antwort, weil wir wissen, dass wir dem Töpfer vertrauen können. Bis wir dorthin gelangen, verleiht uns Gottes Selbstoffenbarung bei unserer offenherzigen Suche im Wort Gottes ein wunderbares, herrliches, reichhaltiges und begreifbares Verständnis seiner Liebe.

Falsche Fragen, die auf einem falschen Gottesbild basieren

Bei der Beschäftigung mit den schwierigen Fragen über Gottes Liebe müssen wir unbedingt bedenken, dass wir dazu neigen, die Dinge aus der falschen Perspektive zu sehen. Mit unserem begrenzten Verstand können wir einen unendlichen Gott nicht begreifen. Wenn wir versuchen, Gott aus menschlicher Perspektive auszuloten, wird unser ganzes Denken über ihn fehlerhaft sein. Wir sündigen gegen Gott, wenn wir etwas über ihn denken, was seiner Herrlichkeit nicht gebührt. Gott selbst tadelt diejenigen, die ihn unterschätzen und in menschlichen Begriffen von ihm denken: »Du dachtest, ich sei ganz wie du. Ich werde dich zurechtweisen und es dir vor Augen stellen« (Ps 50,21).

Kennen Sie das Ende des Buches Hiob? Nach all dem Leid Hiobs und den Ratschlägen seiner Freunde, die sein Leid nur noch verschlimmerten, tadelte Gott nicht nur Hiobs Ratgeber, sondern auch Hiob selbst, weil er zu niedrig über Gott gedacht hatte. Sowohl Hiob als auch seine Freunde hatten versucht, Gott nach menschlichem Ermessen zu erklären. Sie versuchten, den Sinn von Hiobs Leiden zu erklären, aber sie versagten darin, Gott als hoch erhaben über seine Geschöpfen zu sehen. Das verzerrte ihre Sicht für das Geschehen. Die Ratgeber gaben die falschen Antworten und Hiob stellte die falschen Fragen. Dann stellte Gott selber Hiob einige Fragen:

Wer ist es, der den Ratschluss verdunkelt mit Worten ohne Erkenntnis? Gürte doch wie ein Mann deine Lenden! Dann will ich dich fragen, und du sollst mich belehren! Wo warst du, als ich die Erde gründete? Teile es mit, wenn du Einsicht kennst! Wer hat ihre Maße bestimmt, wenn du es kennst? Oder wer hat über ihr die Messschnur ausgespannt? Worauf sind ihre Sockel eingesenkt? Oder wer hat ihren Eckstein gelegt, als die Morgensterne miteinander jubelten und alle Söhne Gottes jauchzten? Wer hat das Meer mit Türen verschlossen, als es hervorbrach, dem Mutterschoß entquoll, als ich Gewölk zu seinem Gewand machte und Wolkendunkel zu seinen Windeln und ich ihm meine Grenze zog und Riegel und Türen einsetzte und sprach: Bis hierher kommst du und nicht weiter, und hier soll aufhören der Stolz deiner Wellen? Hast du einmal in deinem Leben dem Morgen geboten? Hast du die Morgenröte ihre Stätte wissen lassen, damit sie die Enden der Erde erfasse, sodass die Gottlosen von ihr abgeschüttelt werden? (Hiob 38,2-13).

Ich liebe diese Bibelstelle! Gott zählt seine Schöpfungswerke auf und fragt Hiob, ob er weise genug sei, um Gott zu sagen, wie das alles zu bewerkstelligen ist. Von hier an listet Gott drei, vier Kapitel lang die Wunder seiner Schöpfung auf und fordert Hiob heraus, ihm zu sagen, ob er es besser als Gott weiß, wie das Universum zu funktionieren hat. Anstatt sich in Hiobs Augen zu verteidigen, verweist Gott einfach auf seine Souveränität. »Mit dem Allmächtigen will der Tadler rechten? Der da Gott zurechtweist, er antworte darauf!« (40,2).

Hiob war so weise und wusste, dass er den Mund bereits zu voll genommen hatte. So antwortete er einfach: »Siehe, zu gering bin ich! Was kann ich dir erwidern? Ich lege meine Hand auf meinen Mund. Einmal habe ich geredet, und ich will nicht mehr antworten; und zweimal, und ich will es nicht wieder tun« (40,4-5).

Dann fragte Gott Hiob: »Willst du etwa mein Recht zerbrechen, *mich für schuldig erklären, damit du gerecht dastehst?* Oder hast du einen Arm wie Gott und donnerst du mit einer Stimme wie er?« (40,8-9). So berechtigt Hiobs Fragen für jemanden, der durch so viel Leid gegangen ist, auch erschienen sein mögen, so verleumdeten sie dennoch Gottes Charakter. Hiob übertrat die Grenze, wenn er meinte, er könne sich auf Kosten Gottes selbst rechtfertigen.

Nach Gottes eigenen Aussagen war Hiob »rechtschaffen und redlich ... denn es gibt keinen wie ihn auf Erden« (Hiob 1,8). Doch er musste leiden – vielleicht mehr als sonst ein gewöhnlicher Mensch je gelitten hat. Hiob verdiente dieses Leid weniger als andere. Warum wurde gerade er von solch einer Not getroffen? Wo war Gottes Liebe und Gerechtigkeitssinn? Es führte kein Weg daran vorbei, dass Hiob sich über schwierige Fragen wie diese den Kopf zerbrach, so wie Menschen es auch heute tun.

Aber in dem Augenblick, als seine Fragen Zweifel über Gott ausdrückten – an seiner Weisheit, Liebe und Gerechtigkeit – übertraten Hiob und seine Freunde die Grenze. Sie beurteilten Gott nach menschlichen Maßstäben. Sie vergaßen, dass er der Töpfer ist und sie nur der Ton sind. Deshalb wies Gott sie zurecht.

Hiob sah seine Sünde sofort ein: »So habe ich denn meine Meinung mitgeteilt und verstand doch nichts, Dinge, die zu wunderbar für mich sind und die ich nicht kannte« (42,3).

Wir müssen bedenken: Wenn wir über die Liebe und den Zorn Gottes nachdenken, bekommen wir es oft mit Dingen zu tun, die »zu wunderbar« für uns sind. »Zu wunderbar ist die Erkenntnis für mich, zu hoch: Ich vermag sie nicht zu erfassen« (Ps 139,6). »Wer hat des Herrn Sinn erkannt oder wer ist sein Mitberater gewesen?« (Röm 11,34). »Wer hat den Geist des Herrn ermessen und wer ist der Mann seines Rates, den er unterwiese? Mit wem beriet er sich, dass er ihm Einsicht gegeben und ihn belehrt hätte über den Pfad des Rechts und ihn Erkenntnis gelehrt und ihn über den Weg der Einsicht unterwiesen hätte?« (Jes 40,13-14). Und »wer hat den Sinn des Herrn erkannt, dass er ihn unterweisen könnte?« (1Kor 2,16). Das sind dieselben Fragen, mit denen Gott auch Hiob konfrontierte.

Wenn wir uns also mit diesen schwierigen Fragen über Gottes Liebe befassen, müssen wir sehr aufpassen, dass nicht unsere Fragen selbst uns zu einem unangemessenen Denken über Gott verleiten oder zu sündigen Einstellungen zu seiner Liebe und Weisheit führen.

Falsche Folgerungen aus einer falschen Sicht der Vorsehung Gottes

Wir wagen nicht den Fehler von Hiobs Freunden zu begehen und zu denken, wir könnten Gottes Führung und Vorsehung beobachten und daraus die Gedanken Gottes erkennen. Hiobs Freunde dachten, seine Leiden würden beweisen, dass er irgendeiner verborgenen Sünde schuldig sei. In Wirklichkeit war das Gegenteil der Fall. Da aus vielen Bibelstellen deutlich wird, dass wir Gottes Gedanken nicht kennen können, dürfen wir nicht versuchen, etwas in die Werke seiner Fügung hineinzulesen.

Damit meine ich, wir können nicht voraussetzen, dass wir die Bedeutung oder den Sinn und Zweck jedes glücklichen oder unglücklichen Ereignisses kennen. Oft geht es den Ungerechten anscheinend gut und sie genießen die Güte Gottes: »Die Zelte der Verwüster haben Ruhe und Sicherheit gibt es für die, die Gott reizen, für den, der Gott in seiner Hand führt« (Hiob 12,6). »Ich habe einen Gottlosen gesehen, gewalttätig und sich erhebend wie eine üppige Zeder« (Ps 37,35). »Siehe, dies sind Gottlose, und immer sorglos, erwerben sie sich Vermögen« (Ps 73,12). Was daher oft wie Gottes Segen aussieht, beweist keineswegs die Gunst Gottes. Wir sollten keinen Augenblick meinen, Wohlergehen sei ein Beweis für Gottes Gutheißung. Wer so denkt, läuft Gefahr in die Irre zu gehen.

Im Gegenteil, die Gerechten leiden oft: »Alle aber auch, die gottesfürchtig leben wollen in Christus Jesus, werden verfolgt werden« (2Tim 3,12). »Denn euch ist es im Blick auf Christus geschenkt worden, nicht allein an ihn zu glauben, sondern auch für ihn zu leiden« (Phil 1,29). Doch Gott gebraucht solches Leiden, um viel Gutes zu erreichen: »Wir wissen aber, dass denen, die Gott lieben, alle Dinge zum Guten mitwirken, denen, die nach seinem Vorsatz berufen sind« (Röm 8,28). Anders ausgedrückt: Gerade das, was gut erscheint, wird beim Unbußfertigen und Ungläubigen letztlich im Unheil enden. Doch bei Gottes Kindern dienen sogar Trübsale und Züchtigungen einem guten Ziel (1Mo 50,20). Deshalb kann das, was aus unserer Perspektive die schlimmste Katastrophe ist, in Wirklichkeit ein Zeichen der Liebe und Güte Gottes sein.

Ich wohne in einem Gebiet, in dem es häufig Erdbeben gibt. Im Lauf der Jahre haben wir immer wieder Erschütterungen erlebt. Wenn ich spüre, wie die Erde wankt, denke ich immer an die unendliche Macht unseres Gottes. Am 17. Januar 1994 wurde ich um 4:31 Uhr morgens von der heftigsten Erschütterung aus dem Schlaf gerissen, die ich je erlebt habe. Dieses Erdbeben, das weniger als neunzig Sekunden dauerte, ließ in Umgebung meines Hauses mehrere Autobahnbrücken einstürzen. Ein hohes Büro- und Ärztegebäude in der Nachbarschaft sackte um drei Meter in sich zusammen, als das zweite Stockwerk kollabierte. Ein großes Einkaufszentrum wurde völlig zerstört. Hunderte Mietshäuser und Eigenheime wurden demoliert. Traurigerweise wurden einige Bewohner eines Hauses im Schlaf zu Tode zerdrückt, als das Erdgeschoss unter dem Gewicht der zwei Obergeschosse zusammenbrach. Finanziell gesehen, war das die teuerste Naturkatastrophe in der Geschichte der USA.

Anscheinend sieht *jeder* in solch einem Ereignis die Hand Gottes. Inmitten dieser Krisensituation hörten wir plötzlich, wie Nachrichtensprecher und zivile Amtsträger öffentlich über die große Macht Gottes diskutieren und sich fragten, ob das Erdbeben (sowie eine Welle anderer Katastrophen, von denen Südkalifornien in den letzten Jahren heimgesucht worden war) womöglich eine Botschaft des Allmächtigen sei.

Jemand bemerkte, dass das Epizentrum des Bebens in einem Gebiet lag, das als Hauptproduktionszentrum für Pornografie bekannt ist. Leider verkündeten viele Christen freimütig, das Erdbeben sei Gottes Gericht über diese Gegend und ihre Gesellschaft. Es sei ein Beweis, so sagten sie, dass Gott von den Sünden Südkaliforniens nun endlich die Nase voll habe. Das war ein solches Stadtgespräch, dass einer der größeren Rundfunksender einen Topreporter schickte, um mich im Rahmen einer Reportage zum Thema »Das Beben als Gericht Gottes« zu interviewen.

Meine Antwort überraschte den Reporter. Ich sagte, dass meinem Denken nach Gott in dem Erdbeben mehr Gnade als Gericht gezeigt habe. Schließlich geschah es, als die meisten Leute zu Hause im Bett lagen, und zwar an einem gesetzlichen Feiertag. Auf den Straßen waren weniger Menschen als zu irgendeiner Zeit sonst während der Woche unterwegs. Die Medien hatten Bilder gezeigt von Fahrzeugen, die auf Überresten von Autobahnbrücken zum Stehen gekommen waren und vor und hinter ihnen war die Brücke eingestürzt. Unglaublicherweise war kein einziges Fahrzeug in die Tiefe gerissen worden. Schnellstraßen waren zusammengebrochen, Parkhäuser kollabiert und Bürohochhäuser eingestürzt. Viele Bekannte von mir entkamen nur um ein Haar dem Tod oder schweren Verletzungen. Doch von den Millionen von Menschen im Erdbebengebiet kamen weniger als sechzig dabei ums Leben! Ja, das Bemerkenswerteste an dem ganzen Erdbeben war die niedrige Zahl der Todesopfer.

Nach einigem Nachdenken zeigt sich also: Was der Großteil der Welt als schwere Katastrophe ansah und was die meisten Christen als Gericht Gottes deuteten, war zweifellos ein Gnadenerweis Gottes. Sicherlich war es eine Warnung vor einem heftigeren bevorstehenden Gericht. Aber wie die meisten Ereignisse, die für uns Tragödien sind, war das Erdbeben gewiss eine Mischung aus der Güte *und* der Strenge Gottes. Meiner Einschätzung nach überwogen die Segnungen im Vergleich zum Schaden bei weitem.

Sicherlich können wir die Gedanken Gottes nicht kennen. Deshalb müssen wir uns beim Stellen und Beantworten der Fragen über die Liebe Gottes vor vielen Gefahren hüten. Dieses Thema ist *kein* Kinderspiel. Nachdem wir diese Dinge betrachtet haben, können wir nun vorstoßen und das erforschen, was Gott in seinem Wort offenbart – und dabei werden wir sicherlich feststellen, dass dies ein äußerst fruchtbringendes Studium ist.

Zwei Aspekte der Liebe Gottes

In den folgenden Kapiteln werden wir uns noch tiefgehender mit der Liebe Gottes befassen. Wir werden versuchen, eine ausgewogene Perspektive zu bewahren: sowohl von Gottes allgemeiner Liebe zu allen Menschen als auch von seiner speziellen Liebe – seiner rettenden Liebe – zu seinen Erwählten. Wenn wir dabei viele einzelne Gedankenfäden zusammenweben, sollte der Leser voreilige Schlussfolgerungen vermeiden. Erst wenn wir ein vollständiges Bild alles dessen haben, was die Bibel über die Liebe Gottes sagt, werden die vielen verschiedenen Fäden der Wahrheit ein reichhaltiges Gewebe bilden. Einige Dinge werden wir erst dann einordnen und verstehen können, wenn wir hinterher einige Schritte zurücktreten und das vollendete Gesamtwerk betrachten. Aber wenn wir das große Gesamtbild sehen, wird uns das in Staunen versetzen.

Diese beiden Aspekte der Liebe Gottes – seine allgemeine Liebe zu allen Menschen und seine besondere Liebe zu den Erwählten – dürfen nicht durcheinander gebracht werden. Dass Gott die Erwählten mit einer rettenden Liebe liebt, bedeutet nicht, dass er für die anderen Menschen keinerlei Liebe habe. Und dass Gott sogar jene wirklich liebt, die er nicht rettet, bedeutet nicht, Gott irgendeine Schwäche zuzuschreiben. Letztendlich wird keines seiner Ziele vereitelt werden und jeder Aspekt seiner Liebe wird vollkommen seine Herrlichkeit zum Ausdruck bringen.

Kapitel 6
Gottes Liebe zur ganzen Menschheit

Vielleicht haben Sie schon einmal gehört, dass in den USA bei fast jedem größeren Sportereignis jemand im Blickfeld der Fernsehkameras auftaucht, der ein Schild hochhält, auf dem üblicherweise »Johannes 3,16« steht. Bei den Baseball-World-Series sieht man das Schild normalerweise direkt hinter der Ausgangsbase. Beim Super Bowl sitzt obligatorisch jemand mit einem solchen Schild zwischen den Torpfosten. Und bei den NBA-Finalen ist das allgegenwärtige Johannes-3,16-Schild irgendwo im ersten Zuschauerrang zu sehen. Wie diese Leute es schaffen, jedes Mal einen Platz in der ersten Reihe zu ergattern, ist mir schleierhaft. Aber irgendjemand ist immer da und meistens ist er auffällig bunt gekleidet, um die Aufmerksamkeit auf sich zu ziehen.

Einer dieser Männer, der mit solchen Johannes-3,16-Auftritten bereits ein wenig berühmt geworden war, verbarrikadierte sich vor ein paar Jahren in einem Hotel in Los Angeles und hielt die Polizei in Schach, bis ihm gestattet wurde, eine Botschaft im Fernsehen zu verkünden. Das war ein surrealistisches Bild: Jemand meinte einen Sendungsauftrag zu haben, Johannes 3,16 zu verkünden und fuchtelte dabei mit einer Pistole herum und bedrohte die Polizisten, während er mit Bibelversen um sich schleuderte. Seine Karriere als Aktivist bei großen Sportereignissen endete abrupt, als die Polizei ihn kurzerhand verhaftete.

Als ich im Fernsehen diese kuriose Episode verfolgte, schämte ich mich dafür, dass jemand, den die Öffentlichkeit als Christ ansah, das Evangelium so schrecklich herabwürdigte. Mir kam es vor, als habe dieser Mann unter »Evangelisation« nie etwas anderes verstanden, als öffentliches Aufsehen zu erregen. Und das »Ding«, das er nun gedreht hatte, war offenbar nichts anderes als ein weiterer Kraftakt, um sich einmal mehr in die Linse der Fernsehkameras zu manövrieren. Leider brachte er eine schreckliche Schande über die Botschaft, die er vergeblich zu verkünden versuchte.

Beim Beobachten dieses Vorfalls wurde mir außerdem deutlich, dass Johannes 3,16 wohl der bekannteste Vers der ganzen Bibel ist. Doch sicherlich gehört er zugleich zu den am meisten missbrauchten und am wenigsten verstandenen Versen. »So sehr hat Gott die Welt geliebt« – als Bannerparole im Sportstadion – ist ein beliebter Jubelruf geworden für viele, die zwar Gottes Liebe ausnutzen, aber seine Liebe nicht erwidern. Dieser Vers wird oft als Beweis dafür angeführt, dass Gott alle gleich liebe und dass er unendlich gnädig sei – als annulliere dieser Vers alle biblischen Warnungen vor der Verdammnis der Gottlosen.

Das ist mit Johannes 3,16 jedoch nicht gemeint. Man muss nur bis Vers 18 weiterlesen, um einen ausgewogeneren Blick für die Wahrheit zu bekommen: »Wer aber nicht glaubt, ist schon gerichtet, weil er nicht geglaubt hat an den Namen des eingeborenen Sohnes Gottes.« Diese Wahrheit muss der Welt gewiss mit mindestens ebensolcher Dringlichkeit verkündet werden wie die Wahrheit von Vers 16.

Liebt Gott die ganze Welt?

Wenn auch einige dazu neigen, Gottes Liebe auszunutzen, dürfen wir darauf jedoch nicht so reagieren, dass wir die biblischen Aussagen über den Geltungsbereich der Liebe Gottes einschränken. Johannes 3,16 ist ein vielsagender und elementar wichtiger Vers. In Kapitel 1 erwähnte ich bereits, dass einige Christen abstreiten, dass Gott tatsächlich die ganze Welt liebt. Arthur Pinks bekannte Auslegung besagt, das Wort »Welt« in Johannes 3,16 beziehe sich nicht auf die »Welt der Gottlosen« sondern auf die »Welt der Gläubigen.«

Mit diesem Thema sollten wir uns noch einmal näher befassen. Ich lerne immer mehr Christen kennen, die der Ansicht sind, die richtige Auslegung von Johannes 3,16 sei jene, die Gottes Liebe auf die Erwählten begrenzt und jegliche göttliche Liebe zur Menschheit im Allgemeinen ausschließt.

Ein Freund von mir gab mir kürzlich sieben oder acht Artikel, die alle von Christen verfasst und in letzter Zeit über verschiedenen Foren auf dem Internet verbreitet worden waren. Alle diese Artikel leugneten, dass Gott alle Menschen liebt. Es überrascht, wie sehr sich diese Auffassung unter Evangelikalen verbreitet hat. Hier einige Auszüge aus diesen Artikeln:

- Die populäre Behauptung, dass Gott alle Menschen liebe, steht einfach nicht in der Bibel.
- Gott liebt viele Menschen, und die er liebt, wird er retten. Was ist mit den anderen? Sie sind nicht von ihm geliebt.
- *Allein die reine Logik* schreibt vor, dass Gott diejenigen, die er liebt, auch retten wird.
- Wenn Gott alle lieben würde, dann würden alle gerettet. So einfach ist das. Eindeutig wird nicht jeder gerettet. Deshalb liebt Gott also nicht alle.
- Die Bibel sagt, dass die Gottlosen ein Gräuel für Gott sind. Gott selbst sagt, dass er Esau hasste. *Wie kann jemand, der die ganze Bibel glaubt, behaupten, Gott würde alle Menschen lieben?*
- Gott liebt die von ihm Erwählten, aber seine Haltung gegenüber den Nichterwählen ist purer Hass.
- Die Auffassung, dass Gott die ganze Menschheit liebe, widerspricht der Bibel. Gott liebt eindeutig *nicht* alle Menschen.
- Alle, die nicht die Zehn Gebote Gottes halten, können sicher sein, dass Gott sie nicht liebt.
- Gott liebt nicht nur nicht alle Menschen, sondern es gibt massenweise Menschen, die Gott mit einem unendlichen Hass zutiefst verabscheut. Sowohl die Schrift als auch die widerspruchsfreie Logik zwingen uns zu dieser Schlussfolgerung.

Doch weder die Bibel noch die gesunde Logik unterstützen solch kühne Behauptungen.

Ich möchte so klar wie möglich zum Ausdruck bringen, dass ich absolut nichts gegen Logik habe. Manche werten Logik so sehr ab, als widerspräche sie geistlicher Wahrheit. Dem stimme ich nicht zu, denn wenn man die Logik verwirft, dann wird man irrational, und wahrer christlicher Glaube ist nicht irrational. Geistliche Dinge können wir nur verstehen, indem wir auf die Wahrheit, wie sie in Gottes Wort offenbart ist, sorgfältig Logik anwenden. Manchmal sind logische Folgerungen notwendig, um die ganze Wahrheit über Dinge zu erhalten, zu denen sich die Bibel nicht eindeutig ausdrückt. (Die Lehre der Dreieinigkeit ist beispielsweise implizit in der Bibel enthalten, wird aber nirgends ausdrücklich dargelegt. Sie ist eine Wahrheit, die durch gute und notwendige Schlussfolgerungen aus der Bibel hergeleitet wird – und daher ist sie genauso sicher wahr, als wäre sie ausdrücklich und eindeutig in der Bibel niedergelegt.)[2] An gesunder, auf der Bibel gründender Logik ist sicherlich überhaupt nichts Falsches; vielmehr ist Logik elementar wichtig, um die Bibel überhaupt verstehen zu können.

Aber sicherlich sollten wir uns davor hüten, uns von »reiner Logik« zu einer Schlussfolgerung leiten zu lassen, die dem gesamten Tenor der Bibel entgegengesetzt ist. Das Anwenden von Logik auf eine unvollständige Reihe von Aussagen über Gott hat oft die bittere Frucht falscher Lehre hervorgebracht. Wir müssen unsere logischen Schlussfolgerungen immer an dem sichereren Wort der Bibel überprüfen. In diesem Fall hält die Auffassung, Gottes Liebe sei allein den Erwählten vorbehalten, einer Prüfung im Licht der Bibel nicht stand.

Wir haben bisher eindeutig gesehen, dass die Bibel sagt, dass Gott Liebe ist. »Der HERR ist gut gegen alle, sein Erbarmen ist über alle seine Werke« (Ps 145,9). Der Herr Jesus befiehlt uns sogar unsere Feinde zu lieben und als Grund dafür gibt er an: »… damit ihr Söhne eures Vaters seid, der in den Himmeln ist! Denn er lässt seine Sonne aufgehen über Böse und Gute und lässt regnen über Gerechte und Ungerechte« (Mt 5,45). Dem kann man eindeutig entnehmen, dass Gott seine Feinde in irgendeinem Sinne liebt. Er liebt beide: »Böse und Gute … Gerechte und Ungerechte«, und zwar in genau dem Sinne, in welchem wir unsere Feinde lieben sollen.

Das zweite der beiden größten Gebote lautet: »Du sollst deinen Nächsten lieben wie dich selbst! (Mk 12,31; vgl. 3Mo

19,18). Dieses Gebot befiehlt uns, *jeden* zu lieben. Wir können sicher sein, dass es einen unumschränkten Geltungsbereich hat, denn in Lukas 10 lesen wir von einem Gesetzesgelehrten: »Indem er aber sich selbst rechtfertigen wollte, sprach er zu Jesus: Und wer ist mein Nächster?« (Lk 10,29), worauf Jesus mit dem Gleichnis vom barmherzigen Samariter antwortete. Und die Pointe? Sogar Samariter – eine halbheidnische Volksgruppe, die den jüdischen Gottesdienst völlig verdreht hatte und von den Juden als Feinde Gottes verabscheut wurde – waren »Nächste« und sollten deshalb geliebt werden. Anders ausgedrückt: Das Gebot der Nächstenliebe bezieht sich auf *alle*. Die hier gebotene Liebe ist eindeutig eine unumschränkte, allgemeingültige Liebe.

Wir müssen bedenken, dass Jesus das Gesetz in jeder Hinsicht erfüllte (Mt 5,17-18), einschließlich dieses Gebotes der unumschränkten Liebe. Seine Liebe zu anderen reichte gewiss mindestens so weit, wie sein Gleichnis in Lukas 10 veranschaulicht. Deshalb können wir sicher sein, dass er jeden liebte. Er *musste* jeden lieben, um das Gesetz zu erfüllen. Schließlich schrieb Paulus: »Denn das ganze Gesetz ist in *einem* Wort erfüllt, in dem: Du sollst deinen Nächsten lieben wie dich selbst« (Gal 5,14). In Römer 13,8 wiederholt er dieses Thema: »Wer den anderen liebt, hat das Gesetz erfüllt.« Deshalb muss Jesus seinen »Nächsten« geliebt haben. Und da er den Begriff »Nächster« so definiert, dass er sich auf alle Menschen bezieht, wissen wir, dass während seines irdischen Lebens seine Liebe unumschränkt allen galt.

Aber stellen wir uns etwa vor, dass Jesus als vollkommener Mensch zwar alle liebt, aber Jesus als Gott nicht? Würde Gott uns gebieten, in irgendeiner Weise mehr zu lieben, als er selbst es tut? Würde Gott von uns verlangen, dass unsere Liebe weitreichender sein soll als seine eigene? Und würde der Herr Jesus, nachdem er während seines irdischen Lebens alle geliebt hat, nach seiner Himmelfahrt in reinen Hass gegen die Unerwählten verfallen? Das wäre undenkbar: »Jesus Christus ist derselbe gestern und heute und in Ewigkeit« (Hebr 13,8).

Sehen wir uns noch einmal den Zusammenhang von Johannes 3,16 an. Wer diese Schriftstelle dahingehend auslegt, dass sie Gottes Liebe *einschränkt*, verfehlt den eigentlichen Sinn dieses Verses. Im gesamten Zusammenhang findet sich keinerlei einschränkende Ausdrucksweise. Der Abschnitt sagt nichts darüber, wie Gottes Liebe zwischen den Erwählten und dem Rest der Welt aufgeteilt sei. Vielmehr handelt es sich hier um eine Aussage über Gottes Haltung gegenüber der Menschheit im Allgemeinen. Es ist eine *gute* Botschaft, die besagt, dass Christus in die Welt kam, weil er als Retter gesandt wurde – und nicht als Richter: »Denn Gott hat seinen Sohn nicht in die Welt gesandt, dass er die Welt richte, sondern dass die Welt durch ihn errettet werde« (V. 17). Wenn man diese Schriftstelle zu einer Erklärung des göttlichen Hasses gegen jene macht, die Gott nicht rettet, stellt man damit den ganzen Abschnitt auf den Kopf.

John Brown, der schottische Reformator, der für seine wunderbaren Studien über die Reden Christi bekannt ist, schrieb:

> Die Liebe, in der die Heilsökonomie ihren Ursprung hat, ist Gottes Liebe *zur Welt*. »So sehr hat Gott die Welt geliebt, dass er seinen eingeborenen Sohn gab.« Der Begriff »Welt« ist hier gleichbedeutend mit »Menschheit«. Unser Herr scheint ihn in Bezug auf die sehr eingeschränkten und exklusiven Ansichten der Juden verwendet zu haben.

Manche meinen, das Wort »Welt« sei hier veranschaulichend und beschreibe nicht die Menschheit allgemein, sondern die Gesamtheit einer besonderer Klasse, nämlich jenen Teil der Menschheit, der nach Gottes Gnadenratschluss schließlich Teilhaber des Heils Christi werden soll. Aber damit verleiht man dem Begriff eine Bedeutung, die durch seinen Gebrauch in der Schrift in keiner Weise gerechtfertigt wird.[3]

B. B. Warfield nimmt eine ähnliche Position ein:

> »Welt« und »Gläubige« scheinen hier gewiss keine gleichbedeutenden Begriffe zu sein: Der eine Begriff [Welt] vermittelt offenbar etwas Umfassenderes als der andere [Be-

griff Gläubige]. Wie können wir daher sagen, »die Welt«
bedeute einfach nur »die Welt der Gläubigen«, d. h. jene in
aller Welt Zerstreuten, die als Erwählte Gottes an seinen
Sohn glauben werden und somit ewiges Leben erlangen?
Offensichtlich enthält diese Vorstellung viel Wahrheit:
und das Hauptproblem, das dadurch aufgeworfen wird,
kann zweifellos durch die Behauptung vermieden werden, hier werde gelehrt, dass Gottes Liebe zur Welt sich
darin zeige, dass er eine so große Menge rette, wie er eben
aus der Welt errettet. Die Welt der Gottlosen verdient aus
seiner Hand nichts als die völlige Zerstörung. Doch daraus errettet er eine Menge, die niemand zählen kann, aus
jeder Nation und aus allen Stämmen und Völkern und
Sprachen. Wie sehr muss Gott daher die Welt lieben! Diese
Interpretation gibt fraglos die grundlegende Bedeutung
des Textes wieder.[4]

Anschließend macht Warfield die entscheidende Aussage,
dass unser Hauptanliegen bei der Interpretation des Wortes
»Welt« in Johannes 3,16 nicht darin bestehen sollte, den *Geltungsbereich* der Liebe Gottes einzugrenzen, sondern vielmehr
das große *Wunder* dieser Liebe herauszustellen:

Der Schlüssel dieses Abschnittes liegt ... in der Bedeutung
des Ausdrucks »Welt«. Dieser Begriff gibt nicht so sehr eine
Ausdehnung an, als vielmehr eine Intensität. Seine wichtigste Bedeutung ist ethischer Natur, und durch seine Verwendung soll nicht ausgedrückt werden, dass eine große
Menge an Liebe nötig ist, um die ganze Welt zu umfassen,
sondern dass die Welt so böse ist, dass eine *große* Liebe nötig ist, um sie überhaupt zu lieben – und noch viel mehr,
um sie so zu lieben, wie Gott sie geliebt hat, als er seinen
Sohn für sie dahingab (Hervorhebungen hinzugefügt).[5]

Wenn das Wort »Welt« im ganzen Kontext dieselbe Bedeutung
hat, dann wird aus Vers 19 klar, dass es nicht allein »die Welt
der Erwählten« bedeuten kann: »Dies aber ist das Gericht,
dass das Licht in die Welt gekommen ist, und die Menschen

haben die Finsternis mehr geliebt als das Licht, denn ihre Werke waren böse.« Robert L. Dabney schrieb:

> Eine faire, logische Verbindung zwischen Vers 17 und 18 zeigt, dass »die Welt« von Vers 17 all jene einschließt, die in Vers 18 mit »wer an ihn glaubt« und »wer nicht an ihn glaubt« gemeint sind ... Wenn [Christi Kommen in die Welt] kein ein echter Erweis des Wohlwollens Gottes gegenüber dem Teil der »Welt« ist, der »nicht glaubt«, dann ist es schwierig einzusehen, wie ihre Ablehnung [Christi] die gerechte Grundlage für eine größere Verdammnis sein soll, die in Vers 19 ausdrücklich erklärt wird.[6]

Johannes 3,16 muss also dahingehend verstanden werden, dass es hier um Gottes Liebe zu einer sündigen Menschheit im Allgemeinen geht. Calvins Interpretation bietet eine gute Zusammenfassung. Er sah in Johannes 3,16 zwei Hauptaussagen: »Nämlich dass Glauben an Christus allen Leben bringt, und dass Christus Leben gebracht hat, weil der Vater die Menschheit liebt und wünscht, dass die Menschen nicht verloren gehen.«[7]

Schauen wir uns jetzt Johannes 3,16 noch einmal neu an und versuchen wir, die wirkliche Bedeutung zu verinnerlichen: »So hat Gott *die Welt* geliebt«, obwohl sie so böse war und trotz der Tatsache, dass nichts in der Welt seine Liebe verdiente. Dennoch liebte er die Welt der Menschheit so sehr, »dass er seinen eingeborenen Sohn gab«, das größte und liebste Opfer, das er bringen konnte, »damit *jeder, der an ihn glaubt*, nicht verloren geht, sondern ewiges Leben hat«. Das Endresultat der Liebe Gottes ist daher die Evangeliumsbotschaft – das freie Angebot des Lebens und der Gnade an alle, die glauben. Anders ausgedrückt: Das Evangelium – ein unterschiedsloses Angebot der Gnade Gottes an alle ohne Ausnahme – erweist Gottes mitfühlende Liebe und ungeheuchelte Güte gegenüber der ganzen Menschheit.

Und wenn wir Gott keine Ungerechtigkeit unterstellen wollen, müssen wir bestätigen, dass das Gnadenangebot des Evangeliums aufrichtig und gut gemeint ist. Seine Aufrufe an die Gottlosen, von ihren bösen Wegen umzukehren, müssen gewiss in irgendeinem Sinne einen aufrichtigen Wunsch Gottes zum Ausdruck bringen. Wie wir jedoch sehen werden, streiten manche dies ab.

Ist Gottes Angebot des Evangeliums aufrichtig?

Die Vertreter der Auffassung, Gottes Liebe gelte ausschließlich den Erwählten, erkennen natürlich für gewöhnlich an, dass Gott den Ungerechten und Ungläubigen dennoch Gnade, Geduld und Wohlwollen erweist. Doch sie beharren darauf, dass dieses offenkundige Wohlwollen mit Liebe oder echter Zuneigung absolut nichts zu tun hat. Ihrer Ansicht nach bezweckt Gottes Wohlwollen gegenüber den Nichterwählten nichts anderes, als ihre Verdammnis zu steigern.

Eine solche Auffassung bezichtigt Gott meines Erachtens der Unaufrichtigkeit. Sie vermittelt den Eindruck, dass Gottes Aufrufe an die Verlorenen künstlich seien und sein Angebot der Gnade nur vorgetäuscht sei.

In der Bibel macht Gott oft Aussagen, die seine Sehnsucht ausdrücken, dass die Gottlosen Buße tun. In Psalm 81,14 sagt er: »O dass mein Volk auf mich hörte, Israel in meinen Wegen wandelte!« Und in Hesekiel 18,32: »Denn ich habe kein Gefallen am Tod dessen, der sterben muss, spricht der Herr, HERR. So kehrt um, damit ihr lebt!«

An anderer Stelle bietet Gott allen, die zu Christus kommen wollen, frei und unterschiedslos seine Gnade an: »Kommt her zu mir, alle ihr Mühseligen und Beladenen! Und ich werde euch Ruhe geben. Nehmt auf euch mein Joch, und lernt von mir! Denn ich bin sanftmütig und von Herzen demütig, und ihr werdet Ruhe finden für eure Seelen; denn mein Joch ist sanft, und meine Last ist leicht« (Mt 11,28-30). »Und der Geist und die Braut sagen: Komm! Und wer es hört, spreche: Komm! Und wen dürstet, der komme! Wer da will, nehme das Wasser des Lebens umsonst!« (Offb 22,17).

Gott selbst sagt: »Wendet euch zu mir und lasst euch retten, alle ihr Enden der Erde! Denn ich bin Gott und keiner sonst« (Jes 45,22). Und: »Auf, ihr Durstigen, alle, kommt zum

Wasser! Und die ihr kein Geld habt, kommt, kauft und esst! Ja, kommt, kauft ohne Geld und ohne Kaufpreis Wein und Milch!« (Jes 55,1). »Der Gottlose verlasse seinen Weg und der Mann der Bosheit seine Gedanken! Und er kehre um zu dem HERRN, so wird er sich über ihn erbarmen, und zu unserem Gott, denn er ist reich an Vergebung!« (Vers 7). Manche streiten glattweg ab, dass diese Aufforderungen echte Gnadenangebote an die Nichterwählten sind. Für sie schmeckt allein schon das Wort *Angebot* nach Arminianismus (d. h. der Lehre, die Errettung sei von der Entscheidung des Menschen abhängig). Sie leugnen, dass Gott denen, die er nicht erwählt hat, überhaupt Errettung »anbietet«. Sie leugnen, dass Gottes Aufrufe an die Verlorenen irgendeinen echten Wunsch Gottes nach der Umkehr der Gottlosen widerspiegeln. Für sie ist der Gedanke, dass Gott einen solchen »unerfüllten Wunsch« haben könnte, ein direkter Angriff auf die Souveränität Gottes. Gott ist souverän, sagen sie, und er tut, was immer ihm gefällt. Was immer er wünscht, tut er auch.

Wir wollen ganz ehrlich zugeben, dass hier eine Schwierigkeit besteht. Wie können unerfüllte Wünsche im Einklang stehen mit einem völlig souveränen Gott? In Jesaja 46,10 sagt Gott beispielsweise: »Mein Ratschluss soll zustande kommen, und alles, was mir gefällt, führe ich aus.« Letztendlich ist er tatsächlich völlig souverän. Ist es nicht unangemessen zu sagen, dass irgendeiner seiner tatsächlichen »Wünsche« unerfüllt bliebe?

Vor etwa fünfzig Jahren war diese Frage der Anlass zu einer heftigen Kontroverse unter einigen reformierten und presbyterianischen Denominationen. Diese Auseinandersetzung wird manchmal als *Free Offer Controversy* (»Kontroverse um das freie Angebot«) bezeichnet. Die eine Gruppe leugnete, dass Gott die Nichterwählten liebt. Außerdem leugneten sie die allgemeine Gnade (Gottes nicht-rettende Güte gegenüber der Menschheit im Allgemeinen). Und sie leugneten, dass Gottes Gnade und ewiges Leben unterschiedslos allen angeboten werden, die das Evangelium hören. Das Evangeliumsangebot sei nicht frei, behaupteten sie, sondern gelte nur den

Auserwählten. Diese Auffassung ist eine Form des Hypercalvinismus.

Die Bibel lehrt klar Gottes absolute und unumschränkte Souveränität über alles, was geschieht. Er hat den Ausgang aller Dinge verkündet, bevor überhaupt die Zeit begann, und deshalb steht alles, was geschieht, in vollkommenem Einklang mit seinem göttlichen Plan.

Was Gott beschlossen hat, wird er auch tun (Jes 46,10-11; 4Mo 23,19). Gott ist nicht auf Eventualitäten angewiesen. Er ist nicht den Entscheidungen seiner Geschöpfe unterworfen. Er ist es, »der alles nach dem Rat seines Willens wirkt« (Eph 1,11). Nichts geschieht, was nicht mit seinen Absichten übereinstimmt (vgl. Apg 4,28). Nichts kann Gottes Plan vereiteln, und nichts kann außerhalb seines souveränen Ratschlusses geschehen (Jes 43,13; Ps 33,11). Er führt sein ganzes Wohlgefallen aus: »Alles, was dem HERRN wohlgefällt, tut er in den Himmeln und auf der Erde, in den Meeren und in allen Tiefen« (Ps 135,6).

Aber das bedeutet nicht, dass Gott Freude an jedem Aspekt seiner Beschlüsse hat. Er sagt ausdrücklich, dass er keinen Gefallen am Tod des Gottlosen hat (Hes 18,32; 33,11). Er hat keine Freude an Bösem (Jes 65,12). Er hasst alle Erscheinungsformen der Bosheit und des Stolzes (Spr 6,16-19). Da nichts von diesem geschehen kann, ohne dass es zum Ratschluss eines souveränen Gottes gehört, müssen wir schließen, dass seine *Ratschlüsse* nicht immer seine *Wünsche* widerspiegeln; seine *Pläne* werden nicht unbedingt im Einklang mit seinen *Vorlieben* verwirklicht.

Wir drücken uns hier notwendigerweise anthropopathisch aus (d. h. wir schreiben Gott menschliche Gefühle zu). Wenn wir von unerfüllten Wünschen Gottes sprechen, verwenden wir Begriffe, die eigentlich nur dem menschlichen Verstand entsprechen. Doch diese Begriffe vermitteln Wahrheiten über Gott, die in menschlicher Sprache nicht anders ausgedrückt werden können. Wie bereits gesagt, verwendet Gott in seinem Wort selbst Anthropopathismen, um Wahrheiten über sich zu vermitteln, die durch keine anderen Mittel adäquat beschrieben werden könnten. Ein Beispiel von vielen findet sich in 1. Mose 6,6: »Es reute den HERRN, dass er den Menschen auf der

Erde gemacht hatte und es bekümmerte ihn in sein Herz hinein.« Aber aus 1. Samuel 15,29 wissen wir, dass Gott seine Gesinnung nie ändert und daher nichts bereut. Er ist unwandelbar, er ist der Gott, »bei dem keine Veränderung ist noch eines Wechsels Schatten« (Jak 1,17). Was also 1. Mose 6,6 auch immer bedeutet, kann es jedenfalls nicht besagen, dass Gott irgendwie umgedacht habe. Das Beste, was wir mit einem solchen Anthropopathismus anfangen können, ist zu versuchen den Kern des Gedankens zu erfassen und dann alle Implikationen zu verwerfen, die uns zu unbiblischen Vorstellungen über Gott verleiten würden.

Dasselbe Prinzip gilt für die Frage nach Gottes ausdrücklichem Wunsch, dass die Gottlosen Buße tun. Wenn Gottes »Wunsch« unerfüllt bleibt (und wie wir wissen, bleibt er das in einigen Fällen tatsächlich, Lk 13,34), können wir daraus nicht schließen, dass Gott in irgendeiner Weise weniger als souverän sei. Wir wissen, dass er völlig souverän ist; wir wissen jedoch nicht, warum er nicht die Herzen aller Sünder zu sich wendet. Wir sollten uns hier auch nicht zu Spekulationen hinreißen lassen. Es bleibt ein Geheimnis, und Gott hat es für gut befunden, dessen Beantwortung nicht zu offenbaren. »Das Verborgene steht bei dem HERRN, unserm Gott; aber das Offenbare gilt uns« (5Mo 29,28). Hier kommen wir an einen Punkt, wo wir mit dem Psalmisten sagen müssen: »Zu wunderbar ist die Erkenntnis für mich, zu hoch: Ich vermag sie nicht zu erfassen« (Ps 139,6).

Kann Gott wirklich diejenigen lieben, die er nicht rettet?

Mir ist natürlich klar, dass die meisten Leser überhaupt keine Einwände gegen die Auffassung haben, dass Gottes Liebe allgemeingültig ist. Die meisten von uns haben diese Ansicht mit der Muttermilch aufgesogen und von klein auf Lieder gesungen wie »Gott hat alle Kinder lieb«. Viele haben vielleicht noch nie erlebt, dass jemand die Allgemeingültigkeit der Liebe Gottes abstreitet.

Doch ich halte mich etwas länger mit diesem Thema auf, weil ich anerkennen möchte, dass es für andere Aspekte von Gottes offenbarter Wahrheit eine erstaunliche Schwierigkeit aufwirft. Wir müssen ehrlich zugeben, dass die universale Liebe Gottes oberflächlich gesehen schwer vereinbar ist mit der Lehre der Auserwählung.

Die Auserwählung ist eine biblische Lehre, die vom Anfang bis zum Ende der Bibel mit größter Deutlichkeit gelehrt wird. Der höchste Ausdruck der Liebe Gottes zur sündigen Menschheit ist darin zu sehen, dass Gott vor Grundlegung der Welt seine Liebe auf bestimmte unwürdige Sünder richtete und sie zum Heil erwählte. In einem bestimmten Sinn ist es wirklich so, dass Gottes Liebe zu seinen Erwählten eine einzigartige, spezielle, besondere Liebe ist, die seine Entschlossenheit beinhaltet, sie um jeden Preis zu erretten. (In den folgenden Kapiteln werden wir uns tiefergehend damit befassen.)

Wenn die Bibel von göttlicher Liebe spricht, geht es dabei *gewöhnlich* um Gottes ewige Liebe zu den Erwählten. Gottes Liebe zur Menschheit gipfelt in der Erwählung jener, die er rettet. Und nicht jeder Aspekt der Liebe Gottes gilt ausnahmslos allen Sündern. Andernfalls wären alle erwählt und dann würden letztlich alle errettet. Doch die Bibel lehrt eindeutig, dass *viele nicht* errettet werden (z. B. Mt 7,22-23). Kann Gott diejenigen, die er nicht rettet, wirklich aufrichtig lieben?

Der führende britische Baptist Erroll Hulse schrieb, als er sich mit dieser Frage befasste:

> Wie können wir sagen, Gott liebe alle Menschen, wenn uns die Psalmen erklären, dass er »alle hasst, die Frevel tun« (Ps 5,6)? Wie können wir behaupten, Gott liebe alle Menschen, wenn Paulus sagt, dass er die Gegenstände seines Zorns, die zum Verderben zubereitet sind, erträgt (Röm 9,22)? Und wie können wir erst recht annehmen, dass Gott ausnahmslos alle Menschen liebt, wenn wir Gottes Zornestaten in der Weltgeschichte betrachten? Denken wir nur an die Sintflut, bei der alle bis auf eine Familie umkamen. Denken wir an Sodom und Gomorra. Denken wir an ein

so wichtiges Kapitel wie Römer 1, welches besagt, dass sodomitische Unzucht ein Zeichen dafür ist, dass Gott diese Menschen verworfen hat. Wie können wir da weiterhin behaupten, Gott habe die Einwohner dieser beiden Städte geliebt, die er durch Feuer zerstörte? Wie können wir Gottes Liebe und seinen Zorn in Einklang miteinander bringen? Wollen wir die Tiefgründigkeit dieses Themas etwa in Abrede stellen?[8]

Doch Hulse erkennt an: Wenn wir die Bibel für bare Münze nehmen, kommen wir nicht um die Schlussfolgerung herum, dass Gottes Liebe auch den Sündern gilt, die er letztendlich verdammen wird. Hulse schreibt: »Der Wille Gottes wird in unmissverständlichen Begriffen ausgedrückt. Er hat keinen Gefallen am Verderben und an der Bestrafung des Gottlosen (Hes 18,32; 33,11).« Hulse zitiert außerdem Matthäus 23,37, wo Jesus über Jerusalem weinte, und schreibt dann: »Es bleibt kein Zweifel bestehen, dass der Wunsch und Wille Gottes das ist, was für den Menschen am besten ist: seine ewige Errettung durch Glauben an das Evangelium Christi.«[9]

Es ist höchst wichtig, dass wir das Zeugnis der Bibel zu dieser Frage annehmen, denn, wie Hulse herausstellt,

… werden wir nicht geneigt sein, widerspenstige Übertreter zu Christus einzuladen oder mit ihnen zu diskutieren oder ihnen das Evangelium vorzustellen, wenn wir nicht überzeugt sind, dass Gott ihnen wohlwollend zugeneigt ist. Nur wenn wir wirklich überzeugt sind, dass er will, dass sie gerettet werden, ist es wahrscheinlich, dass wir diese Mühen auf uns nehmen. Wenn Gott sie nicht liebt, ist es höchst unwahrscheinlich, dass er von uns verlangt sie zu lieben. Das gilt insbesondere, da es an der Gottlosigkeit und Sündhaftigkeit der Christus-Verächter viel Widerwärtiges gibt.[10]

Biblisch gesehen kommen wir nicht um die Schlussfolgerung herum, dass Gottes wohlwollende, erbarmende Liebe einen unbegrenzten Geltungsbereich hat. Er liebt die ganze Welt, d. h. die Menschheit. Diese Liebe gilt allen Menschen aller

Zeiten. Sie ist das, was Titus 3,4 als »die Güte und die Menschenliebe unseres Heiland-Gottes« bezeichnet. Gottes einzigartige Liebe zu den Erwählten schließt ganz einfach weder eine allgemeine Liebe, ein aufrichtiges Mitgefühl Gottes, aus, noch einen aufrichtigen Wunsch auf Seiten Gottes, dass jeder Sünder zu Christus umkehrt.

In Markus 10 lesen wir von einer bekannten Begebenheit, die Gottes Liebe zu den Verlorenen veranschaulicht: Jesu Begegnung mit dem reichen Jüngling, der ihm eine wichtige Frage stellte: »Guter Lehrer, was soll ich tun, damit ich ewiges Leben erbe?« Die Bibel berichtet:

Jesus aber sprach zu ihm: Was nennst du mich gut? Niemand ist gut als nur *einer*, Gott. Die Gebote weißt du: Du sollst nicht töten; du sollst nicht ehebrechen; du sollst nicht stehlen; du sollst nicht falsches Zeugnis reden; du sollst nichts vorenthalten; ehre deinen Vater und deine Mutter! (V. 18-19).

Jeder Aspekt der Antwort Jesu sollte den jungen Mann mit seiner Sünde konfrontieren. Viele verstehen Jesu einleitende Frage falsch: »Was nennst du mich gut?« Unser Herr leugnete nicht seine eigene Sündlosigkeit oder Gottheit. Viele Verse in der Bibel bekräftigen, dass Jesus tatsächlich sündlos war – »heilig, sündlos, unbefleckt, abgesondert von den Sündern und höher als die Himmel geworden« (Hebr 7,26). Daher ist er auch der fleischgewordene Gott (Joh 1,1). Doch Jesus verfolgte mit seiner Antwort an diesen jungen Mann eine zweifache Absicht: Erstens wollte er seine eigene Gottheit unterstreichen und den jungen Mann damit konfrontieren, wen er vor sich hatte; und zweitens wollte er diesen kühnen Jüngling, der sich eindeutig *selbst* für gut hielt, sanft zurechtweisen.

Um diesen zweiten Punkt zu betonen, zitierte Jesus einen Teil der Zehn Gebote. Wäre der junge Mann wirklich ehrlich zu sich selbst gewesen, hätte er zugeben müssen, dass er das Gesetz nicht einwandfrei gehalten hatte. Doch stattdessen antwortete er zuversichtlich: »Lehrer, dies alles habe ich befolgt von meiner Jugend an« (V. 20). Das war eine unglaubliche Unverschämtheit des jungen Mannes und damit zeigt er, wie wenig er die Forderungen des Gesetzes verstanden hatte. Ganz anders als mit einer solchen vorlauten Entgegnung reagierte Petrus, als er erkannte, wer Christus wirklich ist. Petrus fiel nieder und sagte: »Geh von mir hinaus! Denn ich bin ein sündiger Mensch, Herr« (Lk 5,8). Die Reaktion des reichen Jünglings war jedoch das andere Extrem. Er war noch nicht einmal bereit zuzugeben, dass er gesündigt hatte.

So gab ihm Jesus eine zweite Chance: »Eines fehlt dir. Geh hin, verkaufe alles, was du hast und gib den Erlös den Armen, und du wirst einen Schatz im Himmel haben, und komm, folge mir nach!« (Mk 10,21).

Leider lehnte der junge Mann diese Aufforderung ab. Das waren zwei Dinge, die er sich weigerte zu tun: Er wollte nicht seine Sünde bekennen, und er wollte sich nicht unter die Herrschaft Jesu beugen. Anders gesagt, schloss er sich selber vom ewigen Leben aus, das er angeblich so ernstlich suchte. Wie sich herausstellte, gab es Dinge, die ihm letztlich doch wichtiger waren als das ewige Leben. Sein Stolz und sein persönlicher Besitz hatten in seinem Herzen Vorrang vor den Ansprüchen Christi an sein Leben. Und so wandte er sich von der einzigen wahren Quelle des Lebens, das er suchte, ab.

Das ist das letzte, was wir von diesem jungen Mann im Neuen Testament lesen. So weit es die Bibel dokumentiert, verharrte er im Unglauben. Doch beachten wir die wichtige, aber unscheinbare und leicht zu übersehende Aussage in Vers 21: »Jesus aber blickte ihn an, gewann ihn lieb und sprach zu ihm ...« Hier wird uns ausdrücklich gesagt, dass Jesus einen unverhohlen unbußfertigen und widerstrebenden Christus-Verächter liebte.

Das ist nicht die einzige Schriftstelle, die von Gottes Liebe zu denen spricht, die sich von ihm abwenden. In Jesaja 63,7-9 beschreibt der Prophet Gottes Haltung gegenüber dem Volk Israel:

> Ich will die Gnadenerweise des HERRN bekennen, die Ruhmestaten des HERRN, nach allem, was der HERR uns erwiesen hat, und die große Güte gegen das Haus Israel, die er ihnen erwiesen hat nach seinen Erbarmungen und nach

der Fülle seiner Gnadenerweise. Er sprach: Fürwahr, mein Volk sind sie, Söhne, die nicht trügerisch handeln werden. Und er wurde ihnen zum Retter in all ihrer Not. Nicht Bote noch Engel – er selbst hat sie gerettet. In seiner Liebe und in seinem Erbarmen hat er sie erlöst. Und er hob sie auf und trug sie alle Tage der Vorzeit.

Manche sagen vielleicht: Ja, aber hier geht es allein um Gottes Erlöserliebe zu seinen Erwählten. Nein, hier ist von einer Liebe die Rede, die der ganzen Nation Israel galt. Gott »wurde ihnen zum Retter« in dem Sinne, dass er das ganze Volk aus Ägypten erlöste. Er litt, wenn sie litten. Er trug und ernährte sie »alle Tage der Vorzeit«. Das spricht nicht von ewiger Errettung, sondern von einer zeitweiligen Beziehung zu einer irdischen Nation. Woher wissen wir das? Aus Vers 10: »*Sie* aber, sie sind widerspenstig gewesen und haben seinen heiligen Geist betrübt. Da wandelte er sich ihnen zum Feind: Er selbst kämpfte gegen sie.«

Das ist eine erstaunliche Aussage! Hier sehen wir Gott als liebenden Retter, als Erlöser eines Volkes, das sich schließlich feindlich ihm gegenüber erweist. Sie rebellierten gegen ihn. Sie betrübten seinen Heiligen Geist. Sie wählten ein Leben in Sünde.

Nun beachte man Vers 17: »Warum, HERR, lässt du uns von deinen Wegen abirren, verhärtest unser Herz, dass wir dich nicht fürchten?« Hier ist die Rede von Gottes richterlichem Verhärten der ungehorsamen Nation. Er verhärtete tatsächlich die Herzen derer, die er liebte und aus Ägypten erlöst hatte.

Kurz darauf, in Jesaja 64,4, lesen wir dann diese schockierenden Worte: »Siehe, du, du ergrimmtest, und wir haben gesündigt; darin sind wir schon lang, so lass uns gerettet werden!« (Elb.). Wie kann Gott der Retter derer sein, die nicht gerettet werden? Hier geht es eindeutig um Unbekehrte. Schauen wir uns die bekannten Verse 6-7 an:

> Wir alle sind wie ein Unreiner geworden und all unsere Gerechtigkeiten wie ein beflecktes Kleid. Wir alle sind verwelkt wie das Laub welkt, und unsere Sünden trugen uns

davon wie der Wind. Und da war niemand, der deinen Namen anrief, der sich aufraffte, an dir festzuhalten. Denn du hast dein Angesicht vor uns verborgen und uns preisgegeben wegen unserer Sünden.

Das sagen eindeutig unbekehrte Unerrettete. In welchem Sinne kann Gott sich ihr Retter nennen? Die Antwort: Gott offenbart sich ihnen als Retter. Er offenbarte der Nation seine Liebe: »In all ihrer Bedrängnis war er bedrängt« (63,9; Elb.). Er überschüttete die Nation mit seiner Güte und Gnade. Und diese Geduld und Langmut Gottes hätte sie zur Buße führen sollen (Röm 2,4). Doch stattdessen reagierten sie mit Unglauben und ihre Herzen wurden verhärtet.

In Jesaja 65 geht es dann noch weiter:

> Ich war zu erfragen für die, die nicht nach mir fragten; ich war zu finden für die, die mich nicht suchten. Ich sprach: Hier bin ich, hier bin ich! zu einer Nation, die meinen Namen nicht anrief. Ich habe den ganzen Tag meine Hände ausgebreitet zu einem widerspenstigen Volk, zu solchen, die auf dem Weg, der nicht gut ist, ihren eigenen Gedanken nachlaufen (V. 1-2).

Anders ausgedrückt, wandte Gott sich von diesem rebellierenden Volk ab, gab sie ihrem eigenen Götzendienst preis und erwählte sich aus den anderen Nationen ein Volk.

Jesaja offenbart die schockierende Gotteslästerung derer, von denen Gott sich abgewandt hatte. Sie hielten sich für heiliger als Gott (65,5); sie reizten ihn kontinuierlich ins Angesicht (V. 3), verunreinigten sich (V. 4) und verschmähten Gott zugunsten von Götzen (V. 7). Gott richtete sie mit höchster Schärfe, weil sie in schlimmer Feindschaft gegenüber Gott lebten und ihn endgültig verworfen hatten. Doch sie waren Menschen, denen Gott seine Liebe und Güte gezeigt hatte! Er bezeichnete sich sogar als ihr Retter.

In einem ähnlichen Sinne wird Jesus »Retter der Welt« genannt (Joh 4,42; 1Jo 4,14). Paulus schrieb: »Wir hoffen auf einen lebendigen Gott, der ein Retter aller Menschen ist, besondern der Gläubigen« (1Tim 4,10). Das besagt nicht, dass er letztendlich die ganze Welt retten wird (das wäre Allversöhnung, doch die Bibel lehrt eindeutig, dass nicht alle gerettet werden). Vielmehr besagt dieser Vers, dass er der einzige Retter ist, zu dem jeder Weltbürger umkehren und bei ihm Vergebung und ewiges Leben finden kann. Deshalb werden alle aufgefordert, ihn als Retter zu ergreifen. Jesus Christus wird der Welt als Retter angeboten. Dadurch, dass Gott seinen eingeborenen Sohn als Retter der Welt gab, erwies er der ganzen Welt dieselbe Liebe, die er im Alten Testament dem rebellischen Volk Israel erwies. Sie ist eine aufrichtige, weichherzige und mitfühlende Liebe, die Gnade und Vergebung anbietet.

In welchem Sinne ist Gottes Liebe unumschränkt?

Welche Aspekte der Liebe Gottes und seines Wohlwollens sind auch in seinem Handeln mit den Verlorenen zu erkennen? Es gibt mindestens vier Aspekte der Liebe Gottes, die er unumschränkt allen Menschen erweist.

1. Allgemeine Gnade

Mit *allgemeiner Gnade* beschreiben Theologen die Güte Gottes gegenüber allen Menschen weltweit. Allgemeine Gnade hemmt die Sünde und ihre Auswirkungen auf die Menschheit. Die allgemeine Gnade ist das, was die Menschheit davor bewahrt, im Morast des Bösen zu versinken. Das nämlich würde geschehen, wenn Gott dem ganzen Potenzial unserer gefallenen Natur freien Lauf lassen würde.

Die Bibel lehrt, dass wir völlig verdorben sind – in jedem Aspekt unseres Daseins von Sünde verseucht (Röm 3,10-18). Skeptiker, die an dieser Lehre zweifeln, fragen oft: »Wie können Menschen, die angeblich völlig verdorben sind, sich an Schönem freuen, einen Sinn für Recht und Unrecht haben, Gewissensbisse aus Erfahrung kennen oder großartige Werke der Kunst und Literatur schaffen? Beweisen nicht diese Errungenschaften, dass der Mensch im Wesen gut ist? Bezeugen

diese Dinge nicht, dass die menschliche Natur grundsätzlich gut ist?«
Die Antwort lautet nein. Die Natur des Menschen ist gänzlich verdorben. »Da ist kein Gerechter, auch nicht einer« (Röm 3,10). »Trügerisch ist das Herz, mehr als alles, und unheilbar ist es. Wer kennt sich mit ihm aus?« (Jer 17,9). Wer nicht wiedergeboren ist, der ist »tot in Vergehungen und Sünden« (Eph 2,1). Alle Menschen sind von Natur aus »unverständig, ungehorsam, gehen in die Irre, dienen mancherlei Begierden und Lüsten, führen ihr Leben in Bosheit und Neid, verhasst, einander hassend« (Tit 3,3). Das gilt für ausnahmslos alle: »Denn alle haben gesündigt und erlangen nicht die Herrlichkeit Gottes« (Röm 3,23).

Zur allgemeinen Gnade gehört all das, was die volle Entfaltung der menschlichen Sündhaftigkeit hemmt. Gott hat uns in seiner Gnade ein Gewissen gegeben, das uns befähigt, zwischen Recht und Unrecht zu unterscheiden und das dem bösen Verhalten in gewissem Maße Grenzen setzt (Röm 2,15). In seiner Souveränität bewahrt er durch die Regierungen eine Ordnung in der Gesellschaft (Röm 13,1-5). Er befähigt uns, Schönes und Gutes zu bewundern (Ps 50,2). Ohne Unterschied gibt er den Guten und Bösen, den Gerechten und den Ungerechten zahlreiche Privilegien, Segnungen und Zeichen seiner Güte (Mt 5,45). All dies ist der allgemeinen Gnade zu verdanken – der Güte Gottes gegenüber der Menschheit im Allgemeinen.

Die allgemeine Gnade allein sollte ausreichen, um Sünder zur Buße zu leiten. Der Apostel Paulus tadelt den Ungläubigen: »Verachtest du den Reichtum seiner Gütigkeit und Geduld und Langmut und weißt nicht, dass die Güte Gottes dich zur Buße leitet?« (Röm 2,4). Doch aufgrund der tiefen Verdorbenheit des menschlichen Herzens verschmähen alle Sünder die Güte Gottes.

Die allgemeine Gnade vergibt weder Sünden noch erlöst sie die Sünder, aber dennoch ist sie ein aufrichtiges Zeichen des Wohlwollens Gottes gegenüber der Menschheit im Allgemeinen. Wie Paulus sagte: »In ihm leben und weben und sind wir ... Denn wir sind auch sein Geschlecht« (Apg 17,28). Das schließt alle Menschen auf Erde ein, und nicht nur diejenigen, die Gott als Söhne annimmt. Gott behandelt uns alle als »sein Geschlecht«, seine Abkömmlinge, die in seinem Bild erschaffen sind. »Der HERR ist gut gegen alle, sein Erbarmen ist über alle seine Werke« (Ps 145,9).

Wer die Liebe und Güte Gottes gegen alle in Frage stellt, sollte sich die Welt, in der wir leben, noch einmal genauer ansehen. Jemand sagt vielleicht: »Es gibt so viel Nöte in der Welt.« Doch die Nöte und Leiden fallen nur deshalb so sehr auf, weil es auch viel Freude und Glück gibt. Grässliches erkennen wir nur deshalb, weil Gott uns so viel Schönes gegeben hat. Enttäuschungen spüren wir nur deshalb, weil es so viel Genugtuung gibt.

Wenn wir begreifen, dass die ganze Menschheit gefallen ist und rebelliert und keinerlei Segnungen von Gott verdient, verleiht uns das eine bessere Perspektive: »Gnadenbeweise des HERRN sind's, dass wir nicht gänzlich aufgerieben wurden, denn seine Barmherzigkeit ist nicht zu Ende« (Kla 3,22; Schl.). Und der einzige Grund, weshalb Gott uns überhaupt etwas zu lachen, zu freuen und zu genießen gibt, ist der, dass er ein guter und liebender Gott ist. Wäre er das nicht, dann würde sein Zorn uns auf der Stelle niederstrecken.

In Apostelgeschichte 14 findet sich eine hilfreiche Beschreibung der allgemeinen Gnade. Paulus und Barnabas machten auf ihrer Missionsreise in Lystra Station und Paulus heilte einen Gelähmten. Die Volksmenge wurde aufmerksam und einige behaupteten, Barnabas sei Zeus und Paulus sei Hermes. Die Priester im Zeustempel von Lystra wollten sogar ein Opfer für Zeus organisieren. Aber als Paulus und Barnabas davon hörten, sagten sie:

> Männer, warum tut ihr dies? Auch *wir* sind Menschen von gleichen Empfindungen wie ihr und verkündigen euch, dass ihr euch von diesen nichtigen Götzen bekehren sollt zu dem lebendigen Gott, der den Himmel und die Erde und das Meer gemacht hat und alles, was in ihnen ist. *Er ließ in den vergangenen Geschlechtern alle Nationen in ihren eigenen Wegen gehen, obwohl er sich doch nicht unbezeugt gelassen*

hat, indem er Gutes tat und euch vom Himmel Regen und fruchtbare Zeiten gab und eure Herzen mit Speise und Fröhlichkeit erfüllte (V. 15-17; Hervorhebungen hinzugefügt).

Das ist eine sehr gute Beschreibung der allgemeinen Gnade. Während Gott Sündern gestattet, »auf ihren eigenen Wegen« zu gehen, gewährt er ihnen dennoch zeitliche Erweise seiner Güte und Gnade. Das ist keine rettende Gnade und hat keine erlösende Wirkung. Doch es ist eine echte und ungeheuchelte Manifestation der Güte Gottes gegenüber allen Menschen.

2. Mitgefühl

Gottes Liebe zur ganzen Menschheit ist eine Liebe des *Mitgefühls*. Anders ausgedrückt, ist sie eine Liebe des Mitleids. Sie ist eine herzzerreißende Liebe. Er ist »gut und zum Vergeben bereit, groß an Gnade gegen alle, die [ihn] anrufen« (Ps 86,5). »Bei dem Herrn, unserem Gott, ist das Erbarmen und die Vergebung. Denn wir haben uns gegen ihn aufgelehnt« (Dan 9,9). Er ist »barmherzig und gnädig, langsam zum Zorn und reich an Gnade und Treue« (2Mo 34,6).

In keinem Sünder gibt es irgendetwas, was Gottes Liebe hervorrufen würde. Er liebt uns nicht, weil wir etwa liebenswürdig wären. Er ist nicht barmherzig zu uns, weil wir in irgendeiner Weise seine Barmherzigkeit verdienten. Wir sind verabscheuungswürdige, verdorbene Sünder, und wenn wir nicht durch die Gnade Gottes gerettet werden, dann werden wir auf dem Müllplatz der Ewigkeit geworfen – in die Hölle. Uns haftet keinerlei Wert an und nichts Liebenswürdiges.

Kürzlich hörte ich nebenbei im Radio, wie ein Talkshow-Psychologe versuchte, einem Anrufer einen Egotrip zu verpassen: »Gott liebt Sie für das, was Sie sind. Sie *müssen* sich als etwas Besonderes sehen. Schließlich sind Sie für Gott etwas Besonderes.«

Aber das ist eine völlig falsche Aussage. Gott liebt uns nicht »*für* das, was wir sind«. Er liebt uns, *obwohl* wir so sind, wie wir sind. Er liebt uns nicht, weil wir etwas Besonderes wären. Vielmehr sind es gerade und allein seine Liebe und

Gnade, die unserem Leben überhaupt eine Bedeutung verleihen. Für jemanden, der in einer Kultur aufgewachsen ist, die an Selbstwertgefühl als höchste aller Tugenden glaubt, mag das eine trübselige Perspektive sein. Doch letztlich ist es das genau das, was die Bibel lehrt. »Wir haben gesündigt samt unseren Vätern, haben Unrecht getan, haben gottlos gehandelt« (Ps 106,6). »Wir alle sind wie ein Unreiner geworden und all unsere Gerechtigkeiten wie ein beflecktes Kleid. Wir alle sind verwelkt wie das Laub welkt, und unsere Sünden trugen uns davon wie der Wind« (Jes 64,5).

Gott liebt, weil er Liebe ist; Liebe ist sein Wesen. Anstatt seine Liebe für einen Beweis zu halten, dass es in uns etwas Liebenswertes gebe, sollte uns diese Liebe vielmehr demütigen.

Gottes Liebe zu den Verlorenen ist keine Liebe, die etwas Liebenswertes in den geliebten Personen sucht, sondern sie ist die Liebe, die Mitleid hat mit den geliebten Personen, weil sie Wert haben *könnten,* aber keinen haben. Sie ist eine Liebe des Mitgefühls. Sie ist eine Liebe der Besorgnis. Sie ist dasselbe tiefe Mitleid und Mitgefühl, das wir für einen Bettler empfinden, der zerlumpt und zerzaust in der Gosse liegt. Diese Liebe ist nicht unvereinbar mit Abscheu, aber sie ist echt, wohlwollend, mitleidig und mitfühlend.

Die alttestamentlichen Propheten beschreiben oft die Tränen Gottes für die Verlorenen:

> Darum klagen meine Eingeweide über Moab wie eine Zither und mein Inneres über Kir-Heres. Und es wird geschehen, wenn Moab erscheint, sich abmüht auf der Opferhöhe und in sein Heiligtum eintritt, um zu beten, dann wird es nichts ausrichten. Das ist das Wort, das der HERR einst über Moab geredet hat (Jes 16,11-13).
>
> Und ich beseitige von Moab, spricht der HERR, den, der auf eine Höhe steigt und seinen Göttern Rauchopfer darbringt. Deshalb klagt wie Flötenklage mein Herz um Moab und klagt wie Flötenklage mein Herz um die Leute von Kir-Heres. Deshalb sind die Ersparnisse, die es gemacht hat, verloren. Ja, jedes Haupt ist kahl und jeder Bart abge-

schoren. Auf allen Händen sind Ritzwunden und Sacktuch ist an den Hüften (Jer 48,35-37).

In ähnlicher Weise berichtet das Neue Testament, wie der Herr Jesus über Jerusalem weinte: »Jerusalem, Jerusalem, die da tötet die Propheten und steinigt, die zu ihr gesandt sind! Wie oft habe ich deine Kinder versammeln wollen, wie eine Henne ihre Küken versammelt unter ihre Flügel, und ihr habt nicht gewollt!« (Mt 23,37). Lukas 19,41-44 zeichnet ein noch detaillierteres Bild von Jesu Trübsal wegen der Stadt:

> Und als er sich näherte und die Stadt sah, weinte er über sie und sprach: Wenn auch du an diesem Tag erkannt hättest, was zum Frieden dient! Jetzt aber ist es vor deinen Augen verborgen. Denn Tage werden über dich kommen, da werden deine Feinde einen Wall um dich aufschütten und dich umzingeln und dich von allen Seiten einengen; und sie werden dich und deine Kinder in dir zu Boden werfen und werden in dir nicht einen Stein auf dem anderen lassen, dafür, dass du die Zeit deiner Heimsuchung nicht erkannt hast.

Das sind Prophezeiungen des Untergangs, die der Herr in tiefer Traurigkeit verkündete. Sie drücken echtes Bedauern im Herzen des Retter-Gottes aus, der das Volk »versammeln wollte, wie eine Henne ihre Küken versammelt unter ihre Flügel«, aber das Volk hat »nicht gewollt«.

Die Vertreter der Auffassung, dass Gott die Verlorenen nicht liebe, argumentieren gewöhnlich, dass wir hier nicht die Gottheit Jesu sehen, sondern seine menschliche Seite. Wenn dies ein Ausdruck eines aufrichtigen Wunsches eines allmächtigen Gottes wäre, so sagen sie, dann würde er gewiss eingreifen und sie retten. Ein unerfüllter Wunsch, wie Jesus ihn hier zum Ausdruck bringt, sei mit einem souveränen Gott einfach unvereinbar.

Doch diese Ansicht bringt einige Probleme mit sich: Ist Christus in seiner Menschheit etwa liebevoller oder mitfühlender als Gott? Wird Gutmütigkeit etwa in der Menschheit Christi vollendet, in seiner Gottheit jedoch ist sie unvollendet? Wenn Christus davon spricht, das Volk von Jerusalem wie Küken unter die Flügel einer Henne zu sammeln, spricht er dann nicht eher von seiner Gottheit als seiner Menschheit? Stammen diese Untergangsprophezeiungen nicht zwangsläufig auch von seiner Gottheit? Und wenn die Worte von Gott sind, wie kann man dann behaupten, die damit einhergehende Traurigkeit entstamme nur der menschlichen Natur Christi und nicht der göttlichen? Wenn Gott Liebe ist – wenn »sein Erbarmen über alle seine Werke ist« (Ps 145,9) – müssen dann Jesu Worte nicht ein Echo dieser göttlichen Liebe sein?

3. Ermahnung

Gottes unumschränkte Liebe offenbart sich nicht nur in allgemeiner Gnade und seinem tiefen Mitgefühl, sondern auch in seinen Bußaufrufen. Gott warnt die Verlorenen ständig vor ihrem drohenden Verderben und ruft sie auf, sich von der Sünde abzuwenden. Nichts zeigt Gottes Liebe deutlicher als die vielfältigen Warnungen überall in der Bibel, mit denen Gott Sünder nötigt, vor dem kommenden Zorn zu fliehen.

Wer die Bibel auch nur ein wenig kennt, weiß, dass sie voller Warnungen vor dem bevorstehenden Gericht ist, Warnungen vor der Hölle und Warnungen vor der Schwere der Strafe Gottes. Wenn Gott die Verlorenen *nicht* wirklich liebte, dann hätte er keinen Anlass sie zu warnen. Er wäre vollkommen gerecht, sie ohne vorherige Ermahnung für ihre Sünden und ihren Unglauben zu bestrafen. Doch er liebt sie und ist besorgt um sie und warnt sie.

Gott liebt Sünder offenbar genug, um sie zu warnen. Manchmal tragen die Warnungen in der Bibel die Kennzeichen göttlichen Zorns. Sie hören sich streng an. Sie spiegeln Gottes Hass gegen die Sünde wider. Sie sind beunruhigend, unerfreulich und furchteinflößend. Doch es sind Warnungen eines liebenden Gottes, der über den Untergang der Gottlosen weint. Sie sind notwendige Ausdrucksformen des Herzens eines mitfühlenden Schöpfers, der keinen Gefallen am Tod des Gottlosen hat. Sie sind ein weiterer Beweis dafür, dass Gott Liebe ist.

4. Das Angebot des Evangeliums

Und letztlich sehen wir im Angebot des Evangeliums einen Beweis dafür, dass Gottes Liebe allen Menschen gilt. Wir sahen bereits, dass die Einladung des Evangeliums ein Angebot der Gnade Gottes ist. Nun betrachten wir die grenzenlose Weite dieses Angebots. Niemand ist von dieser Einladung ausgegrenzt. Die Errettung in Christus wird frei und unterschiedslos allen angeboten.

In Matthäus 22,2-14 erzählt Jesus ein Gleichnis von einem König, der eine Hochzeitsfeier für seinen Sohn vorbereitete. Er sandte seine Diener aus, um die Hochzeitsgäste einzuladen. Die Bibel sagt schlichtweg: »Sie wollten nicht kommen« (V. 3). Daraufhin sandte der König nochmals Diener aus, die sagen sollten: »Siehe, mein Mahl habe ich bereitet, meine Ochsen und mein Mastvieh sind geschlachtet, und alles ist bereit. Kommt zur Hochzeit!« (V. 4). Doch auch nach dieser zweiten Einladung blieben die geladenen Gäste unwillig: »Sie aber kümmerten sich nicht darum und gingen weg, der eine auf seinen Acker, der andere an seinen Handel. Die übrigen aber ergriffen seine Knechte, misshandelten und töteten sie« (V. 5-6). Das war ein ungeheuerliches, unentschuldbares Verhalten! Und der König richtete sie dafür aufs Schärfste.

Seinen Dienern sagte er daraufhin: »So geht nun hin auf die Kreuzwege der Landstraßen und so viele immer ihr finden werdet, ladet zur Hochzeit ein.« Der König weitete die Einladung an alle aus, die kommen wollten. Jesus endete mit diesen Worten: »Viele sind Berufene, wenige aber Auserwählte« (V. 14).

Dieses Gleichnis beschreibt Gottes Handeln mit dem Volk Israel. Sie waren die geladenen Gäste. Aber sie verwarfen den Messias. Sie verschmähten, misshandelten und kreuzigten ihn. Sie wollten nicht kommen – so wie Jesus zu ihnen gesagt hatte: »Ihr erforscht die Schriften, denn ihr meint, in ihnen ewiges Leben zu haben, und sie sind es, die von mir zeugen; und ihr wollt nicht zu mir kommen, damit ihr Leben habt« (Joh 5,39-40).

Das Evangelium lädt viele ein, die nicht kommen wollen. Viele werden berufen, die nicht erwählt sind. Die Einladung ergeht unterschiedslos an alle. Wer da will, der komme – diese Einladung gilt nicht nur den Erwählten.

Gottes Liebe zur Menschheit endet nicht mit der Warnung vor dem kommenden Gericht. Sie lädt auch Sünder ein, an der Gnade Gottes teilzuhaben. Sie bietet Vergebung und Gnade an. Jesus sagte: »Kommt her zu mir, alle ihr Mühseligen und Beladenen! Und ich werde euch Ruhe geben. Nehmt auf euch mein Joch, und lernt von mir! Denn ich bin sanftmütig und von Herzen demütig, und ihr werdet Ruhe finden für eure Seelen« (Mt 11,28-29). Und der Herr sagte: »Wer zu mir kommt, den werde ich nicht hinausstoßen« (Joh 6,37).

Aus diesen Versen sollte deutlich werden, dass das Evangelium ein *freies* Angebot Jesu und seiner Errettung ist, das allen gilt, die es hören. Wer leugnet, dass das Evangelium ein freies Angebot an alle ist, ändert das Wesen des Evangeliums. Und wer leugnet, dass Gottes Liebe der ganzen Menschheit gilt, verdunkelt eine der herrlichsten Wahrheiten der ganzen Bibel über Gott und seine Liebe.

Gottes Liebe erstreckt sich zur ganzen Welt. Sie gilt der ganzen Menschheit. Das sehen wir in der allgemeinen Gnade. Das sehen wir in seinem Mitgefühl. Das sehen wir daran, dass er die Verlorenen warnt. Und wir sehen es im freien Angebot des Evangeliums an alle. Gott ist Liebe, und sein Erbarmen ist über alle seine Werke.

Aber das ist nicht alles, was es über Gottes Liebe zu wissen gibt. Es gibt einen noch größeren Aspekt der Liebe Gottes, der in seiner souveränen Erwählung und Errettung bestimmter Sünder zum Ausdruck kommt. Mit dieser höheren Liebe werden wir uns nun befassen.

Kapitel 7
Die Liebe Gottes zu seinen Erwählten

Niemand sollte nun schließen, weil Gottes Liebe allen Menschen gilt, würde Gott daher alle gleich lieben. Dass Gott jeden einzelnen Menschen liebt, bedeutet nicht, dass er alle *in gleicher Weise* liebt. Das ist eindeutig nicht der Fall. In Römer 9,13 zitiert Paulus eine Prophezeiung aus dem AT-Buch Maleachi und beschreibt damit Gottes Haltung gegenüber den Zwillingssöhnen Isaaks: »Jakob habe ich geliebt, aber Esau habe ich gehasst.«

Außerdem sagt Paulus, dass Gott diese Entscheidung bereits getroffen hatte, »als die Kinder noch nicht geboren waren und weder Gutes noch Böses getan hatten« (V. 11a). Warum? Warum sollte Gott wählen, den einen zu lieben und den anderen zu hassen, bevor sie irgendetwas tun konnten, um die Liebe oder den Hass Gottes zu verdienen?

Paulus gibt uns die Antwort: »... damit der nach Auswahl gefasste Vorsatz Gottes bestehen bliebe, nicht aufgrund von Werken, sondern aufgrund des Berufenden« (V. 11b). Paulus lehrt, dass Gott in der Ausübung seiner Liebe souverän ist. Gott hat in der ewigen Vergangenheit seine Liebe auf bestimmte Personen gerichtet und sie zum ewigen Leben *vorherbestimmt*. Hier haben wir es natürlich mit der biblischen Lehre der Auserwählung zu tun.

Die meisten Leute kommen ins Schleudern, wenn sie zum ersten Mal mit dieser Lehre konfrontiert werden. Doch wie wir sehen werden, wird diese Lehre in der Bibel klar gelehrt. Und diese Lehre ist so entscheidend wichtig für ein richtiges Verständnis der Liebe Gottes, dass wir hier auf sie eingehen müssen.

Die Grenzen der allgemeinen Liebe

Die mitfühlende Liebe und Güte Gottes, die der ganzen Menschheit gilt, hat ihre Grenzen. Man kann ihr widerstehen. Sie kann abgelehnt und verschmäht werden. Wie im vorigen Kapitel gesehen, *sollten* Gottes Liebe und Güte den Sünder zur Buße führen (Röm 2,4), doch aufgrund der völligen Verdorbenheit des sündigen Herzens beharrt der Sünder hartnäckig in seiner Sünde und in seinem Unglauben. Deshalb weichen Gottes mitleidige Liebe und seine Güte letztendlich seinem Hass und Gericht. Paulus schreibt in 1. Korinther 16,22: »Wenn jemand den Herrn nicht lieb hat, der sei verflucht!« Das ist wortwörtlich eine Verkündigung der Verdammnis derer, die die Liebe Gottes verschmähen.

Wie bereits gesagt, glauben manche, Gott liebe alle Menschen so sehr, dass letztlich alle gerettet würden. Sie meinen, sogar jene, die ihn hier auf der Erde verwerfen, würden jenseits des Todes noch eine zweite Chance bekommen. Oder sie meinen, Gott werde einfach allen pauschal vergeben und alle in den Himmel holen. Doch die Bibel bietet eine solche Hoffnung nicht. Jesus sagt, dass die Gottlosen »ewige Strafe« leiden werden (Mt 25,46). Wer Gottes Liebe verschmäht, wird stattdessen Gottes Hass ernten und sich seine Feindschaft und ewiges Gericht zuziehen.

Andere leugnen, dass Gott tatsächlich jemanden hasst. Sie sagen, Gott hasse die Sünde, aber nicht den Sünder. Das ist jedoch eine falsche Zweiteilung. Wir müssen bedenken, dass es der Sünder selber ist, der gerichtet und verdammt und bestraft wird. Würde Gott nur die Sünde und nicht den Sünder hassen, würde er die Sünde von der Person entfernen und den Sünder erlösen, anstatt die ganze Person in die Hölle zu werfen (Mt 5,29; 10,28). Die Hölle ist schließlich der ultimative Ausdruck von Gottes Hass. Gott hasst den verdorbenen Sünder in einem sehr realen und erschreckenden Sinn.

Ich würde so etwas niemals sagen, wäre es nicht in der Bibel klar gelehrt. In Psalm 5,6-7 lesen wir: »Verblendete dürfen nicht vor deine Augen hintreten; du hassest alle, die Frevel tun. Du lässt die Lügenredner verloren gehen; den Mann des

Blutes und des Truges verabscheut der HERR.« Und in Psalm 11,5: »Der HERR prüft den Gerechten; aber den Gottlosen und den, der Gewalttat liebt, hasst seine Seele.«
Der Psalmist selbst spiegelt die Haltung Gottes wider, wenn er schreibt: »Sollte ich nicht hassen, HERR, die dich hassen, und sollte mir nicht ekeln vor denen, die gegen dich aufstehen? Mit äußerstem Hass hasse ich sie. Sie sind Feinde für mich« (Ps 139,21-22).

Und wie wir bereits bemerkt haben, handelt es sich dabei nicht um böswilligen Hass, sondern um eine heilige Abscheu gegen das Schändliche, Widerwärtige und Böse. Aber dennoch ist es ein echter Hass.

Also ist Gottes Liebe in einem Sinne zwar wirklich weltumfassend in ihrem Geltungsbereich, aber in einem anderen Sinne ist sie in ihrem Ausmaß begrenzt. Die Liebe Gottes zur ganzen Menschheit ist nicht solcher Art, dass sie die Errettung aller Menschen garantiert. Sie ist keine Liebe, die seine heilige Abscheu gegen die Sünde aufhebt. Sie ist keine rettende Liebe.

Das Ausmaß der rettenden Liebe Gottes

Doch es gibt noch eine größere Liebe Gottes, und diese erreicht die Errettung von Sündern. Sie ist eine besondere Liebe, die von aller Ewigkeit her jenen gilt, die Gott sich als Eigentum erwählt hat. Gottes Liebe zu den Gläubigen – seine Liebe zu den Erwählten – ist unendlich größer als seine allgemeine Liebe zur Menschheit. Hier haben wir es mit einer sehr, sehr wichtigen Lehre der Bibel zu tun.

Wir haben bereits ein ganzes Kapitel der Erklärung gewidmet, dass Gott die ganze Menschheit liebt. Aus offensichtlichen Gründen ist es wichtig, diesen allgemeinen Aspekt der Liebe Gottes zu bekräftigen. Aber es ist noch wichtiger einzusehen, dass Gott *sein Eigentumsvolk* mit einer besonderen Liebe liebt und dass ihnen seine ewige, unwandelbare Liebe gilt.

In Johannes 13,1 ist die Liebe Jesu zu seinen Jüngern beschrieben: »Da er die Seinen, die in der Welt waren, geliebt hatte, liebte er sie bis ans Ende.« Der kleine Ausdruck »bis ans Ende« (griechisch *eis telos*) ist äußerst wichtig. »Bis ans Ende« ist eine mögliche Übersetzung, aber als zusammengehörendes Idiom bedeutet dieser Ausdruck »vollständig, vollkommen, vollends oder total – bis aufs Äußerste«. Gott liebt die Welt, aber er liebt »die Seinen« (Joh 13,1) vollkommen, unwandelbar, völlig, bis aufs Äußerte – *eis telos*. In einfachen Worten ausgedrückt: Er liebt die Seinen im vollständigen Ausmaß seiner Fähigkeit, seine Geschöpfe zu lieben. Er liebt sie so sehr, dass er sie zu Miterben Christi macht. Er liebt sie so sehr, dass er sie in sein eigenes Bild umgestaltet. Er überschüttet sie für alle Ewigkeit mit allen Reichtümern seiner Gnade. Er liebt sie so sehr, wie je ein Mensch von Gott geliebt werden könnte – und seine Liebe kennt keine Grenzen. Das ist die Bedeutung von *eis telos*.

Diese Liebe ist außerdem bedingungslos. Schauen wir uns den Kontext an: Jesus befand sich an jenem Abend, als er verraten wurde, mit seinen Jüngern im Obersaal. In diesem Augenblick war er sich sehr wohl ihrer Fehler und Schwächen und ihres enttäuschenden Verhaltens bewusst. Anscheinend waren sie kaum imstande, auch nur die einfachsten Wahrheiten zu begreifen. Sie waren eine feige, untreue, verängstigte Truppe, die sich kurz darauf bei Jesu Gefangennahme sofort zerstreuen sollte. Der Herr wusste das. Er sagte voraus, dass Petrus ihn dreimal schändlich verleugnen werde. Er wusste, dass die meisten Jünger nicht einmal anwesend sein werden, wenn er am nächsten Tag am Kreuz hinge.

Er versagte ihnen seine Liebe nie. Er hatte diese Liebe ein ums andere Mal bewiesen. Ihren letzten gemeinsamen Abend im Obersaal begann er sogar damit, dass er ihnen die Füße wusch, als sei er ihr niedriger Diener. Anschließend unterbrachen sie ihre Mahlzeit, weil sie sich stritten, wer der Größte unter ihnen sei (Lk 22,24)! Er hatte sie so innig wie nur irgend denkbar geliebt, und als Gegenleistung legten sie ein solches Verhalten an den Tag!

Einfach ausgedrückt, wurde seine Liebe nicht so erwidert, wie es hätte sein sollen. Die Jünger hatten seine Liebe ignoriert, sie als selbstverständlich hingenommen und sie ausgenutzt.

Aber er liebte sie alle bis zum Ende. Anders gesagt, war es eine Liebe, die niemals erkalten würde. Sie war *bedingungslos*. Doch der Ausdruck *eis telos* spricht außerdem von der Ewigkeit, hier also von einer ewig währenden Liebe. Christus liebt die Seinen nicht nur bis ans Ende ihres Lebens, sondern er wird sie ewig lieben. Im selben Zusammenhang sagt er ihnen: »Ich gehe hin, euch eine Stätte zu bereiten ... damit auch ihr seid, wo ich bin« (Joh 14,2-3). Er wird den Seinen in alle Ewigkeit seine Liebe erweisen.

Daher hat der Ausdruck *eis telos* eine reichhaltige Bedeutung. »Da er die Seinen, die in der Welt waren, geliebt hatte, liebte er sie *eis telos*« – in jeder Hinsicht bis aufs Äußerste. Das spricht natürlich von der besonderen Liebe Gottes zu den Erwählten. Das ist nicht die allgemeine Liebe zur ganzen Menschheit. Diese Liebe hat er zu »den Seinen«, und sie erstreckt sich von der ewigen Vergangenheit bis zur ewigen Zukunft. Und sie ist eine Liebe, die vor nichts halt machen wird, um die Geliebten zu erlösen.

»Größere Liebe hat niemand als die, dass er sein Leben hingibt für seine Freunde«, sagte Jesus (Joh 15,13). Das war genau das, was er einen Tag später für sie tun sollte.

Diese Liebe Gottes zu den Seinen erweist er ihnen nicht, weil sie sich als ihrer würdig erweisen. Vielmehr gibt es an ihnen *nichts* Liebenswürdiges:

Christus ist, als wir noch kraftlos waren, zur bestimmten Zeit für Gottlose gestorben. Denn kaum wird jemand für einen Gerechten sterben; denn für den Gütigen möchte vielleicht jemand auch zu sterben wagen. Gott aber erweist *seine* Liebe zu uns darin, dass Christus, als wir noch Sünder waren, für uns gestorben ist (Röm 5,6-8).

Die Menschen, von denen hier die Rede ist, haben in keiner Weise die Liebe Gottes verdient. Diese Liebe ist ganz und gar aus Gnaden und kann von niemanden und durch keinen Verdienst verdient werden.

In Johannes 13 wird die wahre Größe der Liebe Gottes deutlich. Dem Herrn Jesus steht das Kreuz bevor. Er wird ihre Sünden tragen. Und er wird stellvertretend für sie den qualvollen Zorn Gottes erleiden. Er wird das schmerzliche, einsame Gefühl erleiden, von Gott verlassen zu sein – ganz zu schweigen von den menschlichen Schmerzen der mörderischen Hinrichtung und der öffentlichen Schande. Und doch ist er völlig in der Liebe zu den Seinen versunken. Während er dem Tod entgegengeht, will er ihnen zeigen, wie sehr er diese gänzlich unwürdigen Menschen liebt.

Diese Liebe können nur jene kennen lernen, die zu Christus gehören. Sie ist eine einzigartige und wunderbare Liebe. Sie ist eine selbstaufopfernde Liebe. Sie ist eine Liebe, die ihr Ziel um jeden Preis verfolgt. Sie ist eine Liebe, die für alle Ewigkeit rettet.

Eine souverän erwiesene Liebe

In 5. Mose 7,6 sagte Gott zu Israel: »Du bist dem HERRN, deinem Gott, ein heiliges Volk. Dich hat der HERR, dein Gott, erwählt, dass du ihm als Eigentumsvolk gehörst aus allen Völkern, die auf dem Erdboden sind.« Hier spricht Gott über Israel als seinem erwählten Volk. Er sagt:

> Nicht weil ihr mehr wäret als alle Völker, hat der HERR sich euch zugeneigt und euch erwählt – ihr seid ja das geringste unter allen Völkern –, sondern wegen der Liebe des HERRN zu euch, und weil er den Eid hielt, den er euren Vätern geschworen, hat der HERR euch mit starker Hand herausgeführt und dich erlöst aus dem Sklavenhaus, aus der Hand des Pharao, des Königs von Ägypten (V. 7-8).

Gott erwählte Israel nicht, weil die Israeliten besser waren als die anderen Nationen, nicht, weil sie seiner Liebe würdiger waren, nicht, weil sie größer oder beeindruckender waren als alle anderen Nationen, sondern einfach aufgrund seiner Gnade.

Jemand mag einwenden, dass sich 5. Mose 7 an eine ganze Nation richtet, einschließlich vieler, die offenbar gar nicht zu den Erwählten gehörten. Schließlich war nur ein Überrest aus

Israel wirklich errettet (Röm 9,27-29). Paulus antwortete auf einen ähnlichen Einwand: »Nicht aber als ob das Wort Gottes hinfällig geworden wäre; denn nicht alle, die aus Israel sind, die sind Israel, auch nicht, weil sie Abrahams Nachkommen sind, sind alle Kinder« (Röm 9,6-7). Anders ausgedrückt: Die Erwählung beruht nicht auf natürlicher Abstammung. Im Lichte all dessen, was die Bibel über Israel sagt, wissen wir also, dass 5. Mose 7 sich tatsächlich an den erwählten Überrest richtet.

Außerdem stand die Nation Israel nur *repräsentativ* für alle Erwählten aller Zeiten. In seiner Gnade hat Gott sich in Wirklichkeit ein Volk »aus jeder Nation und aus Stämmen und Völkern und Sprachen« erwählt (Offb 7,9). Wenn Gott in 5. Mose 7 von seiner ewigen Liebe zu Israel spricht, dann spricht er zu den geistlichen Kindern Abrahams. »Erkennt daraus: die aus Glauben sind, diese sind Abrahams Söhne!« (Gal 3,7).

Daher ist die in 5. Mose 7,6-7 beschriebene Liebe Gottes eine besondere Liebe zu den Erwählten; diese Verse beschreiben also seine Liebe zu *allen* Erwählten. Sie ist eine ewige Liebe, die den Israeliten nicht aufgrund von irgendetwas Würdigem an ihnen erwiesen wurde, sondern einfach weil es der souveräne Wille Gottes war, sie zu lieben.

Warum wurde unter allen Nationen gerade Israel von Gott als sein Volk erwählt? Weil sie sich für Gott entschieden hatten? Nein, weil *Gott* sich für sie entschieden hatte – weil er *sie* erwählt hatte. Genau das besagt 5. Mose 7,7. Es war Gottes souveräne Wahl, Israel seine ewige Liebe zu schenken. Sie durften in keiner Weise denken, dass sie das mehr verdient hätten als andere Nationen. Es war ein souveräner Akt des Willens Gottes, Israel zu lieben. Und aus dieser Liebe heraus wählte er dieses Volk.

Ein eindrückliches Bild nie versagender Liebe

Durch seinen Propheten Hesekiel erklärte Gott seine einzigartige Liebe zu den Erwählten in einer eindrücklichen Darstellungsweise. In Hesekiel 16 beschreibt er Israel mit derart ekligen und schäbigen Begriffen, dass dieses Kapitel im Judentum bei keinen öffentlichen Veranstaltungen gelesen werden darf. Aber in diesem Kapitel geht es gar nicht um Israels Erbärmlichkeit, sondern um das ewige Wesen der Liebe Gottes:

> Und das Wort des HERRN geschah zu mir so: Menschensohn, lass die Stadt Jerusalem ihre Gräuel erkennen und sage: So spricht der Herr, HERR, zu Jerusalem: Deine Herkunft und deine Abstammung sind aus dem Land der Kanaaniter; dein Vater war ein Amoriter und deine Mutter eine Hetiterin (V. 1-3).

Hier spricht Gott zu Jerusalem, die das ganze Volk Israel repräsentiert. Jerusalem war Gottes eigene Stadt und sein Wohnort (Ps 135,21). Sie war das Zentrum von Israels Leben und Gottesdienst. Dort befand sich der Tempel.

Doch etwas Tragisches war geschehen. Jerusalem war voller Gräuel. Götzendienst grassierte. Deshalb beauftragte Gott Hesekiel, Jerusalem ihre Gräueltaten zu verkünden. Der Prophet sollte Israel erklären, dass ihr Vater ein Amoriter war und ihre Mutter eine Hetiterin (das waren die allgemeinen Bezeichnungen für die heidnischen Ureinwohner Kanaans). Das hieß nicht wörtlich, dass Israel von diesen Völkern abstammte. Gott beklagte einfach die Tatsache, dass Jerusalem als Hauptstadt Israels nichts besser war als unter heidnischer Herrschaft. Israel hatte zugelassen, dass die Zustände bis auf heidnisches Niveau herabsanken. Die Israeliten verhielten sich eher wie Kinder von Heiden als Kinder Gottes.

In den Versen 44-45 wiederholt Hesekiel dieselbe Anklage: »Siehe, jeder, der einen Spottvers über dich macht, wird diesen Spottvers sagen: Wie die Mutter, so ihre Tochter! Eine echte Tochter deiner Mutter bist du, die ihren Mann und ihre Söhne verabscheut hat; und eine echte Schwester deiner Schwestern bist du, die ihre Männer und ihre Kinder verabscheut haben. Eure Mutter war eine Hetiterin und euer Vater ein Amoriter.« Das war ein strenger Tadel, der dem Volk Israel vorwarf, als Tochter der Hetiter deren schlimme geistliche

Hurereien zu wiederholen. Sie verhielten sich wie Nachkommen von Götzendienern.

Man beachte, wie der Herr die Nation in V. 4-6 als hilflosen, verstoßenen Säugling beschreibt:

> Und was deine Geburt betrifft: An dem Tag, als du geboren wurdest, wurde deine Nabelschnur nicht abgeschnitten und du wurdest nicht mit Wasser abgewaschen zur Reinigung und nicht mit Salz abgerieben und nicht in Windeln gewickelt. Niemand blickte mitleidig auf dich, um dir eines dieser Dinge aus Mitleid mit dir zu tun, sondern du wurdest auf die Fläche des Feldes geworfen, aus Abscheu vor deinem Leben, an dem Tag, als du geboren wurdest. – Da ging ich an dir vorüber und sah dich in deinem Blut zappeln; und zu dir in deinem Blut sprach ich: Bleibe leben! Ja, zu dir in deinem Blut sprach ich: Bleibe leben!

Gott beschreibt Israel als ungewolltes Kind einer Prostituierten, das gleich nach seiner Geburt aufs freie Feld geworfen wurde. Die Nabelschnur samt Nachgeburt hing noch an dem Kind. Ungewaschen wie es war, war es den Hunden zum Fraß preisgegeben und hatte keine Überlebenschance.

Das war der Zustand Israels, als Gott es fand. Hier spricht er von Israel während seiner Sklaverei in Ägypten. Es war ein verachtetes und hilfloses Volk. Niemand nahm sich dieses Volkes an. Es war wehrlos, jämmerlich und von allen verabscheut – und dem Untergang geweiht. Es war der unerwünschte Abschaum ohne Hoffnung in der Welt und hatte nicht einmal ein eigenes Land.

Doch Gott entschloss, seine Liebe auf diese hilflose Kind zu richten. »Da ging ich an dir vorüber und sah dich in deinem Blut zappeln; und zu dir in deinem Blut sprach ich: Bleibe leben! Ja, zu dir in deinem Blut sprach ich: Bleibe leben!« (V. 6). Gott las die Israeliten auf und rettete sie. Er befreite sie aus Ägypten und gab ihnen Leben. Warum? Weil etwas Liebenswürdiges an ihnen war? Nein, er beschreibt sie als ekelhaft, blutverschmiert und schmutzig. Niemand wollte sie. Da war nichts an ihnen, was Gott veranlasst hätte, ihnen sein Erbarmen zu zeigen. Aber er ging vorüber und sah, wie sie sich im Dreck wanden und gab ihnen Leben. Er fährt fort:

> Zu Zehntausenden, wie das Gewächs des Feldes, machte ich dich; und du wuchsest heran und wurdest groß und du gelangtest zu höchster Anmut; die Brüste rundeten sich und dein Haar wuchs; aber du warst nackt und bloß. Und ich ging an dir vorüber und sah dich, und siehe, deine Zeit war die Zeit der Liebe; und ich breitete meinen Zipfel über dich aus, und bedeckte deine Blöße; und ich schwur dir und trat in einen Bund mit dir, spricht der Herr, HERR, und du wurdest mein (V. 7-8; Elb.).

Hier beschreibt Gott Israel als Mädchen in der Pubertät, das ein heiratsfähiges Alter erreicht hat (»deine Zeit war die Zeit der Liebe«). Israel war zur Reife gelangt. Es war wie ein pubertierendes Kind, das nun so alt war, dass es nicht mehr schicklich war, unbekleidet zu sein. So bedeckte der Herr es: »Ich breitete meinen Zipfel über dich aus«. Das war ein Zeichen des Schutzes, wie ein Vogel seine Flügel über seine Jungen ausbreitet. Der Herr Jesus gebrauchte eine ähnliche Bildersprache, als er über Jerusalem weinte (Lk 13,34).

Das Ausbreiten des »Zipfels« bzw. des »Gewandes« (oder Gebetstuchs, hebr. *tallith*) war ein Brauch, der eine Verlobung ausdrückte (Ruth 3,9). Er symbolisierte, dass der Bräutigam die Braut unter seinen Schutz nimmt. Gott sagte zu Israel: Ich las dich nicht nur als blutverschmierter Säugling vom Feld auf, sondern ich trug dich auch, bis du ausgewachsen warst. Und als du dann reif genug warst, hielt ich es für angemessen, dich zu heiraten.

Das ist auch die Bedeutung des letzten Satzes von Vers 8: »Und ich schwor dir und trat in einen Bund mit dir, spricht der Herr, HERR, und du wurdest mein.« Das ist also eine Beschreibung der Vermählung Gottes mit Israel. Nach seinem souveränen Willen wählte er, sie mit einer ewigen Bundesliebe zu lieben. Er behandelte sie mit größter Sanftheit und sorgte für sie in ihrer Hilflosigkeit: »Und ich wusch dich mit Wasser und spülte dein Blut von dir ab und salbte dich mit Öl« (V. 9). Er

Die Liebe Gottes zu seinen Erwählten 143

gab ihr all die Vorrechte und Güter, die der reichste König seiner Braut geben würde und überschüttete sie mit den Reichtümern seiner Gnade:

> Und ich bekleidete dich mit Buntgewirktem und beschuhte dich mit Seekuhfellen und ich umwand dich mit Byssus und bedeckte dich mit Seide; und ich schmückte dich mit Schmuck: Ich legte Armringe an deine Hände und eine Kette um deinen Hals und legte einen Reif in deine Nase und Ringe in deine Ohren und setzte eine Prachtkrone auf dein Haupt. Und so wurdest du mit Gold und Silber geschmückt und deine Kleidung war Byssus und Seide und Buntgewirktes; du aßest Feinmehl und Honig und Öl. Und du warst überaus schön und gelangtest zum Königtum (V. 10-13).

Die Liebe, die Gott Israel erwies, war außerordentlich. Die Welt würde eine solche Prozedur als großzügige »Schönheitskur« bezeichnen. Er verwandelte dieses unansehnliche »Aschenputtel« in die hübscheste Königin! Genau das tat Gott, als er Israel aus der Sklaverei in Ägypten befreite und in das von Glanz und Glorie geprägte salomonische Reich einführte. Sogar die Königin von Saba kam, um die Pracht des Reiches Salomo zu bewundern (1Kö 10,1-13)! Die ganze Schönheit Israels auf dem Gipfel ihrer Herrlichkeit war allein der Güte Gottes zu verdanken.

Doch beachten wir, was in Hesekiel 16,15 steht: »Aber du vertrautest auf deine Schönheit und du hurtest auf deinen Ruf hin und gossest deine Hurereien aus über jeden, der vorbeikam: Ihm wurde sie zuteil.« Das beschreibt natürlich die geistlichen Hurereien Israels, das nach der Herrschaftszeit Davids immer wieder in Sünden fiel wie Götzendienst und Vermischung von heidnischen religiösen Vorstellungen mit dem von Gott verordneten Gottesdienst. Sogar Salomo selbst »folgte der Astarte nach, der Göttin der Sidonier, und dem Milkom, dem Scheusal der Ammoniter« (1Kö 11,5).

Gott hatte die Nation in ihrer Hilflosigkeit erwählt und sie ernährt und umsorgt, bis sie im heiratsfähigen Alter war.

Dann vermählte er sich mit ihr und schmückte sie mit seinen Königswürden. Doch plötzlich war sie wie eine Hure, die sich auf der Straße allen Vorbeikommenden zum Ehebruch anbot. Welch ein ekelhaftes, widerwärtiges Bild! Aber es sind Gottes eigene Worte an Israel:

> Und du nahmst von deinen Kleidern und machtest dir bunte Höhen, und du hurtest auf denselben – was nicht vorkommen und nicht geschehen sollte. Und du nahmst deine prächtigen Geschmeide von meinem Gold und von meinem Silber, welches ich dir gegeben hatte, und machtest dir Mannsbilder und hurtest mit ihnen. Und du nahmst deine buntgewirkten Kleider und bedecktest sie damit; und mein Öl und mein Räucherwerk setztest du ihnen vor; und meine Speise, die ich dir gegeben: Feinmehl und Öl und Honig, womit ich dich gespeist hatte, die setztest du ihnen vor zum lieblichen Geruch. Und das ist geschehen, spricht der Herr, HERR (Hes 16,16-19; Elb.).

Israel nahm die Segnungen, die Gott ihr in seiner Gnade gegeben hatte, und missbrauchte sie für ihre geistlichen Hurereien. Sie verwendete Gottes Gaben und Wohltaten für ihre eigene Untreue. Mit den Reichtümern, die sie von ihm bekommen hatte, kaufte sie sich Götzen. Mithilfe ihres Ansehens als Nation schloss sie Allianzen mit heidnischen Nationen. Die Israeliten nahmen den Überfluss an Gütern, den sie aus dem von Milch und Honig überfließenden Land gewonnen hatten, und opferten ihn fremden Göttern.

Als Gipfel des Übels begingen sie die schlimmste Gottlosigkeit:

> Und du nahmst deine Söhne und deine Töchter, die du mir geboren, und opfertest sie ihnen zum Fraß. War es zu wenig mit deiner Hurerei, dass du meine Söhne schlachtetest und sie hingabst, indem du sie für sie durch das Feuer gehen ließest? (V. 20-21).

Sie nahmen tatsächlich ihre Kinder – solch hilflose Säuglinge, wie Israel einst selber einer war, als Gott es fand – und warfen sie ins Feuer, um Moloch, den schrecklichen Gott der Ammoniter, zufrieden zu stellen. Bei den Ammonitern war es Brauch, ihre eigenen Kinder dem Moloch zu opfern, indem sie die Kinder auf ein offenes Feuer legten und sie bei lebendigem Leibe rösteten (3Mo 20,2-5). Das war gerade einer der Gründe, weshalb Gott den Israeliten befohlen hatte, die Bewohner des Landes gänzlich zu vernichten (3Mo 18,21.24-26).

Und zusätzlich zu alledem vergaß Israel die Gnade Gottes: »Und bei allen deinen Gräueln und deinen Hurereien dachtest du nicht an die Tage deiner Jugend, als du nackt und bloß warst, zappelnd in deinem Blut lagst« (Hes 16,22). Es hatte das Land wieder zu den Sünden seiner heidnischen Ureinwohner zurückgeführt. Gott sagte über Israel: »Aber du bist nicht nur auf ihren Wegen gegangen und hast nicht nur nach ihren Gräueln getan, sondern es fehlte nur wenig, und du hättest verdorbener als sie gehandelt auf all deinen Wegen« (V. 47). In Vers 27 lesen wir, dass die Sünden Israels so groß waren, dass es sogar den Philistern peinlich war!

Israel hatte seinen Gott unter den Nationen lächerlich gemacht. Versuchen Sie sich den schlimmsten, grässlichsten Götzendienst vorzustellen – das würde nicht an die Gräueltaten Israels heranreichen. Es war, als seien die Israeliten auf Abwege gegangen, um ihre Sünden so öffentlich und schändlich zu machen wie irgend möglich. Und dann versuchten sie noch mehr ihrem Götzendienst zu frönen:

> Und es geschah, nach all deiner Bosheit – wehe, wehe dir! spricht der Herr, HERR – bautest du dir einen Hurenaltar und machtest dir dein Hochlager auf jedem freien Platz; an jeder Straßenecke bautest du dein Hochlager. Und du machtest deine Schönheit zu einem Gräuel und spreiztest deine Beine für jeden, der vorbeikam, und machtest deine Hurerei groß (V. 23-25).

Dann zählt Gott weiter auf, wie Israel versuchte, geistlichen Ehebruch mit den Ägyptern (V. 26), den Assyrern (V. 28) und

den Chaldäern (V. 29) zu begehen. »Wie fieberheiß ist dein Herz, spricht der Herr, HERR, wenn du dies alles tust – das Tun eines selbstherrlichen Hurenweibes« (V. 30).
Aber das war sogar noch schlimmer als Hurerei! Eine Hure lässt sich bezahlen, aber über Israel sagte Gott: »Dabei warst du nicht einmal wie eine gewöhnliche Hure, denn du verschmähtest sogar den Lohn« (V. 31). Israel war bereit schamlos herumzuhuren ohne Gegenleistung. Das tat es nicht aus Erwerbszwecken, sondern war einfach aus schierer Lust auf Götzendienst Gott untreu!

> Die ehebrecherische Frau nimmt statt ihres Mannes fremde Männer! Allen Huren gibt man Geschenke; *du aber gabst deine Liebesgeschenke all deinen Liebhabern und du beschenktest sie*, damit sie von ringsumher zu dir kämen wegen deiner Hurereien. So geschah bei dir das Gegenteil von dem, was sonst üblich ist unter den Frauen, dass du nämlich Hurerei triebst, *während man dir nicht nachhurte, dass du Lohn gabst, während dir kein Lohn gegeben wurde*. So wurdest du das Gegenteil (V. 32-34; Hervorhebungen hinzugefügt).

Israel war wie ein Frau, die so lüstern war, dass sie ihre ehebrecherischen Liebhaber bezahlte.
Wird uns klar, wie weit Israel in ihrer Sünde gegen den Herrn gegangen war? Ihre Lust auf Götzendienst war unersättlich. Sie hatte in jeder erdenklichen Weise gegen Gott gesündigt – und gierte immer noch nach mehr geistlichen Hurentaten. Deshalb verkündete Gott in den Versen 35-59 ein schweres Gericht über Israel. Ihre eigenen Liebhaber sollten sie missbrauchen:

> Und ich gebe dich in ihre Hand, und sie werden deinen Hurenaltar zerstören und deine Höhen niederreißen und dir deine Kleider ausziehen und deine prächtigen Geschmeide nehmen und dich nackt und bloß liegen lassen. Und sie werden eine Versammlung gegen dich heraufkommen lassen und dich steinigen und werden dich mit ihren Schwertern niedermetzeln (V. 39-40).

Israel hatte dreist und hochmütig gesündigt. Es hatte Gott verunehrt und seinen Namen vor allen Nationen in den Dreck gezogen. Nun wollte Gott Israel im Gegenzug ebenfalls öffentlich entehren:

> Und ich werde meinen Grimm an dir stillen und mein Eifer wird von dir weichen; und ich werde ruhig sein und mich nicht mehr kränken. – Darum, dass du nicht gedacht hast der Tage deiner Jugend und mich durch alles dieses gereizt hast, siehe, so habe auch ich deinen Weg auf deinen Kopf gebracht, spricht der Herr, HERR, damit du nicht mehr diese Schandtat begehst zu allen deinen Gräueln hinzu (V. 42-43).

Das war eine Prophezeiung der babylonischen Gefangenschaft. Israel wurde von den Babyloniern geschlagen. Ihre Städte und Dörfer wurden geplündert und niedergebrannt. Ihre Söhne und Töchter wurden gefangen in ein fremdes Land geführt. Ihre Sünden trugen die unumgängliche Frucht der Schande und des Niedergangs und der letztendlichen irdischen Ungnade. Israel hatte »den Eid verachtet, indem [es] den Bund gebrochen« hatte (V. 59) und sank somit auf einen schlimmeren Zustand herab als einst, als der Herr es fand.

Doch nun kommt der erstaunliche Teil: Obwohl es dem Leser vorkommen mag, als habe Gott an dieser Stelle sein eigenes Volk verstoßen, war er dennoch von seiner Liebe zu Israel bewegt:

> Doch ich will gedenken meines Bundes mit dir in den Tagen deiner Jugend und will dir einen ewigen Bund errichten. Und du wirst deiner Wege gedenken und dich schämen, wenn du deine Schwestern empfangen wirst, die größer sind als du, samt denen, die kleiner sind als du, und ich sie dir zu Töchtern geben werde, aber nicht infolge deines Bundes (V. 60-61).

Man beachte, dass Gott *nicht* sagt: »Ich werde dich hassen mit heiligem Hass.« Warum nicht? Warum verfuhr er mit

Israel nicht so wie mit Sodom, da er doch in Vers 48 gesagt hatte, dass Israels Sünden schlimmer waren als die Sünden Sodoms? Und warum vergab er den Leuten von Samaria ihre Sünden nicht, wo er doch in Vers 51 sagt: »Samaria hat nicht halb so viel Sünden begangen wie du«? Ganz einfach deshalb, weil Gott Israel seine ewige Liebe geschenkt hatte. Es war das Volk, das er zu lieben gewählt und mit dem er einen ewigen Bund geschlossen hatte. Er liebte es mit seiner ganzen Fähigkeit zu lieben. Da seine Liebe nicht auf etwas an den Israeliten beruhte, was *liebenswürdig* gewesen wäre, konnte diese Liebe auch durch nichts *Unwürdiges* an ihnen aufgehoben werden. Seine Liebe zu ihnen war ewig und bedingungslos. Deshalb wurzelte sie in Gott selbst. Das ist die besondere Liebe Gottes zu seinen Erwählten.

Das Kapitel endet höchst aufschlussreich:

> Und ich selbst werde meinen Bund mit dir aufrichten, und du wirst erkennen, dass ich der HERR bin: Damit du daran denkst und dich schämst und den Mund nicht mehr öffnest wegen deiner Schmach, wenn ich dir alles vergebe, was du getan hast, spricht der Herr, HERR (V. 62-63).

Gott brachte Israel zum Verstummen. Er führte sie zur Demütigung. Wie? Indem er dem Volk vergab. Dieses Ziel erreichte er mittels seiner Liebe.

Warum hatte Gott den Bewohnern von Sodom nicht vergeben? Sie waren nicht seine Erwählten. Warum vergab er Samaria nicht? Er hatte nie einen Bund mit diesem Volk geschlossen.

Gott liebt, wen er zu lieben gewählt hat. Mit diesen Menschen steht er in einer ewigen Bundesbeziehung, und dieser Bund wurde in der ewigen Vergangenheit geschlossen. Dieser Bund garantiert den Menschen, denen Gottes besondere Liebe gilt, die Erlösung. Sodom wurde zerstört und blieb unerlöst. Samaria ging ebenso unter. Aber Israel, deren Sünden schlimmer waren als die Sünden Sodoms und Samarias, empfing Vergebung von Gott.

Gottes fortdauernde Treue

Woran liegt es, dass Gott Israel erstaunlicherweise vergab? Das liegt darin begründet, dass er *seine Liebe auf Israel gerichtet und es zu seinem Eigentum gemacht hatte*. Dieses Volk war in einem einzigartigen Sinne sein Eigentum – im selben Sinne, in dem Jesus von allen Erwählten sagt: »Ich bin der gute Hirte; und ich kenne die Meinen, und die Meinen kennen mich« (Joh 10,14). Seine Liebe zu den Seinen ist viel größer als seine mitfühlende Liebe zur ganzen Welt. Diese Liebe ist vollkommen. Diese Liebe ist allumfassend. Sie ist vollkommen, erlösend und ewig. Diese Liebe war es, die ihn veranlasste, sein Leben für die Seinen niederzulegen (Joh 10,15).

Unser Beispiel aus Hesekiel 16 wendet diese besondere Liebe Gottes auf eine ganze Nation an. Wir müssen jedoch bedenken: »Nicht alle, die aus Israel sind, die sind Israel« (Röm 9,6). Gottes Erwählung Israels war kein pauschales Auserwählen jedes einzelnen Israeliten. Sondern wie Paulus sagt, gilt die Verheißung nur »denen, die des Glaubens Abrahams sind«.

Dennoch wurde auch die *Nation* Israel in einem gewissen Sinne von Gott vor jeder anderen irdischen Volksgruppe erwählt. »Ihnen sind die Aussprüche Gottes anvertraut worden« (Röm 3,2). Daher können wir berechtigterweise fragen: »Wenn etliche nicht geglaubt haben, wird etwa ihr Unglaube die Treue Gottes aufheben?« (V. 3; Elb.). Wenn Israel erwählt ist, wie kann es dann sein, dass die große Mehrzahl der Juden jetzt den eigenen Messias verwirft? »Hat Gott etwa sein Volk verstoßen? Das ist ausgeschlossen!« (Röm 11,1). Paulus widmet der Beantwortung dieser Frage drei ganze Kapitel (Röm 9-11), und zwar direkt im Anschluss an seine Erklärung der großartigen Wahrheit, dass Gottes Liebe zu seinen Erwählten unumstößlich ist (Röm 8,35-39). Paulus' Antwort lautet: Israels derzeitiger Unglaube annulliert nicht die Treue Gottes. Um seine eigenen Ziele zu erreichen, nimmt Gott sich derzeit »aus den Nationen ein Volk für seinen Namen« (Apg 15,14). Aber seine Liebe zu Israel besteht unvermindert fort.

Erstens sagt Paulus, dass »nun auch in der jetzigen Zeit ein Überrest nach Auswahl der Gnade entstanden« ist (Röm 11,5).

Gott beruft in seiner Gnade immer noch einen treuen Überrest aus Israel. Es gibt viele Juden, die an Jesus als den wahren Messias glauben.

Aber zweitens sagt Paulus, dass ein Tag kommen wird, an dem »ganz Israel errettet werden wird, wie geschrieben steht: Es wird aus Zion der Erretter kommen, er wird die Gottlosigkeiten von Jakob abwenden« (V. 26). Eines Tages wird Gott in der größten Erweckung der Weltgeschichte das ganze jüdische Volk zum Glauben an ihren wahren Messias bekehren. Jesaja schrieb: »Israel findet Rettung in dem HERRN, ewige Rettung. Ihr werdet nicht zuschanden und nicht zunichte werden in alle Ewigkeiten« (Jes 45,17). Auch Jeremia spricht von diesem künftigen Tag: »In jener Zeit wird man Jerusalem den Thron des HERRN nennen und alle Nationen werden sich zu ihr versammeln wegen des Namens des HERRN in Jerusalem. Und sie werden nicht mehr der Verstocktheit ihres bösen Herzens folgen. In jenen Tagen wird das Haus Juda mit dem Haus Israel zusammengehen und sie werden miteinander aus dem Land des Nordens in das Land kommen, das ich euren Vätern zum Erbteil gegeben habe« (Jer 3,17-18).

Wie können wir sicher sein, dass Gott dies tun wird? »Dies ist für sie der Bund von mir, wenn ich ihre Sünden wegnehmen werde« (Röm 11,27). Er hat sich durch einen ewigen Bund dafür verbürgt, und »die Gnadengaben und die Berufung Gottes sind unbereubar« (V. 29). Daher gilt: »Gott hat sein Volk nicht verstoßen, das er vorher erkannt hat« (V. 2). Der gegenwärtige Abfall Israels macht die ewige Liebe Gottes nicht ungültig.

Wir müssen außerdem bedenken, dass Gottes erwählende Liebe sowohl Einzelnen als auch einem ganzen Volk gilt. Die Erwählten Gottes sind individuelle *Einzelpersonen*. Auch die Erwählung Israels beinhaltet die Erwählung eines Überrestes, der aus Einzelnen besteht. Innerhalb der Nation handelt Gott mit den Menschen individuell. »Was Israel sucht, das hat es nicht erlangt; aber *die Auserwählten haben es erlangt*, die übrigen aber sind verstockt worden« (Röm 11,7; Elb., Hervorhebungen hinzugefügt).

Ein eindrückliches Beispiel dafür findet sich im Alten Testament in der traurigen Begebenheit von Davids Ehebruch mit Batseba. David bekam Lust auf Batseba, beging Ehebruch mit ihr, schwängerte sie und ließ dann ihren Mann umbringen, um die Sünde zu vertuschen. Batseba wurde Davids Frau, aber Buße tat David erst nach der Geburt des Kindes. Außerdem starb das im Ehebruch gezeugte Kind kurz nach der Geburt. Die Bibel beschreibt, durch welche schreckliche Seelennot David ging, als sein Sohn starb. Die Schändlichkeit seiner Sünde machte diese Not umso schlimmer. Batseba war vermutlich ebenso aufgelöst.

Doch in 2. Samuel 12 lesen wir in einem ergreifenden Vers, was nach dem Tod des Kindes geschah: »David tröstete seine Frau Batseba. Und er ging zu ihr ein und lag bei ihr. Und sie gebar einen Sohn und er gab ihm den Namen Salomo. *Und der* HERR *liebte ihn*« (V. 24; Hervorhebung hinzugefügt). Hier wird ausdrücklich die besondere Liebe Gottes zu einer bestimmten Person erwähnt. Der Herr *liebte* Salomo. Der Prophet Nathan gab Salomo sogar den Kosenamen »Jedidja«, was »vom Herrn geliebt« bedeutet, um die Liebe des Herrn zu diesem Kind auszudrücken (V. 25).

Salomo war ein Neugeborenes und noch kein Gläubiger. Er hatte weder Gutes noch Böses getan. Doch der Herr schenkte Salomo seine Liebe, obwohl er ein Kind aus einer sündigen Verbindung war, die eigentlich nie hätte zustande kommen sollen.

Salomo lebte auch keineswegs sündlos, sondern ließ sich später zur gleichen Sünde hinreißen wie die, durch die sein Vater zu Fall gekommen war. Die Bibel berichtet, dass Salomo sich Hunderte von Frauen nahm. Er suhlte sich im Götzendienst. Obwohl er sehr weise war, beging er viele Dummheiten. Eines ist sicher: Gott schenkte Salomo seine Liebe nicht deshalb, weil Salomo sie verdient hatte.

Doch der Herr hat Freude daran, die Reichtümer seiner Liebe über unwürdige Sünder auszugießen. Er ist ein Gott der Gnade. Er schenkt denen seine Liebe, die er dazu erwählt und zieht sie in seiner Liebe zu sich. Trotz der Menge an Sünde in seinem Leben *liebte* Salomo den Herrn (1Kö 3,3). Gottes Liebe zu Salomo garantierte Salomos Liebe zu Gott. »Wir lieben, weil er uns zuerst geliebt hat« (1Jo 4,19).

Viele Jahre später kehrte Nehemia aus Persien nach Jerusalem zurück, um die Mauern der Stadt wieder aufzubauen. Als er bemerkte, dass die Israeliten Mischehen mit fremden Frauen eingingen, ächtete er diese Ehen und sagte: »Hat sich ihretwegen nicht schon Salomo, der König von Israel, versündigt? Und einen König wie ihn hat es unter den vielen Nationen nicht gegeben. Und *er war geliebt von seinem Gott*, und so hatte Gott ihn zum König über ganz Israel gesetzt; doch auch ihn haben die ausländischen Frauen zur Sünde verleitet« (Neh 13,26; Hervorhebungen hinzugefügt).

Seltsam, nicht wahr? Während Nehemia Salomos Sünde als Negativbeispiel hinstellt, sagt er plötzlich: »Er war geliebt von seinem Gott.« Aber die Sache ist die: Gott wählt, jene zu lieben, die er zu lieben erwählt. Er erwählt *trotz* unserer Sünde. Dass er uns liebt, bedeutet nicht, dass wir würdig wären. Aber wenn er gewählt hat, jemanden in erlösender und ewiger Weise zu lieben, dann vergibt und erlöst und bewahrt er diesen Menschen im Glauben. Seine Liebe lässt die Erwählten einfach nicht verloren gehen. Diese Liebe wird uns züchtigen und unter Schmerzen vervollkommnen, aber sie wird uns niemals laufen lassen.

Außerdem haben wir es allein seiner Gnade zu verdanken, dass wir nicht den bitteren Früchten unserer eigenen Sünden preisgegeben werden. Allein aufgrund seiner Gnade werden wir nicht *alle* vom Zorn Gottes verzehrt (Kla 3,22-23). Für viele ist es eine bohrende Frage, warum Gott nicht *alle* erwählt hat. Doch die vernünftigere Frage ist, warum er überhaupt jemanden erwählt hat, und erst recht eine so große Zahl, die niemand zählen kann (vgl. Offb 7,9).

Jemand fragt vielleicht: »Aber wie kann ich wissen, dass ich erwählt bin?« Glauben Sie? Lieben Sie den Herrn Jesus Christus und vertrauen Sie allein auf ihn (und nicht auf ihre guten Taten), dass er Sie rettet? Glauben Sie, dass er als fleischgewordener Gott in die Welt kam? Dass er an einem Kreuz als Sühnopfer für Sünde starb und am dritten Tag leibhaftig auferstand? Glauben Sie, dass er der einzige ist, der Ihre Schuld tilgen kann und Ihnen vergeben und Sie mit neuen Kleidern der Gerechtigkeit bekleiden kann? Dann sind Sie von Gott auserwählt, um ewig von ihm geliebt zu werden. Die besondere Liebe Gottes zu den Seinen ist überwältigend. Sie ist mächtig und wirksam. Wenn Sie diese Liebe nicht ehrfurchtsvoll und ergriffen bewundern, dann haben Sie ihre Bedeutung noch nicht richtig erfasst. Wir sollten in Ehrfurcht ergriffen sein und uns wie Israel vor einer solchen Liebe demütigen. Wir haben keinerlei Anspruch auf Gottes Liebe. Er schuldet sie uns nicht. Dennoch lässt er sich herab uns zu lieben. Wenn unsere Herzen dann nicht im Gegenzug angerührt sind, um Gott wieder zu lieben, dann befinden wir uns in einem schlimmen Misszustand. Kein Wunder, dass Paulus an die Epheser schrieb:

> Deshalb beuge ich meine Knie vor dem Vater, von dem jede Vaterschaft in den Himmeln und auf Erden benannt wird: Er gebe euch nach dem Reichtum seiner Herrlichkeit, mit Kraft gestärkt zu werden durch seinen Geist an dem inneren Menschen; dass der Christus durch den Glauben in euren Herzen wohne und ihr in Liebe gewurzelt und gegründet seid, damit ihr imstande seid, mit allen Heiligen völlig zu erfassen, was die Breite und Länge und Höhe und Tiefe ist und zu erkennen die die Erkenntnis übersteigende Liebe des Christus, damit ihr erfüllt werdet zur ganzen Fülle Gottes (Eph 3,14-19).

Kapitel 8
Ewige Sicherheit in der Liebe Gottes

George Matheson, ein brillanter schottischer Pastor und Liederdichter aus dem 19. Jahrhundert, wurde mit einem Augenleiden geboren, das sich so verschlimmerte, dass er bereits mit 18 Jahren erblindete. Kurz darauf verließ ihn seine Verlobte, weil sie nicht mit einem Blinden verheiratet sein wollte. Als Reaktion auf eine der traurigsten Begebenheiten seines Lebens verfasste Matheson sein bekanntes Lied über die Sicherheit und Geborgenheit, die Gottes Liebe bietet: »O Liebe, die mich nicht gehen lässt.« Enttäuscht von dem, was er für wahre Liebe gehalten hatte, suchte und fand er Trost in der unversiegbaren Liebe Gottes:

> O Liebe, die mich nicht gehen lässt,
> meine müde Seele ruht in dir.
> Ich geb' dir zurück das Leben, das ich dir schulde,
> auf dass sie in den Tiefen deines Ozeans
> um so reicher und völliger strömen möge.

Gottes Liebe zu den Seinen ist mit keiner anderen menschlichen Erfahrung vergleichbar. Wie wir gesehen haben, ist sie eine wirksame, unwandelbare Liebe, die sogar durch unsere sündige Rebellion gegen Gott nicht aufgehalten wird. Aufgrund dieser Liebe geht Gott uns nach und erlöst uns, auch wenn wir noch moralisch und geistlich verwerflich sind und seine Liebe in keiner Weise verdienen: »Gott aber erweist *seine* Liebe zu uns darin, dass Christus, als wir noch Sünder waren, für uns gestorben ist« (Röm 5,8).

Anders ausgedrückt: Gottes Liebe ist so groß, dass nichts ihn davon abhalten konnte, diejenigen zu erlösen, die er liebt – obwohl er dafür seinen geliebten Sohn hingeben musste. Die Liebe Gottes ist tatsächlich die höchste Garantie für die Sicherheit der Gläubigen. Das wird in vielen Bibelstellen ausdrücklich gelehrt. In diesem Kapitel werden wir uns mit den zwei wichtigsten Schriftstellen befassen, die die Sicherheit verdeutlichen, die wir in der Liebe Gottes finden können. Die eine Bibelstelle veranschaulicht die Liebe Gottes anhand eines Gleichnisses und die andere behandelt das Thema lehrmäßig.

Das Gleichnis vom Verlorenen Sohn

Zu Beginn betrachten wir das bekannteste aller Gleichnisse – das Gleichnis vom Verlorenen Sohn aus Lukas 15. Das Herzstück dieses Gleichnisses ist nicht so sehr der Irrweg des Sohnes, sondern die sehnsüchtige Liebe des Vaters und seine Vergebungsbereitschaft gegenüber dem abtrünnigen Sohn:

> Ein Mensch hatte zwei Söhne; und der jüngere von ihnen sprach zu dem Vater: Vater, gib mir den Teil des Vermögens, der mir zufällt! Und er teilte ihnen die Habe. Und nach nicht vielen Tagen brachte der jüngere Sohn alles zusammen und reiste weg in ein fernes Land und dort vergeudete er sein Vermögen, indem er verschwenderisch lebte.
>
> Als er aber alles verzehrt hatte, kam eine gewaltige Hungersnot über jenes Land, und er selbst fing an, Mangel zu leiden. Und er ging hin und hängte sich an einen der Bürger jenes Landes, der schickte ihn auf seine Äcker, Schweine zu hüten. Und er begehrte seinen Bauch zu füllen mit den Schoten, die die Schweine fraßen; und niemand gab ihm.
>
> Als er aber in sich ging, sprach er: Wie viele Tagelöhner meines Vaters haben Überfluss an Brot, ich aber komme hier um vor Hunger. Ich will mich aufmachen und zu meinem Vater gehen und will zu ihm sagen: Vater, ich habe gesündigt gegen den Himmel und vor dir, ich bin nicht mehr würdig, dein Sohn zu heißen! Mach mich wie einen deiner Tagelöhner! Und er machte sich auf und ging zu seinem Vater. Als er aber noch fern war, sah ihn sein Vater und wurde

innerlich bewegt und lief hin und fiel ihm um seinen Hals und küsste ihn (Lk 15,11-20).

Der Vater steht für Gott, der jüngere Sohn für den ungläubigen, weltlichen Sünder. Er repräsentiert den Sünder, der seinen ganzen Besitz in einem ausschweifenden, gottlosen Leben vergeudet. Er nimmt all die Güter, die sein Vater ihm gegeben hat, verschmäht den Vater und verplempert sein ganzes Erbe in Vergnügungen, Unmoral und Trinkerei.

Schließlich gelangt er inmitten seiner Ausschweifungen an einen Punkt, wo er merkt, dass es tiefer nicht mehr geht. Er arbeitet als Schweinehirt, was für einen jüdischen Sohn ein unzumutbarer Job ist. Und noch schlimmer: Er hungerte so sehr, dass er sich von Schweinefutter ernähren wollte.

Plötzlich wird ihm klar, dass er so nicht weiterleben kann. Er entschließt sich heimzukehren. Darin repräsentiert er den bußfertigen Sünder. Er bedauert sein vergeudetes Leben und ist betrübt, dass er die ganze Habe seines Vaters verschwendet hat. Er ist sich bewusst, dass er seine Jugend fruchtlos mit Sünde und Ausschweifung verprasst hat. Er ist gedemütigt. Er weiß genau, wo er steht. Er hat die Nase voll von der Sünde. Vielleicht meinte er zuvor, es würde ihn alles kosten, vor seinem Vater seine Sünden zu bekennen, aber jetzt weiß er, dass er nichts mehr zu verlieren hat. Er entschließt sich zurückzugehen und die Sache mit seinem Vater in Ordnung zu bringen – oder sich zumindest auf die Gnade des Vaters zu werfen.

Die Reaktion des Vaters veranschaulicht Gottes Liebe gegenüber dem bußfertigen Sünder. Als der abtrünnige Sohn noch in weiter Ferne ist, sieht der Vater ihn bereits (was bedeutet, dass er nach ihm Ausschau gehalten haben muss). Und er »lief hin und fiel ihm um seinen Hals und küsste ihn sehr« (V. 20). Die Zeitform des Verbs besagt, dass er ihn unaufhörlich küsste. Hier sehen wir liebevolle Gnade, Vergebung und Mitgefühl. Hier sehen wir einen Vater, der seinen Sohn behandelt, als gäbe es keine Vergangenheit, als wären seine Sünden in den Tiefen des tiefsten Ozeans begraben, vergessen und so weit entfernt wie der Osten vom Westen. Hier sehen wir ungehemmte Zuneigung und bedingungslose Liebe.

Die Reaktion des Vaters ist bemerkenswert. Da ist keine Zurückhaltung zu erkennen, kein Zögern, kein unterschwelliger Vorbehalt oder Argwohn. Er zeigt nur die reinste mitfühlende, eifernde und ungehemmte Liebe. Der Vater liebt seinen abtrünnigen Sohn überschwänglich und über die Maßen. Der Sohn scheint dadurch irritiert zu sein. Er beginnt seine Abbitte zu halten, die er sich vorgenommen hat: »Vater, ich habe gesündigt gegen den Himmel und vor dir, ich bin nicht mehr würdig, dein Sohn zu heißen« (V. 21). Es ist beinahe, als könne er mit der liebevollen Zuneigung des Vaters nicht umgehen. Er ist ganz von seinem Gefühl der Unwürde eingenommen. Er ringt mit seiner tiefen Demütigung und ist sich der Schwere seiner Sünde völlig bewusst. Dass er nun mit den liebenvollen Küssen des Vaters überschüttet wird, muss seine Scham wohl nur noch steigern.

Für den verlorenen Sohn war die Gnade des Vaters noch demütigender als sein Schuldbewusstsein. In seinem Herzen wusste der junge Mann, dass er völlig unwürdig war. Und so bekannte er: »Ich bin nicht mehr würdig, dein Sohn zu heißen.«

Hier soll es uns aber in erster Linie um die Reaktion des Vaters gehen. Man beachte, dass er auf die Zurückhaltung des Sohnes überhaupt nicht eingeht:

> Der Vater aber sprach zu seinen Knechten: »Bringt das beste Kleid her und zieht es ihm an und tut einen Ring an seine Hand und Sandalen an seine Füße; und bringt das gemästete Kalb her und schlachtet es, und lasst uns essen und fröhlich sein; denn dieser mein Sohn war tot und ist wieder lebendig geworden, war verloren und ist gefunden worden.« Und sie fingen an fröhlich zu sein (V. 22-24).

Er achtet in keiner Weise auf das bußfertige Bekenntnis des Sohnes, mit dem dieser seine Unwürdigkeit bekennt. Er ordnet seinen Knechten einfach an, die Feier zu beginnen. Er überschüttet den Sohn mit Gnadenerweisen. Er gibt ihm das beste Gewand, steckt einen Ring an seine Hand, besorgt Sandalen für seine Füße und schlachtet das gemästete Kalb.

Über dieses Gleichnis könnte natürlich noch viel mehr gesagt werden. Aus der Buße des Sohnes kann man reichhaltige geistliche Lektionen ziehen, ebenso aus der Antwort des älteren Bruders und aus vielen anderen Aspekten. Aber hier interessiert uns hauptsächlich, wie Jesus die Liebe Gottes zu einem bußfertigen Sünder beschreibt.

Gottes Liebe ist wie die Liebe dieses Vaters. Er geizt nicht mit seiner Liebe und hält sie nicht mit Vorbehalten zurück. Sie ist ungehemmt und verschwenderisch. Er erweist sie nicht nach Maß. Da gibt es kein Halten – die reinste, unverwässerte Liebe strömt frei ohne jeden Unmut oder Vorbehalt von ihm aus. Der Vater empfängt den abtrünnigen jungen Mann als privilegierten Sohn und nicht als niedrigen Knecht.

Und vor allem war die Liebe des Vaters eine bedingungslose Liebe. Sie war durch die Rebellion des Sohnes nicht geschmälert worden. Trotz allem, was der Sohn getan hatte und was den Zorn des Vaters verdient hätte, reagierte der Vater mit uneingeschränkter Liebe. Obgleich der Sohn sich dessen nicht bewusst war, als er in der Fremde verschmachtete, konnte die Beziehung zu seinem derart liebenden Vater nicht aufgelöst werden. Sogar seine schlimmsten Sünden konnten ihn letztlich nicht von der Liebe des Vaters trennen.

Der Apostel Paulus lehrt in einem der großartigsten Lehrabschnitten der Bibel eine ähnliche Lektion: in Römer 8,31-39. Dieser Abschnitt bildet den passenden Höhepunkt unserer Betrachtungen.

Die Lehre von Römer 8

Alle Schriften von Paulus sind unterweisend und dogmatisch. Die meisten seiner Briefe beginnen mit reiner Lehre und enden mit praktischer Anwendung. Der Römerbrief des Paulus ist seine großartige Abhandlung über Rechtfertigung durch Glauben. Der lehrmäßige Teil dieses Bibelbuches ist eine vollständige, systematische und logische Darlegung der Lehre der Rechtfertigung. Sie gipfelt am Ende des achten Kapitels, wo Paulus über die Sicherheit des Gläubigen schreibt:

Was sollen wir nun hierzu sagen? Wenn Gott für uns ist, wer gegen uns? Er, der doch seinen eigenen Sohn nicht verschont, sondern ihn für uns alle hingegeben hat: wie wird er uns mit ihm nicht auch alles schenken? Wer wird gegen Gottes Auserwählte Anklage erheben? Gott ist es, der rechtfertigt. Wer ist, der verdamme? Christus Jesus ist es, der gestorben, ja noch mehr, der auferweckt, der auch zur Rechten Gottes ist, der sich auch für uns verwendet (Röm 8,31-34).

Was ist der unmittelbare Zusammenhang dieser Schriftstelle? Eines der Hauptthemen von Römer 8 ist, dass die Errettung gänzlich Gottes Werk ist. Die Verse 7-8 erklären den hoffnungslosen Zustand jedes Unerlösten: »Die Gesinnung des Fleisches ist Feindschaft gegen Gott, denn sie ist dem Gesetz Gottes nicht untertan, denn sie kann das auch nicht. Die aber, die im Fleisch sind, können Gott nicht gefallen.« Deshalb ist der Sünder in seiner unüberwindbaren Verlorenheit gefangen, solange Gott nicht eingreift und ihn errettet.

Und genau das geschieht, wie Paulus erklärt. Gott selbst veranstaltet die Errettung – von der ewigen Vergangenheit bis zur ewigen Zukunft: »Denn die er vorher erkannt hat, die hat er auch vorherbestimmt, dem Bilde seines Sohnes gleichförmig zu sein, damit er der Erstgeborene sei unter vielen Brüdern. Die er aber vorherbestimmt hat, diese hat er auch berufen; und die er berufen hat, diese hat er auch gerechtfertigt; die er aber gerechtfertigt hat, diese hat er auch verherrlicht« (V. 29-30).

Jede Phase dieses Prozesses ist Gottes Werk. Darin liegt eine enorme Sicherheit. Wenn unsere Errettung Gottes Werk ist und nicht unser eigenes, können wir sicher sein, dass er es bis zur letztendlichen Vollendung ausführen wird. »Der, der ein gutes Werk in euch angefangen hat, wird es vollenden bis auf den Tag Christi Jesu« (Phil 1,6). Gläubige werden »in der Kraft Gottes durch Glauben bewahrt zur Rettung, die bereit steht, in der letzten Zeit geoffenbart zu werden« (1Petr 1,5). Gott ist sowohl der Urheber als auch der Vollender unserer Errettung und er selbst garantiert höchstpersönlich, dass wir im Glauben bis zum Ende ausharren werden.

Das bedeutet natürlich nicht, dass Gläubige nie in Sünde fallen können. An Gläubigen wie David und Salomo sehen wir, dass Gläubige tatsächlich auf beschämende Weise sündigen können. Doch garantiert ist, dass kein wahrer Gläubiger jemals gänzlich und endgültig vom Glauben abfallen kann. Echte Gläubige können nicht in Unglauben fallen. Sie können sich nicht vollends von Christus abwenden. Gott wird seine sündigenden Kinder züchtigen (Hebr 12,7-8), doch auch diese Zuchtmaßnahme ist ein Zeichen der Liebe Gottes – und nicht seines Zorns: »Denn wen der Herr liebt, den züchtigt er; er schlägt aber jeden Sohn, den er aufnimmt« (Hebr 12,6). Wahre Gläubige können niemals von der Liebe Gottes getrennt werden. Gott selbst garantiert das. Jesus sagte: »Ich gebe ihnen ewiges Leben, und sie gehen nicht verloren in Ewigkeit, und niemand wird sie aus meiner Hand rauben. Mein Vater, der sie mir gegeben hat, ist größer als alle, und niemand kann sie aus der Hand meines Vaters rauben« (Joh 10,28-29).

Wer sich als gläubig bekennt, dann aber abfällt, beweist damit nur, dass er von Anfang an niemals echten Glauben hatte: »Von uns sind sie ausgegangen, aber sie waren nicht von uns; denn wenn sie von uns gewesen wären, würden sie wohl bei uns geblieben sein; aber sie blieben nicht, damit sie offenbar würden, dass sie alle nicht von uns sind« (1Jo 2,19). In diesem Vers geht es nicht um Menschen, die in Versuchung und Sünde fallen, sondern um jene, die völlig und endgültig vom Glauben abfallen. Sie verwerfen den Glauben gänzlich. Wahre Gläubige sind zu einem solchen geistlichen Verrat nicht fähig. In seiner Gnade und Liebe garantiert Gott, dass er sie bewahrt. Wie Petrus, können wir wie Weizen gesichtet werden, aber wenn unser Glaube echt ist, wird er nicht aufhören (vgl. Lk 22,31-32).

Hier in Römer 8 erklärt Paulus, dass die Liebe Gottes der größte Garant dafür ist, dass jeder wahre Gläubige im Glauben beharren wird. Dazu verwendet er eine Reihe von Argumenten, die alle auf der Wahrheit basieren, dass die Errettung einzig und allein Gottes Werk ist.

Gott ist für uns

»Was sollen wir nun hierzu sagen? Wenn Gott für uns ist, wer gegen uns?« (V. 31). Das Argument ist einfach: Wenn Gott bewirkt, dass wir gerettet werden, wird sein Werk durch nichts vereitelt werden. Was immer Gott unternimmt, wird gewiss vollendet werden. Und wenn Gott auf unserer Seite ist, dann ist es ganz gleich, wer auf der anderen Seite steht. Gottes Seite wird siegreich sein. Wenn Gott für uns ist, kann niemand gegen uns widerstehen.

Jemand sagte, Gott plus ein anderer ergibt eine Mehrheit. Wahrheit ist jedoch, dass Gott allein schon eine Mehrheit ist. Wenn sich alle Geschöpfe im sichtbaren und unsichtbaren Universum vereinen würden, um gemeinsam gegen Gott zu revoltieren, würde Gott dennoch nicht unterliegen. Er ist unendlich größer, heiliger, weiser und mächtiger als die Gesamtheit seiner ganzen Schöpfung.

Deshalb stellt die Tatsache, dass *er* in der Errettung am Werke ist, das Ergebnis sicher. Wenn meine Errettung letztlich an mir liegen würde, dann hätte ich viel Grund zur Sorge. Wenn meine Erlösung in irgendeiner Weise von meinen Fähigkeiten abhängig wäre, dann wäre ich verloren. Wie jeder andere Sünder auch, neige ich zu Ungehorsam, Unglaube und Schwachheit. Läge es allein an mir, mich in der Liebe Gottes zu bewahren, würde ich gewiss versagen.

An dieser Stelle weist vielleicht jemand auf Judas 21 hin, wo es heißt: »Erhaltet euch selbst in der Liebe Gottes« (Elb.). Bedeutet das, dass wir von unserer eigenen Durchhaltekraft abhängig sind, um im Wirkungskreis der Liebe Gottes zu bleiben? Natürlich nicht. Judas erkennt nur drei Verse später an, dass nur Gott »euch ohne Straucheln zu bewahren und vor seine Herrlichkeit tadellos mit Jubel hinzustellen vermag« (V. 24).

Und mit Gott auf unserer Seite, so sagt Paulus, kann niemand gegen uns widerstehen. Das ist das immer wiederkehrende Thema der Psalmen. David schrieb: »Der HERR ist mein Licht und mein Heil, vor wem sollte ich mich fürchten? Der HERR ist meines Lebens Zuflucht, vor wem sollte ich erschrecken?« (Ps 27,1). In Psalm 46 lesen wir: »Gott ist uns Zuflucht und Stärke, als Beistand in Nöten reichlich gefunden. Darum fürchten wir uns nicht, wenn auch die Erde erbebt und die Berge mitten ins Meer wanken ... Der HERR der Heerscharen ist mit uns, eine Festung ist uns der Gott Jakobs« (V. 2-3.12). Und der Kehrreim von Psalm 80 besagt: Wenn der Herr sein Angesicht über uns leuchten lässt,»so werden wir gerettet« (V. 4.8.20). Daran besteht kein Zweifel. Wenn der Herr ein Werk beginnt, wer kann ihn dann von der Vollendung abhalten? Wenn uns irgendjemand der Errettung berauben könnte, müsste diese Person größer als Gott sein. Gott ist für uns. Er hat uns seine Liebe geschenkt. Kein Mensch, kein Engel, nicht einmal Satan kann daran etwas ändern. Wenn also Gott für uns ist, macht es nichts, wer gegen uns sein mag.

Aber, so wendet jemand ein, kann ein Christ nicht selber die Gnade Gottes verlassen? Was ist mit jenen, die Gräuelsünden begehen? Annullieren sie damit nicht das Werk ihrer Erlösung? Verwirken sie nicht die Liebe Gottes?

Gewiss nicht. Diese Vorstellung geht von einer unmöglichen Situation aus. Wir müssen bedenken, dass wir die Errettung nicht durch unsere eigenen Bemühungen erlangt haben; deshalb ist es absurd zu meinen, man könne sie durch irgendein eigenes Tun verlieren. Nicht wir haben Gott zuerst erwählt; er hat uns erwählt (Joh 15,16). Seine Liebe bleibt bestehen und zieht uns zu ihm und hält uns fest. Genau das verdeutlicht Paulus in Römer 8. Gottes Liebe garantiert unsere Sicherheit. Dieselbe Liebe garantiert auch unser Beharren.»Wir lieben, weil er uns zuerst geliebt hat« (1Jo 4,19).»Die Liebe Christi treibt uns an« (nach 2Kor 5,14). Und wir beharren im Glauben, weil wir durch seine Macht bewahrt werden (1Petr 1,5). Also ist es Gottes Liebe, die uns versichert, dass wir nichts tun können, wodurch wir seine Gnade verlieren würden.

Wir können die Liebe Gottes genauso wenig verwirken, wie der verlorene Sohn die Liebe seines Vaters zu ihm verwirken konnte. So wie der Vater des verlorenen Sohnes, liebt Gott uns unablässig. Er vergibt schnell, liebt übermäßig und behandelt uns nicht nach unseren Vergehen und vergilt uns nicht nach unseren Sünden (Ps 103,10). Außerdem tut er etwas, was der Vater des verlorenen Sohnes nicht tun konnte: Er zieht uns souverän zu sich. Seine Liebe ist wie ein Seil, das uns unerbittlich zu ihm zieht (Hos 11,4). »Er [hat] uns in ihm [Christus] auserwählt vor Grundlegung der Welt, dass wir heilig und tadellos vor ihm seien in Liebe, und [hat] uns vorherbestimmt zur Sohnschaft durch Jesus Christus für sich selbst nach dem Wohlgefallen seines Willens« (Eph 1,4-5). Und: »Die er aber vorherbestimmt hat ... diese hat er auch verherrlicht« (Röm 8,30). Er sieht von Anfang an den Ausgang seines Werkes.

Unsere Errettung ist das Werk Gottes. Gott ist »für uns« und niemand kann ihn davon abbringen, das zu erreichen, was er zu tun beschlossen hat.

Christus starb für uns

Ein weiterer Beweis, dass die Gläubigen ewig sicher sind, ist folgender: »Er, der doch seinen eigenen Sohn nicht verschont, sondern ihn für uns alle hingegeben hat: wie wird er uns mit ihm nicht auch alles schenken?« (Röm 8,32). Gott liebt uns um jeden Preis. Bedenken wir, was Gott sich seine Liebe zu uns bereits hat kosten lassen: Er gab seinen eigenen geliebten Sohn in den Tod, um unsere Errettung zu bewirken. Nachdem er bereits einen so hohen Preis für unsere Erlösung bezahlt hat, würde er nicht zulassen, dass dieser Prozess kurz vor dem Ziel scheitert. Und wenn er bereits sein Bestes und Liebstes für uns gegeben hat, wie würde er uns da etwas vorenthalten?

Würde Gott Sünder zum Preis des Blutes seines Sohnes erlösen und dann diese bluterkauften Gläubigen verwerfen? Nachdem er uns zu einem so hohen Preis zur Errettung gebracht hat, sollte er uns irgendeine Gnade vorenthalten? Wird er das, was er begonnen hat, etwa nicht vollenden?

Und bedenken wir dies: Gott gab Christus für uns in den Tod, »als wir noch Sünder waren« (Röm 5,8). Wird er uns jetzt, da wir gerettet sind, etwa den Rücken zukehren? Wenn er uns nicht verwarf, als wir rebellierende Sünder waren, sollte er uns etwa jetzt im Stich lassen, da wir seine Kinder sind? »Wenn wir, als wir Feinde waren, mit Gott versöhnt wurden durch den Tod seines Sohnes« (Röm 5,10), erscheint es da nicht einleuchtend, dass er jetzt, da wir versöhnt sind, alles Notwendige tun wird, um uns in seiner Herde zu bewahren. Wenn er uns anfänglich die Gnade gab, an Christus zu glauben, wird er uns sicherlich die Gnade geben, uns vor dem Abfall zu bewahren. In Psalm 84,12 heißt es: »Denn Gott, der HERR, ist Sonne und Schild. Gnade und Herrlichkeit wird der HERR geben, kein Gutes vorenthalten denen, die in Lauterkeit wandeln.« Gott geizt nicht mit seiner Gnade, und den Beweis dafür sehen wir im Opfer Jesu für uns. »Er gibt aber desto größere Gnade« (Jak 4,6).

Das Opfer Jesu ist ewig verbunden mit der Liebe Gottes zu seinen Erwählten. Schon in der ewigen Vergangenheit, bevor Gott die Schöpfung begann, hat er verheißen, die Erwählten zu erlösen. In Titus 1,2 lesen wir, dass Gott das ewige Leben »vor ewigen Zeiten verheißen hat«. Diese Verheißung gab Gott, bevor irgendetwas geschaffen war. Wer gab diese Verheißung – und wem gab er sie? Da sie gegeben wurde, bevor die Schöpfung begann, gibt es nur eine mögliche Antwort: Es handelt sich um eine Verheißung innerhalb der drei Personen Gottes. Gott, der Vater, Gott, der Sohn und Gott der Heilige Geist gaben sich untereinander die Verheißung, die gefallene Menschheit zu erlösen.

Der Erlösungsplan wurde nicht erst nach dem Sündenfall entworfen, sondern noch vor Anbeginn der Schöpfung. Das steht in Übereinstimmung mit allem, was die Bibel über die Erwählung sagt. Die Erretteten wurden in Christus auserwählt »vor Grundlegung der Welt« (Eph 1,4). Gott hat uns »berufen mit heiligem Ruf ... in Christus Jesus vor ewigen Zeiten« (2Tim 1,9). Die Gläubigen werden eingehen in »das Reich, das euch bereitet ist von Grundlegung der Welt an!« (Mt 25,34). Christus ist »im voraus vor Grundlegung der Welt« dazu bestimmt worden, sein Blut für die Erwählten zu vergießen (1Petr 1,20). Die Namen der Erwählten sind »im Buch des Lebens geschrieben von Grundlegung der Welt an« (Offb 13,8; 17,8).

Das bedeutet, der Erlösungsplan ist nicht eine von mehreren Möglichkeiten. Er ist nicht Plan B, keine Alternativstrategie Gottes. Er ist Gottes Plan und entspricht genau der Absicht, mit der Gott uns erschaffen hat.

Außerdem bedeutet das, dass die Erwählten Gottes Liebesgabe an seinen Sohn sind. Deshalb bezeichnet der Herr Jesus sie als »die, welche du mir gegeben hast« (Joh 17,9.24; 18,9). Der Vater hat dem Sohn die Erwählten als Liebesgeschenk gegeben und deshalb wird niemand von ihnen verloren gehen. Der Vater und der Sohn wirken zusammen, um die Ausführung ihres ewigen Erlösungsplanes sicherzustellen. Das gewährleistet die Errettung aller Erwählten, wie Jesus gesagt hat: »Alles, was mir der Vater gibt, wird zu mir kommen, und wer zu mir kommt, den werde ich nicht hinausstoßen ... Denn dies ist der Wille meines Vaters, dass jeder, der den Sohn sieht und an ihn glaubt, ewiges Leben habe; und ich werde ihn auferwecken am letzten Tag« (Joh 6,37.40).

Christus selbst hat also verheißen, Gottes Erlösungsplan bis zur Vollendung auszuführen. Als Stellvertreter, der für die gestorben ist, die der Vater ihm gegeben hat, verheißt er, den Prozess der Errettung bis zur Vollendung in Herrlichkeit sicherzustellen. Ebenso hat der Vater seinen Sohn als Sühnopfer an unserer Statt gegeben, und so wird er uns nun nichts vorenthalten, was zur Vollendung unserer Erlösung nötig ist.

Gott selbst rechtfertigt uns

Wir erinnern uns, dass das Thema des Römerbriefes die Rechtfertigung aus Glauben ist. Paulus begann das 8. Kapitel mit einer entscheidenden Aussage über Rechtfertigung: »Also gibt es jetzt keine Verdammnis für die, die in Christus Jesus sind.« Dieser Vers ist von enormer theologischer Tiefe. Er fasst die Fäden aller Wahrheiten zusammen, die Paulus in den vorausgegangenen Kapiteln gewoben hat.

Paulus hatte bereits gelehrt, dass Rechtfertigung ein juristischer Akt ist, durch den Gott die Sünden derer vergibt, die glauben, und ihnen eine vollkommene Gerechtigkeit zurechnet. In Kapitel 4 z. B. bezeichnet er die Gläubigen als »die, deren Gesetzlosigkeiten vergeben und deren Sünden bedeckt sind« (Röm 4,7). Der Herr rechnet ihnen ihre Sünden nicht zu (V. 8). Und noch mehr: Er rechnet ihnen Gerechtigkeit zu (V. 11). Deshalb stehen sie vor Gott, ohne sein gerechtes Gericht zu fürchten (Röm 8,1).

All das hängt von der Tatsache ab, dass sie »in Christus« sind, d. h. dass sie durch Glauben mit Christus vereint wurden. Diese Lehre hatte Paulus bereits in Römer 6,3-5 dargelegt.

Die Lehre der Rechtfertigung bringt folgende Konsequenzen mit sich: Denen, die »in Christus« sind, sind die Sünden vollständig vergeben; ihnen wird der ganze Verdienst Christi zu ihren Gunsten zugerechnet. Gott selbst hat ihre Rechtfertigung vollzogen. Christus hat die Erlösung für sie vollbracht. Sie stehen in der Gunst Gottes einzig und allein deshalb, weil er beschlossen hat, ihnen seine Gnade zu erweisen – und nicht aufgrund von irgendetwas, was sie getan hätten, um diese Gunst zu verdienen. Wenn Gott sie also für nicht schuldig erklärt, so fragt Paulus, wer sollte sie dann verdammen?»Wer wird gegen Gottes Auserwählte Anklage erheben? Gott ist es, der rechtfertigt. Wer ist, der verdamme?« (Röm 8,33-34).

Die Lehre der Rechtfertigung aus Glauben bringt eine enorme Sicherheit mit sich. Aufgrund dieser Lehre können wir in unserer Errettung als vollbrachter Tatsache ruhen. Jesus sagt: »Wahrlich, wahrlich, ich sage euch: Wer mein Wort hört und glaubt dem, der mich gesandt hat, der hat ewiges Leben und kommt nicht ins Gericht, sondern er ist aus dem Tod in das Leben übergegangen« (Joh 5,24). Und Paulus schreibt: »Also gibt es jetzt keine Verdammnis für die, die in Christus Jesus sind« (Röm 8,1). Das ist kein Ziel, auf das wir hinarbeiten, sondern eine vollbrachte Tatsache. Das ewige Leben ist keine zukünftige Hoffnung, sondern ein gegenwärtiger Besitz. Und unsere Rechtfertigung ist eine juristische Verkündigung, die im Gerichtssaals des Himmels stattfindet, und deshalb kann kein irdischer Richter diesen Urteilsspruch anfechten. Wenn Gott höchstpersönlich urteilt, »nicht schuldig«, wer kann dann etwas dagegen sagen?

Unser himmlischer Hoherpriester verwendet sich für uns

Das fortdauernde Werk Christi ist noch ein weiterer Grund, weshalb wir nicht aus der Gnade Gottes fallen können. Paulus schreibt: »Christus Jesus ist es, der gestorben, ja noch mehr, der auferweckt, der auch zur Rechten Gottes ist, der sich auch für uns verwendet« (Röm 8,34). Ist Ihnen klar, dass der Herr Jesus ständig Fürbitte für alle Gläubigen leistet? Im Einklang mit diesem Vers aus dem Römerbrief lesen wir in Hebräer 7,25: »Daher kann er die auch völlig erretten, die sich durch ihn Gott nahen, weil er immer lebt, um sich für sie zu verwenden.« Jesu fortwährende Fürbitte für uns garantiert unsere »völlige« (oder »ewige«, wörtl. »letztendliche«) Errettung.

Wie bittet Christus für uns? Seine Gebete entsprechen sicherlich dem großartigen hohepriesterlichen Gebet in Johannes 17. Er betet für unsere Sicherheit (Joh 17,11-12), dafür, dass wir, obgleich in der Welt, nicht von der Welt sind (V. 14-15), für unsere Bewahrung vor dem Bösen (V. 15) und für unsere Heiligung (V. 17). Er betet, dass wir eins sein mögen mit ihm, mit dem Vater und untereinander (V. 21-23). Kurz gesagt, betet er, dass wir im Glauben bewahrt werden, dass wir »nicht verloren gehen« und dass niemand uns aus seiner Hand raubt (Joh 10,28).

Wird dieses Gebet erhört? Gewiss. Wer leugnet, dass der Gläubige in Christus sicher ist und nicht aus der Liebe Gottes fallen kann, der leugnet damit die Hinlänglichkeit des priesterlichen Werkes Jesu. Und wer bezweifelt, dass der Gläubige niemals aus der Gnade Gottes fallen kann, hat Gottes Liebe zu seinen Erwählten nicht verstanden.

Die Schlussfolgerung: Nichts kann uns von der Liebe Gottes in Christus Jesus trennen

Die Kraft, die Gottes Erlösungsplan seit Ewigkeit her angetrieben hat, stammt aus der Kraft seiner Liebe. Er erwählte uns und vorherbestimmte uns »in Liebe« (Eph 1,4-5). Allein »um seiner vielen Liebe willen, womit er uns geliebt hat« (Eph 2,4), rettete er uns aus dem hoffnungslosen Zustand des geistlichen Todes. Weil er uns mit einer ewigen Liebe geliebt hat, zog er uns zu sich (Jer 31,3). Christus starb aufgrund der Liebe Gottes zu uns (Röm 5,8).

Anders gesagt, ist die Erwählung der höchste Ausdruck der Liebe Gottes zu einer sündigen Menschheit. Manche hassen diese Lehre. Sie bekämpfen sie, versuchen sie wegzuerklären oder behaupten, sie sei ungerecht. Manche behaupten sogar, sie sei eine Form der Tyrannei oder sie sei fatalistisch oder verstoße gegen den Willen des Menschen. Doch in Wirklichkeit geht es bei der Lehre der Erwählung vor allem um die ewige, unwandelbare Liebe Gottes.

Ist die Erwählung Tyrannei? Gewiss nicht. Gottes Souveränität ist nicht die Souveränität eines Tyrannen, sondern die liebende Vorsorge eines gnädigen Gottes. Wie wir gesehen haben, hat er keinen Gefallen am Verderben des Gottlosen, sondern ruft sie auf, Buße zu tun und zu ihm umzukehren, um Gnade zu finden (Hes 33,11). Er lässt seine Segnungen sowohl bösen wie guten Menschen zukommen (Mt 5,45). Gerade seine Güte ist eine Mahnung an die Ungläubigen, dass sie Buße tun sollen (Röm 2,4). Er weint wegen denen, die seine Gnadenerweise ablehnen (Lk 13,34). Warum erwählt er nicht alle zum Heil? Das erfahren wir nicht, aber die Antwort lautet bestimmt nicht »wegen mangelnder Liebe Gottes«.

Ist der Einwand berechtigt, die Lehre der Erwählung sei Fatalismus? B. B. Warfield sagte, dieser Einwand käme meisten von Menschen, die »selber die Architekten ihres Schicksals sein und es selber festlegen wollen; aber warum sie meinen, sie könnten das besser selber, als Gott es für sie tun würde, ist rätselhaft und unverständlich.«[1] Fatalismus ist die Auffassung, alle Dinge würden durch eine unpersönliche oder vernunftlose Kraft gelenkt – dem Schicksal (lat. *fatalis* bedeutet »vom Schicksal bestimmt«). Gott ist souverän, aber er ist alles andere als unpersönlich oder vernunftlos. Der Unterschied zwischen Fatalismus und der biblischen Lehre der Souveränität Gottes ist wirklich sehr tiefgründig. Die Schrift lehrt, dass Gott »alles nach dem Rat seines Willens wirkt« (Eph 1,11) und dass er sein ganzes Wohlgefallen verwirklichen wird (Jes 46,10). Aber er herrscht nicht willkürlich oder launenhaft.

Gott drängt auch niemandem seinen Willen auf, indem er dem Willen des Geschöpfes Gewalt antäte.[2] Die Ausführung seines ewigen Planes beschränkt in keiner Weise unsere Entscheidungsfreiheit und vermindert nicht unsere Verantwortung für falsche Entscheidungen. Niemandem wird Unglaube aufgezwungen. Wer in eine christuslose Ewigkeit hinabfährt, trifft seine eigene Entscheidung in Übereinstimmung mit seinen eignen Wünschen. Er steht von Gott her unter keinerlei Zwang zu sündigen. »Niemand sage, wenn er versucht wird: Ich werde von Gott versucht. Denn Gott kann nicht versucht werden vom Bösen, er selbst aber versucht niemand« (Jak 1,13). Wer für sich den Unglauben wählt, trifft diese Wahl in voller Einstimmung mit seinen eigenen Wünschen.

Was ist von dem Einwand zu halten, die Erwählung sei ungerecht? In einem gewissen Sinne ist da etwas Wahres dran. »Gerecht« würde bedeuten, dass jeder das bekommt, was er verdient. Aber niemand will das wirklich. Sogar jene, die nicht erwählt sind, würden eine schwerere Strafe erleiden, wenn nicht die hemmende Gnade sie davon abhalten würde, das volle Ausmaß ihrer Verdorbenheit zu entfalten.

Um Gerechtigkeit geht es hier gar nicht, sondern es geht um *Gnade*. Die Erwählung ist der höchste Ausdruck von Gottes liebender Gnade. Er hätte niemanden erwählen müssen. Schließlich ist er Gott. Wenn er entschließt, seine Liebe auf besondere Weise denen zu schenken, die er dazu erwählt hat, dann hat er jedes Recht dazu.

Doch für Christen ist das Wissen, dass wir aufgrund der Erwählung Gottes gerettet sind, die höchste Quelle der Sicherheit. Wenn Gott uns von Ewigkeit an geliebt hat und unwandelbar ist, dann dürfen wir wissen, dass seine Liebe zu uns in alle Ewigkeit unvermindert weiterbestehen wird.

Genau das ist die Kernaussage von Paulus in Römer 8. Auf dieses Ziel hin entfaltet er seinen Gedankengang über die Sicherheit des Gläubigen. Die Schlussverse dieses Abschnitts lesen sich wie ein Lied auf die Liebe Gottes:

Wer wird uns scheiden von der Liebe Christi? Bedrängnis oder Angst oder Verfolgung oder Hungersnot oder Blöße oder Gefahr oder Schwert? Wie geschrieben steht: »Um deinetwillen werden wir getötet den ganzen Tag; wie Schlachtschafe sind wir gerechnet worden.« Aber in diesem allen sind wir mehr als Überwinder durch den, der uns geliebt hat. Denn ich bin überzeugt, dass weder Tod noch Leben, weder Engel noch Gewalten, weder Gegenwärtiges noch Zukünftiges, noch Mächte, weder Höhe noch Tiefe, noch irgendein anderes Geschöpf uns wird scheiden können von der Liebe Gottes, die in Christus Jesus ist, unserem Herrn (Röm 8,35-39).

In seinem Brief an die Epheser beschrieb Paulus das christliche Leben als geistlichen Kampf: »Unser Kampf ist nicht gegen Fleisch und Blut, sondern gegen die Gewalten, gegen die Mächte, gegen die Weltbeherrscher dieser Finsternis, gegen die geistigen Mächte der Bosheit in der Himmelswelt« (Eph 6,12). Böse Mächte, diabolische Personen und üble Umstände machen jedem Gläubigen zu schaffen. Manchmal scheinen alle Mächte der Hölle vereint gegen uns zu kämpfen. Das wäre beängstigend – es sei denn, das Ergebnis steht von vornherein fest. Und genau das stellt Paulus in Römer 8 heraus.

Nichts kann uns von der Liebe Gottes trennen – keine irdischen Erprobungen wie »Bedrängnis oder Angst oder Verfolgung oder Hungersnot oder Blöße oder Gefahr oder Schwert« (V. 35), und auch keine geistlichen Feinde: »weder Tod noch Leben, weder Engel noch Gewalten, weder Gegenwärtiges noch Zukünftiges, noch Mächte, weder Höhe noch Tiefe, noch irgendein anderes Geschöpf« (V. 38-39). »In diesem allen sind wir mehr als Überwinder durch den, der uns geliebt hat« (V. 37). Es ist eine Situation, in der keine Niederlage mehr möglich ist – und zwar wegen der Liebe Gottes.

Die verschiedenen Bedrohungen, die Paulus dargelegt hat, waren für ihn nicht nur theoretische Möglichkeiten. Bedrängnis, Angst, Verfolgung, Hungersnot, Schwert – all diese Notlagen hatten Paulus und mit ihm andere am eigenen Leib erfahren:

In Mühen um so mehr, in Gefängnissen um so mehr, in Schlägen übermäßig, in Todesgefahren oft. Von den Juden habe ich fünfmal vierzig Schläge weniger einen bekommen. Dreimal bin ich mit Ruten geschlagen, einmal gesteinigt worden; dreimal habe ich Schiffbruch erlitten; einen Tag und eine Nacht habe ich in Seenot zugebracht; oft auf Reisen, in Gefahren von Flüssen, in Gefahren von Räubern, in Gefahren von meinem Volk, in Gefahren von den Nationen, in Gefahren in der Stadt, in Gefahren in der Wüste, in Gefahren auf dem Meer, in Gefahren unter falschen Brüdern; in Mühe und Beschwerde, in Wachen oft, in Hunger und Durst, in Fasten oft, in Kälte und Blöße (2Kor 11,23-27).

Und Paulus hatte diese Erprobungen überstanden mit der unerschütterlichen Zuversicht in die Liebe Gottes.

Das Volk Gottes ging immer durch Leiden. In Römer 8,36 zitiert Paulus Psalm 44,22: »Um deinetwillen werden wir getötet den ganzen Tag; wie Schlachtschafe sind wir gerechnet worden.« Gottes Liebe garantiert nicht unbedingt ein angenehmes irdisches Leben. Doch die Leiden in dieser Welt werden durch die Belohnung der Liebe Gottes in der Ewigkeit mehr als ausgewogen. An früherer Stelle schrieb Paulus in Römer 8: »Ich denke, dass die Leiden der jetzigen Zeit nicht ins Gewicht fallen gegenüber der zukünftigen Herrlichkeit, die an uns geoffenbart werden soll« (V. 18; vgl. 2Kor 4,17).

»Die Herrlichkeit, die an uns geoffenbart werden soll«, ist Gottes Herrlichkeit. Wie am Ende von Kapitel 5 gesehen, verkündet jeder Aspekt der Liebe Gottes seine Herrlichkeit. Die allgemeine Liebe Gottes zur ganzen Menschheit offenbart seine grundsätzliche Güte. Dass sie von den Ungläubigen verachtet wird, vermindert Gottes Herrlichkeit in keiner Weise. Sogar der Zorn sündiger Menschen wird ihn preisen (Ps 76,11).

Aber am deutlichsten offenbart werden die Reichtümer seiner Güte und Herrlichkeit in der Errettung der Erwählten, einer großen Menge, die niemand zählen kann (Offb 7,9).

»Diese [Hoffnung] haben wir als einen sicheren und festen Anker der Seele, der in das Innere des Vorhangs hineinreicht« (Hebr 6,19).

Die Summe des Ganzen: Gott ist Liebe

Gott ist Liebe. Seine Gnade geht über alle seine Werke. Er offenbart allen seine Liebe. Aber der höchste Ausdruck seiner Liebe wird denen offenbart, die er durch reine Gnade liebend zu sich zieht.

Deshalb ist Gottes Liebe für die Gläubigen eine einzigartig kostbare, wenngleich unergründliche Realität. Die Größe dieser Liebe können wir unmöglich ermessen. Es ist unmöglich die Breite oder Ausdehnung dieser Liebe zu begreifen oder nachzuvollziehen. Dennoch können wir durch die Gnade Gottes die die Erkenntnis übersteigende Liebe Christi erkennen (Eph 3,18-19).

Täglich profitieren wir von der Güte seiner Liebe. Er gibt uns alles reichlich zum Genuss (1Tim 6,17). Und mehr noch: Seine Liebe ist ausgegossen in unsere Herzen (Röm 5,5). Ich kenne keinen größeren Trost, kein festeres Fundament unserer Sicherheit und keine ergiebigere Quelle der Zufriedenheit.

Warum ist das alles so wichtig? Die Liebe Gottes ist letztlich die Grundlage aller unserer Hoffnungen. Sie ist das, wonach wir uns am tiefsten sehnen. Sie ist der Ursprung und die Erfüllung unseres Glaubens. Sie ist die einzige Grundlage seiner Gnade gegenüber uns. Schließlich lieben wir ihn nur, weil er uns zuerst geliebt hat (1Jo 4,19). Seine Liebe ist auch unser Garant für ewigen Segen. Weil er uns so sehr liebte, dass er, als wir noch seine Feinde waren, seinen eigenen Sohn sandte und für uns sterben ließ, haben wir keinen Grund, den Verlust dieser Liebe zu befürchten. Denn er hat jetzt seinen Heiligen Geist in unsere Herzen gesandt hat, der uns zu rufen befähigt: »Abba, Vater!« (Gal 4,5). Seine Liebe durchdringt und umgibt jeden Aspekt unseres Lebens als Christ.

Daher sollten wir als Christen einsehen, dass alles, woran wir uns erfreuen – von unseren kleinsten Freuden bis hin zur ewigen Erlösung in Christus – ein Ausdruck der großartigen Liebe ist, mit der uns Gott geliebt hat (Eph 2,4). Die Segnungen seiner Liebe erweist er uns nicht, weil wir sie verdienten, sondern schlicht und einfach aufgrund seiner souveränen

Gnade. Denn gewiss verdienen wir nicht seine Segnungen, sondern genau das Gegenteil. Doch er schüttet seine Liebe ohne Maß über uns aus, und wir sind eingeladen, an ihren Segnungen teilzuhaben. Als Empfänger einer solchen Liebe können wir nur bewundernd auf unser Angesicht fallen. Wenn wir über diese Liebe nachsinnen, sollte uns das ein Gefühl der Unwürdigkeit vermitteln. Doch gleichzeitig erhebt uns das zu unvorstellbaren Höhen der Freude und der Zuversicht, weil wir wissen, dass unser Gott – der gerechte Richter des ganzen Universums, dem wir durch Glauben unsere Seelen anvertraut haben – sich als Gott unermesslicher Liebe offenbart hat. Und *wir* sind diejenigen, denen diese Liebe gilt – trotz unserer Unwürdigkeit und trotz unserer Sünde! Wie können wir auf die Herrlichkeiten der Liebe Gottes anders reagieren als völlig aufgelöst sein in Bewunderung, Liebe und Lobpreis!

Anhänge

Anhang 1
Gott hat keinen Zorn

Vorbemerkung des Herausgebers: Thomas Chalmers (1780–1847) war Pastor in Glasgow und Theologieprofessor an der Universität Edinburgh. Diese klassische Abhandlung von ihm stammt aus einer seiner besten Predigten.

Zorn habe ich nicht. Oh, fände ich Dornen und Disteln darin, im Kampf würde ich auf sie losgehen, sie allesamt verbrennen! Oder man müsste meinen Schutz ergreifen, Frieden mit mir machen, Frieden machen mit mir (Jes 27,4-5).

Dieser Text enthält drei besondere Lektionen. Erstens: Gott hat keinen Zorn; zweitens möchte er sich nicht durch den Tod von Sündern verherrlichen (»fände ich Dornen und Disteln darin, im Kampf würde ich auf sie losgehen«); und die dritte Lektion ist die Einladung (»man müsste meinen Schutz ergreifen, Frieden mit mir machen, Frieden machen mit mir«).

Gott hat keinen Zorn

»Zorn habe ich nicht«, sagt der Herr. Aber wie ist das möglich? Offenbart er denn nicht mit seinem Zorn eine seiner wichtigsten Eigenschaften? Lesen wir nicht immer wieder von seinem Zorn? Von seinem Zorn, der sich auf die Straßen Jerusalems ergießt (Jer 44,6), davon, dass Gott die Glut seines Zorns auf die Welt sendet (Hi 20,23), dass er seinen Zorn auf seine Feinde ausgießt (Jes 59,18), dass er das Feuer seines Zorns in Zion anzündet (Kla 4,11) und seinen Zorn wie ein Feuer ausgießt (Kla

2,4)? Deshalb sollen wir nicht meinen, Zornerweise seien insgesamt aus dem Handeln Gottes verbannt. Es gibt Anlässe, zu denen sein Zorn sich auf die Gegenstände seines Grimms ergießt, und es gibt andere Zeiten, zu denen er keinen Zorn hat. Um welchen Anlass handelt es sich nun in unserem Text? Warum sagt Gott hier von sich, er habe keinerlei Zorn? Er lädt Menschen ein, mit ihm versöhnt zu werden. Er ruft sie auf, Frieden mit ihm zu machen. Er versichert ihnen: Wenn sie nur seinen Schutz ergreifen würden, könnten sie Frieden mit ihm schließen.

In den vorangehenden Versen spricht der Herr von einem Weinberg. Wenn er Menschen einlädt, seinen Schutz zu ergreifen, lädt er damit diejenigen ein, die sich außerhalb der Grenzen des Weinbergs befinden, hereinzukommen. Sein Zorn wird gegen jene entbrennen, die diese Einladung ausschlagen. Aber wir können nicht sagen, dass Gott während dieser Einladung in irgendeiner Weise Zorn ausübe. Im Gegenteil bezeugt unser Text ausdrücklich und ohne Umschweife die Sicherheit, die Gott bietet.

Anstelle von Zorn hat er ein sehnliches Verlangen nach dir. Er wünscht, dich vor jenem schrecklichen Tag zu retten, an dem der Zorn eines verworfenen Retters sich auf alle ergießen wird, die ihn verschmäht haben. Der Tonfall der Einladung Gottes ist nicht zornig, sondern zartfühlend. Diese Einladung geht nicht mit einem zornigen, sondern liebevollen Blick einher. Gewiss wird es einen Tag geben, an dem Gottes Zorn auf jene ausgegossen wird, die Gott widerstanden und sich in Unglauben und Geringschätzung von seiner inständigen Stimme abgewandt haben. Doch während er seine Stimme erhebt – während er seine Boten über die Erde sendet, um seine gnadenreiche Einladung allerorts in Umlauf zu bringen – insbesondere in dieser Zeit, in der die Bibel für jede Familie erreichbar ist und Prediger auf allen Kanzeln das Evangelium verkünden –, in einer solchen Zeit und unter solchen Umständen kann man sehr wohl allen, die Gottes Angesicht und Gunst suchen, sagen, dass Gott keinen Zorn hat.

Diese Situation gleicht dem Gleichnis vom Hochzeitsfest des Königssohnes, das viele Eingeladene verschmähten (Mt

22,2-7). Der König war zu Recht zornig auf diese Menschen und sandte seine Truppen aus, um sie zu töten und ihre Städte zu verbrennen (V. 7). Bei diesem Anlass hatte der König Zorn, und beim dadurch gleichnishaft dargestellten Anlass wird Gott Zorn haben. Doch jetzt, da er seine Einladung verkündet, kann er wahrhaftig sagen: »Zorn habe ich nicht.« Seine Einladung geschieht in Güte und drückt seinen Wunsch aus nach Frieden und Freundschaft sowie sein sehnliches Anliegen, die Feindschaft auszutilgen, die jetzt zwischen dem himmlischen Gesetzgeber und seinen noch unbußfertigen und unversöhnten Geschöpfen besteht.

Dieser ganze Prozess fand vor der Zerstörung Jerusalems statt. Israel verwarf die Warnungen und Einladungen des Retters und erlitt schließlich seinen Zorn. Doch als die Einladung ausgesprochen wurde, hatte Gott keinen Zorn. Als unser Heiland sagte: »Jerusalem, Jerusalem« (Lk 13,34), sprach er nicht in einem Tonfall rachsüchtigen und gereizten Zornes. Vielmehr klang in seinen Worten Mitgefühl durch – das warnende und inständige Anliegen, dass sie Buße tun und Frieden mit Gott schließen. Er versicherte, dass er sie bereitwillig gesammelt hätte wie eine Henne ihre Küken unter ihre Flügel sammelt, und so kann man sehr wohl sagen, dass der Sohn Gottes keinen Zorn hatte; Gott hatte keinen Zorn.

Lasst uns dies nun auf uns heute anwenden. Am jüngsten Tag wird ein gewaltiger Zornerguss stattfinden. All der Zorn, den sich Sünder jetzt aufhäufen, wird über sie kommen. Die Zeiten der Gnade Gottes werden dann zu Ende sein. Nach dem Schall der letzten Posaune wird nie wieder der Ruf zur Versöhnung zu hören sein. O meine Brüder, am jüngsten Tag wird Gott seinen Zorn in einem gewaltigen Erguss auf die Häupter der Unbußfertigen herabbringen. Dieser Zorn wird jetzt in einem Speicher der Vergeltung gesammelt und aufgehäuft, und zu einem fürchterlichen künftigen Zeitpunkt, wenn keine Zeit mehr sein wird, wird das Tor dieses Speichers geöffnet und der Zorn des Herrn wird über die Schuldigen hereinbrechen. Dann wird sein gerechter Zorn das volle Gewicht und den Schrecken all seiner Drohungen ausführen.

Deshalb, meine Brüder: Ihr missversteht den Text, wenn ihr daraus ableitet, Zorn habe keinen Platz in der Geschichte oder Methode von Gottes Handeln. Gottes Zorn hat seine Zeit und seinen Anlass. Und der größte Erweis dieses Zornes steht noch aus und wird an jenem Tag geschehen, wenn »die Himmel mit gewaltigem Geräusch vergehen; die Elemente aber werden im Brand aufgelöst und die Erde und die Werke auf ihr im Gericht erfunden werden« (2Petr 3,10). Jener Tag bringt die »Offenbarung des Herrn Jesus vom Himmel her mit den Engeln seiner Macht, in flammendem Feuer. Dabei übt er Vergeltung an denen, die Gott nicht kennen, und an denen, die dem Evangelium unseres Herrn Jesus nicht gehorchen; sie werden Strafe leiden, ewiges Verderben vom Angesicht des Herrn und von der Herrlichkeit seiner Stärke« (2Thes 1,7-9).

Es lässt uns tief erschaudern, wenn wir bedenken, dass diese Zeilen womöglich jemand liest, den die vernichtende Flut dieses Zornes Gottes hinwegraffen wird. Einige Leser dieser Zeilen werden in den Sog des Verderbens gezogen und gezwungen werden, in den Schlund des Abgrunds hinabzufahren, wo ihr Wurm nicht stirbt und ihr Feuer nicht erlischt. Ja, einige meinen in ihrer Torheit, Gott sei in keiner Weise und zu keiner Zeit zornig. Tragischerweise werden sie im trübseligen Laufe einer hoffnungslosen und endlosen unbarmherzigen Ewigkeit feststellen müssen, dass Gottes Zorn seine einzige Eigenschaft ist, die sie jemals wirklich kennen lernen werden.

Deshalb hört mir zu! Hört zu, bevor ihr euer Lager in der Hölle einnehmt. Hört zu, bevor sich diese Gefängnistür hinter euch schließt, um nie wieder geöffnet zu werden. Hört zu, bevor der große Tag der Offenbarung des Zornes Gottes kommt und dieses Weltensystem, das jetzt so stabil erscheint, völlig in sich zusammenbricht. An jenem schrecklichen Tag werden wir nicht diesen Text nehmen und sagen können, Gott habe keinen Zorn.

Doch hört mir jetzt zu – hört mir zu um euer Leben willen. Heute kann ich dies sagen. In diesem Augenblick kann ich unter euch die Kunde verbreiten, dass Gott keinen Zorn hat. Da ist niemand unter euch, in dessen Herz diese Botschaft nicht eindringen könnte. Ihr seid eingeladen, ewigen Frieden mit eurem euch rufenden Gott zu schließen. So lange ich von Gott berufen bin, mit bittenden Worten an euch heranzutreten und die frohe Botschaft in euren Ohren erklingen zu lassen und euch einzuladen, in den Weinberg Gottes zu kommen – gewiss, wenn der Botschafter des Evangeliums den Auftrag erfüllt, zu dem er bestimmt und beglaubigt wurde, kann er sehr wohl sagen, dass Gott keinen Zorn hat. Gewiss, wenn der Sohn Gottes euch einlädt, ihn zu küssen und auf seine Versöhnung einzugehen, wird Zorn weder gespürt noch ausgeübt.

Nur wenn ihr euch weigert und wenn ihr in Ablehnung verharrt, und wenn all diese Aufrufe und Bittgesuche an euch vergeblich sind, nur dann wird Gott seinen Zorn ausüben und die Macht seines Grimms erweisen. Und deshalb sagt er: »Küsst den Sohn, dass er nicht zürne und ihr umkommt auf dem Weg; denn leicht entbrennt sein Zorn. Glücklich alle, die sich bei ihm bergen!« (Ps 2,12).

Dies ist daher der Zeitpunkt, an dem ihr euch befindet: Gott hat keinen Zorn; ja, er lädt euch ein, diesem Zorn zu entfliehen. Er spricht keinen vernichtenden Fluch über den Feigenbaum aus (vgl. Mt 21,19-20), obwohl er bisher keine Frucht getragen hat. Stattdessen sagt er: »Lass ihn noch dieses Jahr, bis ich um ihn graben und Dünger legen werde! Und wenn er künftig Frucht bringen wird, gut, wenn aber nicht, so magst du ihn abhauen« (Lk 13,8-9).

Nun befindet ihr euch alle, meine Brüder, in der Situation dieses Feigenbaumes. Einstweilen seid ihr euch selbst überlassen. Gott hat mit euch allen gütige Absichten; und als einer seiner Diener kann ich allen Lesern dieser Zeilen sagen, dass Gott keinen Zorn hat. Wenn der Verkündiger der guten Botschaft eure Herzen zu erweichen versucht, bedient er sich dazu zu Recht der Argumente dieser Schriftstelle, die besagt, dass Gott keinen Zorn hat.

Wenn der Botschafter Christi euch das Angebot der Gnade vorstellt, ist er gewiss mit einer Sache beauftragt, die eine ganz andere Bedeutung hat als Zorn, Drohungen und Rache. O, mögen doch all diese Appelle nicht vergeblich sein! Möge es doch nicht so sein, dass jetzt das Angebot gemacht wird und später keine Frucht erscheint; lasst euer Schicksal doch nicht das des unfruchtbaren Feigenbaums sein.

Der Tag des Zornes Gottes naht. Das Verbrennen dieser Erde und das Vergehen der Himmel rückt immer näher. An jenem Tag, wenn das ganze Universum in einen Haufen Ruinen verwandelt wird, werden wir den Schein einer gewaltigen Feuersbrunst sehen. Wir werden hören, wie die Stützen dieser Schöpfung zusammenkrachen und zu Bruch gehen. An jenem Tag wird das Schreien unzähliger Verzweifelter aus allen Generationen zu hören sein, die von ihren Ruhestätten erwacht sind. Der Schrecken des Zornes Gottes wird dann entsetzlicher sein als die ganze übrige Zerstörung des Universums zusammen.

O meine Brüder, an jenem Tag wird der Richter auftreten und seine gewaltige Aufgabe ausführen, die Wahrheit und Majestät Gottes vor Menschen und Engeln zu rechtfertigen. Und an jenem Tag wird der Zorn Gottes sich grell und brennend offenbaren.

Doch heute habe ich euch dieses zu sagen: Jetzt ist solcher Zorn nicht bei Gott. Jetzt ist die Gelegenheit, für alle Ewigkeit Frieden mit Gott zu bekommen. Und wenn du nur an diesem Tag davon hörst, dass die Gnade Gottes dich heimsucht, wirst du in Sicherheit vor all diesen Schrecknissen sein. Inmitten des Gemetzels und Tumultes des herabprasselnden Gerichtes Gottes wirst du von den Armen der Liebe getragen zu einem Ort der Sicherheit und des ewigen Sieges.

Gott möchte sich nicht durch den Tod von Sündern verherrlichen

Nun kommen wir zum zweiten Punkt dieses Bibeltextes: »Oh, fände ich Dornen und Disteln darin, im Kampf würde ich auf sie losgehen, sie allesamt verbrennen!« Sowohl der Gottlose als auch der Gerechte werden in der Bibel oft mit Bildern aus dem Pflanzenreich dargestellt. Beispielsweise werden die Geretteten und Geheiligten als »Terebinthen der Gerechtigkeit« bezeichnet, die vom Herrn zu seiner Verherrlichung gepflanzt sind (Jes 61,3). Der Gottesfürchtige wird mit einem Baum verglichen, der an Wasserläufen gepflanzt ist und zur rechten Zeit Frucht bringt (Ps 1,3). Das Gericht über den Menschen wird verglichen mit einer Axt, die an die Wurzel eines Baumes angelegt ist (Mt 3,10). Ein Baum soll an seiner Frucht erkannt werden, und als Beweis dafür, dass der menschliche Charakter durch den Baum symbolisiert wird, lesen wir: »Von Dornen sammelt man nicht Feigen, auch liest man von einem Dornbusch keine Trauben« (Lk 6,44).

Man beachte, dass es in unserem Text aus Jesaja 27,4-5 insbesondere um Dornen geht. Wenn Gott sagt: »im Kampf würde ich auf sie losgehen, sie allesamt verbrennen«, spricht er von dem Verderben, das über alle kommt, die im Zustand von Dornen und Disteln bleiben. Das stimmt mit Hebräer 6,8 überein: »... wenn es aber Dornen und Disteln hervorbringt, so ist es unbrauchbar und dem Fluch nahe, der am Ende zur Verbrennung führt.«

An anderen Stellen werden Dornen und Disteln noch direkter als Symbole für die Feinde Gottes herangezogen: »Und das Licht Israels wird zum Feuer werden und sein Heiliger zur Flamme; die wird seine Dornen und seine Disteln in Brand setzen und verzehren an *einem* Tag« (Jes 10,17).

Wenn Gott also sagt: »Oh, fände ich Dornen und Disteln darin, im Kampf würde ich auf sie losgehen, sie allesamt verbrennen!«, spricht er von der Mühelosigkeit, mit der er seinen Zorn an seinen Feinden loslässt. Sie sollen vor ihm vergehen wie die Motte. Sie können nicht widerstehen, wenn sich der Arm des Missfallens des Allmächtigen gegen sie erhebt.

Warum wird eine so ungleiche Herausforderung überhaupt aufgestellt? Warum müssen die Gottlosen im Kampf gegen den antreten, der sie mit dem Hauch seines Zornes im Nu vertilgen könnte? *Gott sagt in diesem Vers, dass er dies nicht will.* Er möchte sich nicht als ein Feind offenbaren oder als starker Kämpfer, der gegen sie zum Kampf gerüstet ist. Es ist ein Kampf, den anzutreten er keineswegs geneigt ist. Die Ehre, die ihm einen Sieg über einen so kläglichen Feind einbringen würde, ist keine Ehre, auf die sein Herz gerichtet wäre.

O nein, ihr Menschenkinder! Er hat keinen Gefallen an eurem Tod. Er strebt nicht danach, sich am Untergang eines so armseligen Feindes zu verherrlichen. Er könnte dich in einem Augenblick wegraffen. Er könnte dich wie einen Strohhalm versengen. Und du irrst dich, wenn du meinst, Ansehen auf einem solch armseligen Feld sei ein Ansehen, das Gott gefalle. Wer würde Grashüpfer in Schlachtordnung gegen Riesen aufstellen? Wer würde Dornen und Disteln zum Kampf gegen Gott aufbieten? Das ist nicht das, was er will. Er möchte etwas ganz anderes. Sei gewiss: Er möchte vielmehr, dass du umkehrst und lebst und in seinen Weinberg kommst und dich ihm im Glauben unterwirfst und sein Gnadenangebot annimmst. Mit den Worten von Vers 5 gesagt, will er vielmehr, dass der Sünder seinen Schutz ergreife und Frieden mit ihm mache.

Eröffnet dies nicht eine höchst wunderbare und einladende Schau Gottes? Das ist die wirkliche Haltung, in welcher er sich im Evangelium seines Sohnes offenbart. Das ist der Grund, warum er in der Botschaft allen sagt, an die das Wort dieser Errettung gesandt ist: »Wozu wollt ihr sterben?« (Hes 18,31).

Es stimmt, dass Gott durch den Tod eines Sünders die Majestät seiner Gottheit offenbaren *könnte*. Er *könnte* dadurch die Macht seines Zorns proklamieren. Er *könnte* die Ehrfurcht vor seiner Wahrheit und seiner Majestät über sein ganzes Herrschaftsgebiet verbreiten und bis an dessen Grenzen die Herrlichkeit seiner Stärke und seine unwandelbare Souveränität erstrahlen lassen. Aber er möchte sich nicht auf diese Weise über Menschen erheben. Ihm liegt überhaupt nichts an dem Ruhm für einen derartigen Sieg über solch schwache und unbedeutende Feinde. Ihr Widerstand ist keine wirkliche Herausforderung für seine Stärke oder seine Größe. Die Vernichtung solch schwacher Kreaturen kann ihn in keiner Weise ehren oder erheben. Und so sehen wir in der ganzen Bibel, dass er an Sünder appelliert und sie zurechtweist. Er möchte sich nicht durch den Untergang anderer hervortun, sondern möchte vielmehr, dass sie umkehren und gerettet werden.

Und nun, meine lieben Leser, was bleibt für euch zu tun? Gott ist willens, euch zu retten. Bist du willens gerettet zu werden? Der Weg ist dir in der Bibel in aller Geduld und Klarheit dargelegt. Sogar unsere kurzen Verse zeigen diesen Weg. Das versuche ich zu erklären und werde es unter meinem dritten Punkt darlegen. Doch bis dahin und vor allem um Gehör bei euch zu finden, lasst mich euch fragen, um es euch aufs Gewissen zu legen: Bis du bereit, vor Gott zu stehen? Wenn nicht, nötige ich dich zu bedenken, wie gewiss (und vielleicht wie bald) der Tod dich ereilen wird. Auch die Jüngsten unter uns sollten sich bewusst sein, dass der Tod schnell kommen kann. Der Todeskampf des letzten Atemzugs wird kommen. Die Zeit wird kommen, da du ein starrer Leichnam bist, der vor den Augen deiner weinenden Angehörigen liegt. Der Augenblick wird kommen, wenn sich der Sargdeckel für immer über dir schließt. Die Stunde wird kommen, wenn die Trauergesellschaft dich zum Grab geleitet. Man wird Erde auf dich schaufeln, während du in einer engen Behausung liegst, und Blumen und Kränze werden sich darauf häufen. All das wird über jeden lebenden Menschen kommen, der diese Zeilen liest. In wenigen kurzen Jahren werden sowohl ich, der Schreiber, als auch du, der Leser, beide in unseren Gräbern liegen und eine andere Generation wird dann die Erde bevölkern.

Nun weißt du, dass all dieses geschehen muss. Dein Verstand und deine Erfahrung versuchen dich davon zu überzeugen. Vielleicht hast du dir bisher in deiner optimistischen und gedankenlosen Sorglosigkeit wenig Gedanken darüber gemacht. Aber ich rufe dich auf, darüber nachzudenken, es ernstlich zu Herzen zu nehmen und es nicht länger darauf ankommen zu lassen und es hinauszuschieben, wenn die erhabenen Dinge des Todes und des Gerichts und der Ewigkeit dir so offenkundig vorgestellt werden. Ich bin beauftragt, diese Botschaft zu verkünden – und nun liegt das Blut auf deinem Haupt und nicht auf meinem, wenn du nicht auf die Warnung hörst. Das Ziel meiner Botschaft ist, dir mitzuteilen, was kommen wird. Sie soll dich über die Grenzen des Sichtbaren und sinnlich Erfassbaren hinaus tragen – und dir im Namen dessen, der nicht lügen kann, zusichern: So sicher, wie die Stunde kommt, da der Leib ins Grab gelegt wird, so sicher wird auch die Stunde kommen, da der Geist zu Gott zurückkehrt, der ihn gegeben hat.

Ja, auch der Tag der Abrechnung wird kommen. Der Sohn Gottes im Himmel wird erscheinen, umgeben von seinen mächtigen Engeln. Dann werden die Bücher geöffnet. Dann werden die Menschen aller Generationen vor dem Richterstuhl stehen und der erhabene Urteilsspruch wird verkündet werden, der dein ewiges Schicksal besiegelt.

Ja, und wenn du dich weigerst, im Namen Christi versöhnt zu werden, obwohl er dich jetzt dazu nötigt, und wenn du dich weigerst, dich von deinen bösen Wegen abzuwenden und im Glauben zu deinem Retter umzukehren, muss ich dir sagen, welcher Richterspruch gegen dich verkündigt werden wird: »Geht von mir, Verfluchte, in das ewige Feuer, das bereitet ist dem Teufel und seinen Engeln!« (Mt 25,41).

Doch es gibt einen Weg, diesem fürchterlichen Zorn zu entgehen. Es gibt einen Weg der Befreiung aus dem Zustand der Verdammnis in den Zustand der Rechtfertigung. In der Bibel wird ein Mittel vorgestellt, durch das wir, die wir von Natur Kinder des Zorns sind, Frieden mit Gott finden können. Mögen alle Ohren offen sein, wenn wir nun diesen Weg erklären und mit den Worten unserer Schriftstelle bitten: Ergreifet Gottes Schutz und macht Frieden mit ihm! (nach Jes 27,5).

Der Rettungsweg liegt offen vor dir

Das Wort *oder* zwischen Jesaja 27,4 und 5 (andere übersetzen mit »es sei denn«) signalisiert den Gegensatz zwischen diesen Versen. Anstatt dass Gott gegen seine Feinde kämpft – anstatt dass er durch sie schreitet und sie mit ewigem Verderben verbrennt –, ist es ihm weitaus lieber, dass sie seinen Schutz ergreifen und Frieden mit ihm machen. Und als sicheres Ergebnis dessen, dass sie im Glauben zu ihm umkehren, verheißt er, dass sie wirklich Frieden mit ihm haben werden.

Wir brauchen nicht lange zu suchen, um zu entdecken, was dieser »Schutz« ist, den die Sünder ergreifen sollen. Jesaja spricht in Kap. 12,2 davon, dass der Herr selbst dieser

»Schutz« bzw. diese »Stärke« ist, und dass der Herr selbst den Erretteten zum Heil wird. Gott will seine Stärke nicht in deinem Verderben anwenden, sondern in deiner Errettung. Er hat bereits seine Stärke in der Erlösung einer schuldigen Welt gezeigt, und genau diese Stärke, diesen Schutz, soll der Sünder ergreifen. Sicherlich wird Gott durch das Verderben der Sünder verherrlicht, aber er zieht die Verherrlichung vor, die ihm durch die Errettung von Sündern zuteil wird. Dich zu verderben, ist nichts weiteres, als Dornen und Disteln zu verbrennen. Aber dich zu erretten, verlangt tatsächlich die Kraft und Weisheit Gottes. Das ist die großartige Errungenschaft, »in die Engel hineinzuschauen begehren« (1Petr 1,12). Das ist das Werk, zu dem Christus aus seiner himmlischen Herrlichkeit herabkam. Das ist der Sendungsauftrag, für den er all seine Kraft aufwandte und für den er mit Mühsal in seiner Seele wirkte, bis er vollbracht war (Lk 12,50). Da dieses Werk nun vollbracht ist, wird Gott sowohl durch den Untergang von Sündern verherrlicht (2Thes 1,7) als auch durch die Errettung der Seinen (V. 10). Doch Letzteres zieht Gott vor. In der Verdammnis der Sünder zeigt er seinen Zorn und seine Macht (Röm 9,22). Doch im ewigen Lobpreis seiner Erlösten kommt die Herrlichkeit Gottes in noch großartigerer Weise zum Ausdruck (1Petr 2,9).

Und so fordert er dich auf, seinen Schutz zu ergreifen. Diesen Weg des Erweises seiner Macht würde er bei weitem vorziehen. Er möchte nicht den Kampf gegen dich aufnehmen oder dich durch den Hauch seines Mundes wie Stoppeln versengen. Nein, er hat Gefallen daran, Sünder zu Heiligen umzugestalten. Er liebt es, aus Gefäßen des Zorns Gefäße der Begnadigung zu machen und die Reichtümer seiner Herrlichkeit denen zu offenbaren, die er zuvor zur Herrlichkeit bereitet hat (Röm 9,23).

Durch die Verdammnis des Sünders offenbart Gott eine glorreiche Stärke, aber durch die Errettung eines Sünders offenbart er eine *noch glorreichere* Stärke. Diese rettende Stärke ist der Schutz, den zu ergreifen er dich auffordert. Er würde lieber Abstand vom Kampf gegen Sünder nehmen, denn einen Sieg über sie zu erringen wäre für ihn nicht mehr als gegen Dornen und Disteln zu kämpfen und sie zu versengen. Doch aus Feinden Freunde zu machen, Kinder des Zorns in Kinder des Wohlgefallens zu verwandeln, eine so mächtige und wundersame Veränderung von Schuld zu Rechtfertigung zu vollziehen, aus Sklaven der Sünde bereitwillige Sklaven Gottes zu machen, die Finsternis der sündigen Natur zu vertreiben und den Erlösten mit Licht und Freude zu erfüllen, dem Sklaven seiner Gefühle eine Vorliebe für die ewigen Dinge zu verleihen, das innere Bollwerk der Verdorbenheit niederzureißen und einen geistlich Toten zu einem neuen Leben des Gehorsams zu erwecken – das ist der Sieg, an dem Gott Wohlgefallen hat! Am Untergang des Gottlosen hat er keinen Gefallen.

Zum Schluss möchte ich noch etwas mehr über diesen Schutz sagen, über die Stärke des Heils, von der in unserer Schriftstelle die Rede ist. Anschließend möchte ich kurz erklären, was es heißt, diesen Schutz zu ergreifen.

Erstens lesen wir, dass es eine große Stärke ist, die zur Rechtfertigung eines Sünders aufgewendet werden muss. Ihr wisst, dass alle Menschen Sünder sind und daher alle unter dem gerechten Urteil Gottes stehen. Wie können – bei allem, was schwierig und wundersam ist – Sünder jemals von diesem Urteil erlöst werden?

Durch welchen neuen und bisher unbekannten Prozess kann jemand, der vor Gott schuldig ist, jemals in Gottes Augen gerechtfertigt werden? Wie können die Kinder der Bosheit je von Gottes gerechtem Richterthron aus freigesprochen werden? Wie kann Gottes Ehre vor den Engeln je gänzlich bewahrt bleiben, wenn wir, die wir ihn immer wieder verlästert und beleidigt haben, Vergebung empfangen? Wie kann uns in gerechter Weise vergeben werden, wo wir doch das Gesetz und den Gesetzgeber so sehr verachtet haben und wo uns die Rebellion gegen ihn als Kennzeichen auf die Stirn geprägt ist? Wie können solche Sünder wie wir Zutritt zu einem solch ausgezeichneten Ort wie den Himmel erlangen?

Schließlich hat Gott sich vor den Engeln zu vollkommener Gerechtigkeit verpflichtet. Er hat verkündet, dass er den

Schuldigen »keineswegs ungestraft lässt« (2Mo 34,7). Nachdem er uns durch die Anordnung von Engeln ein Gesetz gegeben hatte und wir es nicht bewahrt hatten, sagte er: »Ich werde den Gesetzlosen nicht rechtfertigen« (2Mo 23,7; Elb.). Immer wieder sagte er Dinge wie »der Böse bleibt nicht ungestraft« (Spr 11,21) und »verflucht ist jeder, der nicht bleibt in allem, was im Buch des Gesetzes geschrieben ist, um es zu tun!« (Gal 3,10). Doch noch bedeutender ist, dass nicht nur die guten und gehorsamen Engel um unsere Rebellion wissen. Die bösen und gefallenen Engel wissen nicht nur darum, sondern sie ersannen und verursachten sie. Und wie, so frage ich, kann Gott angesichts seiner Feinde die erhabene Majestät seiner Wahrheit und Gerechtigkeit bewahren, wenn es in der Macht Satans und seiner Dämonen steht zu sagen: »Wir machten, dass der Mensch Gott durch die Sünde beleidigte, und nun haben wir Gott gezwungen, dieser Beleidigung entsprechend zu reagieren«?

Doch so groß das Gewicht und Ausmaß dieses Hindernisses auch sein mag, so groß ist die Stärke, die der Heiland in seinem mächtigen Werk demonstriert, mit welchem er das Hindernis beseitigt. Wir haben keine gebührende Vorstellung von dieser Sache; wir können nur das darüber wissen, was die Bibel darüber sagt. Und ob wir die Prophezeiungen nehmen, die das Werk unseres Erlösers voraussagten oder die Geschichtsschreibung, die davon berichtet oder die Lehre, die den Wert und die Wirksamkeit dieses Werkes darlegt – das alles dient dem Erweis, dass im Erlösungswerk eine gewaltige Macht wirksam war. Das Werk, das unser Heiland zu vollbringen hatte, beinhaltete einen schweren Konflikt, einen mühsamen und heftigen Kampf und all die Schmerzen und Mühsale einer sich lange wehrenden Macht. Er musste eine Barriere überwinden, unter Tränen und Schmerzen und Trübsalen des schweren Leidens und Abmühens. Ein mächtiges Hindernis lag vor ihm, und bei dessen Abschaffung musste er alle Kräfte seiner Fähigkeiten aufbringen. Ihm wurde eine Last auf seine Schultern gelegt, die niemand tragen konnte als allein er, der Friedefürst. Und ihm wurde eine

Aufgabe in die Hand gegeben, die niemand jemals erfüllen konnte als nur er. Wenn alle Engel im Paradies darüber nachgesonnen hätten, wie unsere Erlösung erlangt werden könnte, wären sie zweifellos zu der Schlussfolgerung gekommen, dass ein solches Werk unmöglich wäre. Wer kann die unwandelbaren Eigenschaften Gottes beugen? Wer könnte sie so wunderbar umbewegen, dass die Sünder, die ihn beleidigt haben, Vergebung erlangen, während seine Ehre vollständig und unbeeinträchtigt bewahrt bleibt? Unter den mächtigen Heerscharen des Himmels gibt es niemanden, der vor einem so erhabenen Werk nicht zurückweichen müsste. Keiner von ihnen hätte das Gesetz ehren und zugleich den Menschen von den verletzten Rechtsforderungen dieses Gesetzes befreien können. Niemand hätte die Drohungen des Gesetzes von uns abwenden und gleichzeitig der Wahrheit und Gerechtigkeit Gottes ihren strahlendsten Ausdruck verleihen können. Niemand hätte die Geheimnisse unserer Erlösung samt all den Schwierigkeiten, die sie umgeben, enträtseln können. Niemand hätte durch die Kraft seines Armes den Sieg über diese Schwierigkeiten erringen können.

Und auch wenn du noch nie über solche Fragen nachgedacht hast, dürfen wir nicht vergessen, dass dies keine Angelegenheit allein zwischen Gott und Menschen ist, sondern zwischen Gott und allen seinen Geschöpfen. Sie alle sahen das Dilemma. Ihnen war klar, wie tief dies den Charakter Gottes betrifft. Sie erkannten, welch große Tragweite dies für die Majestät seiner Eigenschaften und für die Stabilität seiner Regierung hat. Für sie war es eine Angelegenheit von tiefer und substantieller Bedeutung. Und als der ewige Sohn in die Welt kam, um das Vorhaben auszuführen, wurde ihnen allen klar, dass nun der Kampf aufgenommen wurde und dass allein die Stärke dieses mächtigen Urhebers unseres Heils zum Sieg gereichte.

Wer ist der, der von Edom kommt, von Bozra in grellroten Kleidern, er, der prächtig ist in seinem Gewand, der stolz einherzieht in der Fülle seiner Kraft? – Ich bin's, der in Gerechtigkeit redet, der mächtig ist zu retten. – Warum ist Rot an deinem Gewand und sind deine Kleider wie die eines Keltertreters? – Ich habe die Kelter allein getreten, und von den Völkern war kein Mensch bei mir. Ich zertrat sie in meinem Zorn und zerstampfte sie in meiner Erregung. Und ihr Saft spritzte auf meine Kleider, und ich besudelte mein ganzes Gewand. Denn der Tag der Rache war in meinem Herzen, und das Jahr meiner Vergeltung war gekommen. Und ich blickte umher, aber da war keiner, der half. Und ich wunderte mich, aber da war keiner, der mich unterstützte. Da hat mein Arm mir geholfen, und mein Grimm, der hat mich unterstützt (Jes 63,1-5).

Im unergründlichen Reichtum der Weisheit Gottes wurde ein Erlösungsweg gefunden. Christus selbst ist die Weisheit Gottes. Derselbe Christus wird auch die Kraft Gottes genannt:

Wir predigen Christus als gekreuzigt, den Juden ein Ärgernis und den Nationen eine Torheit; den Berufenen selbst aber, Juden wie Griechen, *Christus, Gottes Kraft und Gottes Weisheit* (1Kor 1,23-24; Hervorhebungen hinzugefügt).

Im mächtigen Erlösungswerk hat er seine Kraft angewendet, und diese Kraft ist es, die wir ergreifen sollen. Es war eine wundersame Kraft, die den Zorn trug, der die Abermillionen Schuldigen dieser Welt getroffen hätte. In dieser Kraft errang er den Triumph über Satan, als dieser ihn versuchte. In dieser Kraft durchstand er sein Ringen im Garten Gethsemane. In dieser Kraft ertrug er, dass Gottes Angesicht sich vor ihm verbarg. In dieser Kraft erduldete er in den Stunden der Finsternis die Qualen seiner Seele. Von dieser Kraft meinten die Betrachter, als er rief: »Mein Gott, mein Gott, warum hast du mich verlassen?«, dass sie von ihm gewichen sei (Mt 27,46).

In dieser Kraft führte er diesen geheimnisvollen Kampf gegen die Mächte der Finsternis, bei dem Satan wie der Blitz vom Himmel stürzte und der Urheber unseres Heils die Fürstentümer und Mächte vernichtete und sie öffentlich bloßstellte und über sie triumphierte. In dieser Kraft überwand er all die großen Schwierigkeiten, die sich zwischen dem Sünder und Gott auftürmten; in ihr entriegelte er die Tore zur Annahme einer schuldigen Welt; in ihr vereinte er Wahrheit und Gnade, Gerechtigkeit und Frieden – sodass Gott gerecht sein und gleichzeitig denjenigen rechtfertigen kann, der des Glaubens an Jesus ist (Röm 3,26).

So viel zur Kraft, die zum Werk der Erlösung des Menschen aufgewendet werden musste. Auch das Werk der Heiligung des Menschen erfordert Kraft. Nicht nur unsere Versöhnung mit Gott war ein großartiges Werk Christi für uns; er tut ein weiteres großartiges Werk in uns, indem er uns in Gottes Ebenbild umgestaltet. Doch fehlt uns die Zeit, bei diesem letzten Thema zu verweilen, und so müssen wir uns mit Hinweisen auf die folgenden Schriftstellen begnügen: Epheser 1,19; 2,10; Philipper 4,13; 2. Korinther 12,9-10 und Johannes 15,5. Dieselbe Kraft, in der Jesus von den Toten auferstand, erweckt uns von unserem Todeszustand in Übertretungen und Sünden. Die Kraft, mit der die Schöpfung ins Dasein gerufen wurde, ist auch die Kraft, die uns zu neuen Geschöpfen in Christus Jesus, unserem Herrn, macht.

Hier fehlt der Platz um ausführlich zu zeigen, was es bedeutet, diese Kraft bzw. diesen Schutz zu ergreifen. Wenn du einen Freund um einen Gefallen bittest, um Hilfe in einer Notlage, kann man sagen, dass du seine Kraft ergreifst. Und wenn du fest auf seine Fähigkeit und Bereitwilligkeit vertraust, dir diesen Gefallen zu tun, kann man erst recht sagen, dass du seine Kraft ergreifst. Und der Ausdruck wird noch passender, wenn er *verheißt* oder *verspricht*, das zu tun, worauf du vertraust, dass er es tun wird. In einem solchen Fall ergreifst du nicht nur seine Kraft, sondern auch seine Treue.

Und genauso verhält es sich mit den Verheißungen Gottes in Christus Jesus: Darin haben wir sowohl eine Kraft als auch eine Verheißung, die wir ergreifen können. Wenn du glaubst, dass Christus imstande ist, die völlig zu erretten, die sich durch ihn Gott nahen (Hebr 7,25), und wenn du glaubst, dass seine Einladung ehrlich ist, dass alle Mühseligen und Beladenen zu ihm kommen und bei ihm Ruhe für ihre Seele finden sollen (Mt 11,28-30), dann glaubst du, dass er seinen Verheißungen treu ist. Somit ergreifst du tatsächlich Christus als die Kraft Gottes zum Heil. Nach dem Glauben, der dich veranlasst hat, deine Hoffnung auf den Retter zu richten, wird dir geschehen. Mit den Worten der Bibel wird der Gläubige »die Freimütigkeit und den Ruhm der Hoffnung bis zum Ende standhaft festhalten« (Hebr 3,6). »Werft nun eure Zuversicht nicht weg, die eine große Belohnung hat« (Hebr 10,35). Und wenn du diese Zuversicht noch nicht auf die Sicherheit des Evangeliums gerichtet hast, dann ergreife sie jetzt. Das Evangelium richtet sich an dich. »Und der Geist und die Braut sagen: Komm! Und wer es hört, spreche: Komm! Und wen dürstet, der komme! *Wer da will*, nehme das Wasser des Lebens umsonst!« (Offb 22,17; Hervorhebung hinzugefügt). Ich spreche hier nicht von einer vagen allgemeinen Aussage. Du persönlich bist eingeladen, dich auf Christus einzulassen und ihm zu vertrauen. Gott selbst drängt dich Buße zu tun und zu leben (Hes 18,31).

Ich bin mir völlig bewusst: Wenn nicht der Heilige Geist es dir offenbart, werden alle meine Worte fruchtlos in deine Ohren gleiten und dein Herz wird so kalt, so hart und so entfremdet bleiben wie eh und je. Glaube ist Gottes Gabe; er kommt nicht aus uns selbst. Doch der Prediger tut seine Pflicht, wenn er dir die Wahrheit vorstellt, und du tust deine Pflicht, wenn du aufmerksam zuhörst und dich im Gebet vom Geber aller Weisheit abhängig weißt, dass er das gesprochene Wort segnen und es deiner Seele kostbar machen wird als eine heilsame und überzeugende Anwendung.

Und es ist tatsächlich unglaublich – es ist mehr als unglaublich –, dass wir auf die Idee kommen können, unser Vater im Himmel sei weniger als wohlwollend. Bei all seinen vielfältigen Offenbarungen, ist es da nicht schändlich, dass wir so wenig auf seine Güte und seine Bereitwilligkeit zu retten vertrauen? Wie können wir die Mauer des Unglaubens entschuldigen, die so hartnäckig dasteht, obwohl er immer wieder an uns appelliert? Warum bleiben wir so hart? Nicht Gott ist hart gegen uns, denn er hat alles Erdenkliche gesagt, um uns zum Vertrauen auf ihn zu bewegen, sondern wir sind verhärtet gegen Gott. Wie können wir angesichts seiner liebevollen und einfühlsamen Appelle kalt und distanziert und furchtsam bleiben?

Ich weiß nicht, meine Brüder, in wie weit es mir als niedriges und unwürdiges Werkzeug gelungen ist, den Vorhang zu lüften, der das Angesicht dessen verhüllt, der auf dem Thron sitzt. Doch wie imposant ist seine Haltung und wie absolut ergreifend sein Argument, mit dem er in dieser Schriftstelle an uns herantritt: »Zorn habe ich nicht.«

Es kommt hier nicht so sehr auf seine Aussage an, dass er keinen Zorn hat. In anderen Bibelstellen spricht er oft von seinem Zorn. Aber die erstaunliche Besonderheit dieser Worte ist die Art und Weise, wie er uns überzeugt, dass er wenig Interesse an unserer Verdammnis hat. Er versichert uns, wie fern es ihm liegt, nach der Ehre einer solchen Errungenschaft zu trachten.

Es ist, als sagte er: »Es wäre mir ein Leichtes, euch durch den Hauch meines Mundes zu vertilgen. Es würde keine Ehre über mich bringen, die ganze Stärke dieser Rebellion wegzuraffen, die ihr gegen mich aufgeboten habt. Das würde für meine Ehre nicht mehr bedeuten, als würde ich durch Dornen und Disteln gehen und sie vor mir versengen. Das ist nicht der Kampf, den ich antreten möchte – das ist nicht der Sieg, durch den ich mich hervortun möchte. Und ihr missversteht mich sehr, ihr kläglichen Menschenkinder, wenn ihr meint, ich erstrebte für irgendjemanden von euch irgendetwas anderes, als dass ihr in meinen Weinberg kommt und meinen Schutz ergreift und Frieden mit mir macht.

Der Sieg, den mein Herz wünscht, ist kein Sieg über euch als Personen. Das wäre ein müheloser Sieg, und der wird stattfinden am jüngsten Tag des letzten Gerichts über alle, die meine Einladungen abgelehnt und keine meiner Ermahnungen angenommen und sich von meinen Versöhnungsgesuchen abgewendet haben. An jenem großen Tag der Macht meines Zorns wird man sehen, wie mühelos ein solcher Sieg für mich ist. Wie schnell wird dann das Feuer meines brennenden Zorns die Rebellen erfassen, die sich mir widersetzt haben! Aus dieser verzehrenden Flamme können sie nie wieder befreit werden. Wie schnell wird dann das Verdammungsurteil

ausgeführt werden an der großen Menge, die zur Linken des vergeltenden Richters steht! Und seid gewiss, ihr, die ihr mich jetzt hört und die ich euch alle ohne Gegenleistung einlade, in den Weinberg Gottes zu kommen: Das ist nicht der Triumph, nach dem Gott sich sehnt.«
Nicht am Sieg über euch im Gericht hat er Wohlgefallen, sondern am Sieg über euren Willen jetzt. Ihr ehrt sein Wort, wenn ihr euer Vertrauen auf ihn setzt und seine gütigen und freien Zusicherungen annehmt, dass er euch nicht Feind sein will. Ihr ehrt ihn, wenn ihr jetzt die ganze Last grämender Furcht und Verdächtigung von euren Herzen werft und jetzt, ja gerade jetzt in die Gemeinschaft und den Frieden mit dem Gott eintretet, gegen den ihr gesündigt habt.

O, lasst euch überwinden! Ich weiß, dass Schrecken euch nicht überwinden wird. Ich weiß, dass alle Drohungen des Gesetzes euch nicht bekehren. Ich weiß, dass kein Durchsetzen der Ansprüche Gottes, die er auf euren Gehorsam hat, euch zu dem einzigen Gehorsam bewegen wird, der in seinen Augen Wert hat – nämlich zum freiwilligen Gehorsam der Zuneigung zu einem geliebten Vater.

Aber gewiss werdet ihr überwunden, wenn er auf euch blickt mit dem Angesicht eines Vaters, wenn er zu euch spricht mit der Milde liebevoller Eltern, wenn er euch zurückzugewinnen versucht in sein Haus, aus dem ihr ausgezogen seid, und wenn er – um euch von seinem Wohlwollen zu überzeugen – sich herablässt, um über die Sache zu diskutieren und dir zu sagen, dass er genauso wenig Ehre durch dein Verderben sucht wie durch das Verbrennen von Dornen und Disteln. Meine Brüder, sollte es dem Auge des Glaubens nicht einleuchten, wie ehrlich und aufrichtig dieser Gott des Heils ist, der sich so tief niederbeugt, um ein solches Argument überhaupt zu erwähnen?

Ergreifet seinen Schutz und seid beeindruckt davon und hegt keinen Zweifel mehr am Wohlwollen Gottes, des barmherzigen und gnädigen Herrn. Lasst euren Glauben wirksam sein durch Liebe zu ihm, der so viel getan und gesagt hat, um euch zum liebenden Glauben zu rufen. Und lasst durch diese Liebe die ganze Macht dieses Leitprinzips deutlich werden, das jeden Schritt von euch lenkt – im neuen Gehorsam von neuen Geschöpfen in Christus Jesus, unserem Herrn.

So wird der zweifache Segen des Evangeliums von allen erkannt werden, die diesem Evangelium glauben und gehorchen. Versöhnt mit Gott durch den Tod seines Sohnes, wiedergeboren durch die Kraft dieses mächtigen und alles unterwerfenden Heiligen Geistes, den der Sohn gegeben hat, wird eure Rettung vollkommen sein. Ihr werdet gewaschen, geheiligt und gerechtfertigt im Namen des Herrn Jesus Christus und durch den Heiligen Geist unseres Gottes.[1]

Anhang 2
Über die Liebe Gottes, und ob sie den Nicht-Erwählten gilt

Vorbemerkung des Herausgebers: Dieser Artikel stammt von Andrew Fuller, einem bedeutenden Baptistenpastor und Autor aus dem England des späten 17. Jahrhunderts. Der Text wurde einem Brief an einem Freund entnommen.

Frage: Wenn Gott für die nicht von ihm Erwählten niemals beabsichtigt hat, dass sie die Kraft seiner Gnade in Christus Jesus kennen lernen, wie können wir dann die heilbringende und suchende Liebe Gottes rühmen, außer in Bezug auf jene, die er zu retten vorgesehen hat?

Und wie können wir überhaupt von der Liebe Gottes zu den Menschen sprechen, außer in dem allgemeinen Sinne, dass seine Erwählten unter der Masse der Menschheit zu finden sind?

Kurz gesagt: Was ist das für eine Liebe, mit der Gott jene liebt, die er nicht zum ewigen Leben erwählt hat?

Antwort: Ich kann dieses Thema oder auch andere Fragen weder von jeder Schwierigkeit befreien, noch behaupte ich, es aufgrund von Vernunftprinzipien zu beantworten. Wenn ich zusichern kann, dass bestimmte Prinzipien im Wort Gottes gelehrt werden, stehe ich auf sicherem Grund und kann Schlüsse daraus ziehen, aber wenn ich darüber hinaus gehe, verlasse ich den festen Boden.

Bezüglich der ersten dieser beiden Fragen bin ich mir nicht bewusst, Gott so dargestellt zu haben, als »suche er das Heil derer, die nicht gerettet sind«. Wenn mit dem Wort »suchen« lediglich gemeint ist, dass er ihnen die Mittel des Heils gibt und sie – als moralischer Herr über seine Geschöpfe – aufrichtig zum Gebrauch dieser Mittel leitet und einlädt, habe ich nichts dagegen einzuwenden. In diesem Sinne sagte er über Israel: »Ach, hättest du doch auf meine Gebote geachtet!« (Jes 48,18). In diesem Sinne sehen wir den Herrn, wie er dort Frucht sucht, wo er keine findet (Lk 13,7).

Doch wenn darunter verstanden wird, dass dieser Wunsch nach der Errettung von Menschen alles umfasse, was zu deren Verwirklichung getan werden kann, stimme ich nicht zu. Ich sehe keinen Widerspruch dazwischen, dass Gottes einerseits alle entsprechenden Mittel zum Wohl der Menschheit als ihr Schöpfer und Herrscher anwendet und andererseits seine wirksame Gnade zurückhält, die er über seine moralische Regierung hinaus zusätzlich gibt und auf die kein Geschöpf einen Anspruch hat.

Was die zweite der obigen Fragen betrifft, kann von Gott sicherlich gesagt werden, dass er seine Liebe insofern der ganzen Menschheit erweist, als sie die Menge ist, die sein erwähltes Volk enthält. Aber ich denke, dass dieser Gedanke die Frage nicht vollständig beantwortet.

Mir erscheint es als unumkehrbare Tatsache, dass Gott in seinem Wort so beschrieben wird, dass er seine Güte, Gnade, Barmherzigkeit, Langmut und auch Liebe den Menschen als Menschen erweist. Vom Segen der Vorsehung heißt es, dass dieser aus Gottes *Güte* und *Gnade* hervorströmt. Außerdem sind Gottes Güte und Gnade Vorbilder für uns, wie wir unsere Feinde lieben sollen (Mt 5,44-45; Lk 6,35-36). Und dies ist es, was der Apostel preist als »den Reichtum seiner Gütigkeit«, wobei er den Gottlosen scharf dafür rügt, dass er diese Güte verachtet, anstatt sich durch sie zur Buße leiten zu lassen (Röm 2,4).

Und was ist, wenn Gott niemals beabsichtigt hat, seine Güte, Geduld und Langmut dazu dienen zu lassen, die Gottlosen wirksam zur Buße zu leiten? Würde daraus folgen, dass es gar keine Güte sei?

Ich lese Aussagen wie diese: »So hat Gott die Welt geliebt, dass er seinen eingeborenen Sohn gab, damit jeder, der an ihn glaubt, nicht verloren geht, sondern ewiges Leben hat« (Joh 3,16). Der Dienst der Versöhnung erklingt auch in dieser Melodie: »So sind wir nun Gesandte an Christi Statt, indem Gott gleichsam durch uns ermahnt; wir bitten für Christus: Lasst euch versöhnen mit Gott!« (2Kor 5,20). Daraus kann ich nicht weniger schließen als dieses: Ewiges Leben durch Jesus Christus wird Sündern als Sündern frei angeboten. Oder wie Johannes Calvin es in seinem Kommentar zu Johannes 3,16 ausdrückte:

> Er verwendet die allgemeine Aussage sowohl dazu, alle Menschen allgemein einzuladen, am Leben teilzuhaben, als auch dazu, alle Entschuldigungen der Ungläubigen abzuweisen. Demselben Ziel dient der Begriff Welt, denn obgleich nichts in der Welt gefunden werden soll, was Gottes Gunst verdient, zeigt Gott dennoch, dass er der ganzen Welt Gunst erweist, indem er alle Menschen ohne Ausnahme zum Glauben an Christus ruft. Aber bedenke, dass das Leben all jenen allgemein verheißen ist, die an Christus glauben, dass jedoch der Glaube nicht allen Menschen gemein ist. Doch Gott öffnet nur seinen Erwählten die Augen, auf dass sie ihn im Glauben suchen.

Was jedoch wäre die Folge gewesen, wenn Gott zwar seinen Sohn gesandt hätte, damit er für die ganze Welt sterbe und Vergebung und ewiges Leben allen anbiete, die an ihn glauben, Gott aber keine wirksame Vorkehrung getroffen hätte, dass sein Sohn angenommen werde, indem Gott ein bestimmtes Volk zum Heil erwählte? Niemand aus der ganzen Menschheit, würdest du sagen, wäre errettet worden, und so wäre Christus vergeblich gestorben. Das wäre tatsächlich so.

Obgleich dies nicht mit den weisen und gnadenreichen Plänen Gottes vereinbar gewesen wäre, scheint es mir doch nicht im Widerspruch zu stehen mit seiner Gerechtigkeit, Güte oder Aufrichtigkeit. Würde er Sünder zu Buße, Glauben und Errettung rufen und ihnen dabei die Mittel des Heils vorenthalten, wäre das der Fall, doch nicht, wenn er ihnen lediglich die Gnade versagt, die nötig ist, um das Herz des Sünders umzukehren.

Wenn ich mich nicht irre, setzt dieser zweite Teil der Frage voraus, es sei kein echtes Wohlwollen gegenüber dem Sünder, wenn er zu Buße, Glauben und Errettung eingeladen wird, ohne dass ihm dazu wirksame Gnade gegeben wird. Doch diese Annahme scheint mir unbiblisch und unbegründet zu sein. Tatsächlich ist übernatürliche, wirksame, rettende Gnade nötig, *um wirklich Gutes im Menschen hervorzubringen*; aber dass sie *erwartet oder erfordert würde*, wird nie als notwendig dargestellt, um die Güte Gottes zu rechtfertigen. Zur Rechtfertigung der Güte Gottes ist nichts weiteres notwendig, als dass er ihnen Verstandeskraft gibt, objektive Erkenntnis und äußere Mittel. Als Beweis dafür können wir alle Schriftstellen betrachten, in denen Gott sich über die Menschen beklagt, weil sie unbußfertig, ungläubig oder ungehorsam sind. Beispielsweise wird in der Klage über Chorazin und Bethsaida keinerlei übernatürliche Gnade erwähnt, sondern lediglich die »Wunderwerke«, die vor ihren Augen geschahen (Mt 11,20-24).

Auch im Gleichnis von den Weingärtnern war die Klage darüber, dass die Weingärtner den Sohn des Besitzers misshandelten, nicht darauf begründet, dass er ihnen übernatürliche Gnade verliehen hatte. Vielmehr war diese Klage gerechtfertigt, weil er ihnen objektive Erkenntnis, Mittel und Vorrechte gegeben hatte. Ebenso gab Gott denen keine wirksame Gnade, die beschuldigt werden, sauere Beeren statt süße Trauben hervorgebracht zu haben. Dennoch suchte er danach und fragte, was er für diesen Weinberg nicht getan hatte, was er hätte tun können (Jes 5,4).

Mit dem Wirken des Heiligen Geistes – welchem Sünder »widerstreben«, wie es in der Bibel heißt (Apg 7,51; vgl. 1Mo 6,3) – kann daher weder die wirksame Gnade des Heiligen Geistes gemeint sein noch irgendetwas anderes, was in Menschen bewirkt wird, sondern vielmehr die beeindruckenden Botschaften, die ihnen durch die inspirierten Propheten präsentiert wurden (siehe Neh 9,30).

In gleicher Weise haben wir die Klage in 5. Mose 29,3 zu verstehen: »Der HERR hat euch bis zum heutigen Tag weder ein Herz gegeben zu erkennen noch Augen zu sehen, noch Ohren zu hören.« Es ist unvorstellbar, dass Mose sich über sie beklagt, weil der Herr ihnen keine *übernatürliche Gnade* gegeben hatte. Die Klage gründet anscheinend auf der Erfolglosigkeit der höchst eindrücklichen *äußeren Mittel*, die bei ihnen ein aufnahmebereites Herz und offene Augen und Ohren hätten bewirken sollen. Darum geht es in dieser Schriftstelle: »Mose berief ganz Israel und sprach zu ihnen: Ihr habt alles gesehen, was der HERR vor euren Augen im Land Ägypten getan hat an dem Pharao und an all seinen Knechten und an seinem ganzen Land: die großen Prüfungen, die deine Augen gesehen haben, jene großen Zeichen und Wunder. Aber der HERR hat euch bis zum heutigen Tag weder ein Herz gegeben zu erkennen noch Augen zu sehen, noch Ohren zu hören« (5Mo 29,1-3).

Aus dem Ganzen schließe ich, dass es zwei Arten von Einflüssen gibt, mittels derer Gott am Sinn der Menschen wirkt: Erstens, der *allgemeine* Einfluss durch die Verwendung äußerer Impulse, die dem Sinn zur Betrachtung präsentiert werden. Zweitens, der *besondere und übernatürliche* Einfluss. Ersteren übt Gott als moralischer Regent der Welt aus; Letzteren als Gott der Gnade durch Jesus Christus. Der erstere Einfluss enthält ebenso wenig Geheimnisvolles wie unsere Worte und Taten, mit denen wir uns gegenseitig beeinflussen. Letzterer hingegen ist ein solches Geheimnis, dass wir nichts darüber wissen; wir kennen nur seine Auswirkungen. Der Erstere *sollte* wirksam sein; der Letztere *ist* wirksam.

Zum Schluss fassen wir die Frage kurz zusammen: »Was für eine Liebe ist es, mit der Gott jene liebt, die er nicht zum ewigen Leben erwählt hat?« Darauf antworte ich: Diese Liebe ist das Wohlwollen des Schöpfers, dessen liebevolle »Erbarmungen über alle seine Werke gehen« (Ps 145,9). Sie ist das innige Anliegen für das Werk seiner Hände, das von nichts ausgelöscht werden kann als nur durch Sünde. Deshalb beweist gerade die Auferlegung der schwersten Strafen, wie bösartig die Sünde ist.

Die Schrift impliziert, dass Gottes Zorn seiner wesensmäßigen Güte zuwider läuft. Da Gottes Erbarmen über alle seine Werke geht, wissen wir, dass er Sünder nicht mit ewigem Verderben strafen würde, wenn nicht die unveräußerlichen Interessen seines Charakters und seiner Regierung dies erfordern würden. Ein solcher Gedanke wird implizit in 1. Mose 6,7 vermittelt: »Ich will den Menschen, *den ich geschaffen habe*, von der Fläche des Erdbodens auslöschen«, und ebenso in Jesaja 27,11: »Darum erbarmt sich über sie nicht, *der es gemacht hat*, und der es gebildet hat, erweist ihm keine Gnade« (Hervorhebungen hinzugefügt).[1]

Anhang 3
Christus, der Retter der Welt

Vorbemerkung des Herausgebers: Diese Predigt des schottischen Pastors und Autors Thomas Boston wurde in Ettrick (Schottland) am 7. Juni 1724 gehalten.

Wir haben gesehen und bezeugen, dass der Vater den Sohn gesandt hat als Retter der Welt (1Jo 4,14).

Johannes, der geliebte Jünger, atmet in seinem Brief noch immer Liebe. Liebe ist die Saite auf seiner Harfe, die er am liebsten zupft. Stets preist er entweder Gottes Liebe zu uns oder facht unsere Liebe zu Gott und zueinander an.

Doch sein Lieblingsthema ist nicht eng gefasst, sondern sehr umfassend. Es umfasst sowohl das Evangelium als auch das Gesetz, sowohl Glaube als auch Werke. Die Liebe Gottes zu den Menschen ist die große Lehre des Evangeliums und der Inhalt des Glaubens. Die Liebe des Menschen zu Gott und zueinander ist die große Lehre des Gesetzes in den Zehn Geboten und der Inhalt eines heiligen Wandels.

Es besteht ein enger Zusammenhang zwischen den beiden: Gottes Liebe ist die Quelle, und unsere Liebe der daraus fließende Fluss. Erstere ist das ursprüngliche heilige Feuer, Letztere ist die dadurch entfachte Flamme. Dementsprechend erklärt der Zusammenhang von 1. Johannes 4,14, wie die Liebe Gottes uns zu gegenseitiger Liebe bewegt. Doch auch der Vers selbst zeigt, dass die Liebe Gottes die Substanz des Evangeliums ist.

Das also ist das Evangelium, welches die Apostel einstimmig aller Welt verkündet haben: »Wir haben gesehen und bezeugen, dass der Vater den Sohn gesandt hat als Retter der Welt.« Zwei Dinge aus diesem Vers sollten wir näher betrachten:

1.) Das Evangelium oder die frohe Botschaft an sich: Der Vater sandte den Sohn als Retter der Welt. Die Sendung Christi ist wirklich eine frohe Botschaft für die Welt. Schon dem in Sünde gefallenen Adam im Paradies wurde diese Sendung verheißen. Gläubige im Alten Testament lebten und starben im Glauben an diese Verheißung. Doch die Apostel bezeugten sie als vollendete Tatsache. Sie sprachen in Vergangenheitsform: Der Vater hat den Sohn gesandt.

Der Gesandte ist der Sohn Gottes, unser Herr Jesus Christus. Niemand sonst war für diese Mission geeignet. Der Sendende, der den Sendungsauftrag erteilte, war der Vater – die erste Person der heiligen Dreifaltigkeit. Niemand von geringerer Würde hätte jemanden von der Würde Jesu senden können. Der Charakter, mit welchem Christus gesandt wurde, war der des »Retters der Welt«. Diese Worte stehen in unserem Vers ohne jede Ergänzung, die überflüssig wäre. Christus wurde von seinem Vater als »Retter der Welt« erwählt, ernannt und eingesetzt. Und so wurde er in diesem Charakter hinaus in die Welt gesandt.

Die »Welt« ist die Welt der unumschränkten Menschheit, die durch den Sündenfall Adams verdorben ist (Joh 3,16ff). In dieser Welt ist die Menschenliebe Gottes erschienen (Tit 3,4).

2. Die Gewissheit dieses Evangeliums oder dieser frohen Botschaft. Alle Apostel bezeugen diese großartige Wahrheit einstimmig als Augenzeugen. Sie hatten den Retter gesehen, mit ihm gesprochen, seinen Auftrag gelesen, den er ihnen aus dem Alten Testament darlegte, und hatten in seinen Wundern immer wieder das Echtheitssiegel des Himmels gesehen. Dass sie selber Augenzeugen waren, war von so entscheidender Wichtigkeit für das apostolische Zeugnis, dass Paulus, der erst nach der Himmelfahrt Christi zum Apostel berufen wurde, den Herrn zuerst mit eigenen Augen sehen durfte, bevor er von ihm zeugen sollte. Der Herr Jesus sagte zu ihm: »Hierzu bin ich dir erschienen, dich zu einem Diener und Zeugen dessen zu verordnen, was du gesehen hast, wie auch dessen, worin ich dir erscheinen werde« (Apg 26,16).

Die Lehre

Es ist die große Wahrheit und das Zeugnis des Evangeliums, dass der Vater seinen Sohn Jesus Christus als Retter der Welt gesandt hat.

Wenn ich nun diese Lehre erkläre, werde ich erstens einige Dinge ansprechen, die im Zeugnis des Apostels Johannes erwähnt werden, zweitens die Bedeutung des Titels »Retter der Welt« entfalten und drittens die Anwendung dieser Wahrheit darlegen.

Einige in diesem Zeugnis erwähnte Dinge

Erstens: Die Welt brauchte einen Retter. Andernfalls hätte der, der nichts Unnützes tut, keinen Retter gesandt. Seitdem die verbotene Frucht gegessen worden war, war die Welt todkrank, von einer hoffnungslosen Krankheit geplagt. Die Menschheit brauchte einen Arzt, der die Erkrankung heilte. Jesus sagte: »Nicht die Starken brauchen einen Arzt, sondern die Kranken« (Mt 9,12). Es war eine verfluchte Welt, gebunden unter dem Zorn durch das Gerichtsurteil über die Gesetzesübertretung. Eine solche Welt brauchte einen Retter, um den Fluch abzuwenden und Segen herbeizuführen. Deshalb »hat Gott seinen Knecht erweckt und ihn gesandt, euch zu segnen« (Apg 3,26). Es war eine verlorene Welt – verloren für Gott, verloren für uns, verloren für alles Gute, verloren und untergehend unter dem Zorn Gottes. Sie brauchte jemanden, der sie suchte und rettete: »Der Sohn des Menschen ist gekommen, zu suchen und zu retten, was verloren ist« (Lk 19,10).

Zweitens: Niemand von geringerer Würde als der Sohn Gottes konnte Retter der Welt sein. Kein Mensch noch Engel könnte den Charakter des Retters einer verlorenen Welt haben. Mit diesem Amt war ein Werk verbunden, das kein Geschöpf zu leisten imstande war (vgl. Offb 5,3). Hierin wurde die Liebe Gottes zum Menschen erprobt. Die Lage der Menschheit war hoffnungslos und von keinen Geschöpfen war Hilfe möglich. Doch »so hat Gott die Welt geliebt, dass er seinen eingeborenen Sohn gab, damit jeder, der an ihn glaubt, nicht verloren geht, sondern ewiges Leben hat« (Joh 3,16).

Drittens: Christus wurde aus Gottes eigener Initiative als Retter der Welt gesandt. Der Entschluss, die Menschheit zu retten, wurde gänzlich ohne Zutun von Seiten der Menschen gefasst. Nicht die Welt versammelte sich, um jemanden mit der Bitte um einen Retter in den Thronsaal des Himmels zu senden. Der Retter wurde nicht als Antwort auf die ernstlichen Bittgesuche der Sünder gegeben. Vielmehr sandte der Vater seinen Sohn aus reiner, freier Liebe als Retter der Welt. Die Not der Welt rief laut, doch die Menschen selbst schwiegen still und in ihrer Not riefen sie nicht lauter als die gefallenen Engel. Die souveräne, freie Gnade hörte die Stimme der Not der Menschen, während sie ihr Ohr für die Not der gefallenen Engel verschloss. »Denn er nimmt sich doch wohl nicht der Engel an, sondern der Nachkommenschaft Abrahams nimmt er sich an« (Hebr 2,16). »Die Güte und die *Menschen*liebe unseres Heiland-Gottes erschien« (Tit 3,4; Hervorhebungen hinzugefügt).

Viertens: Christus hat alle nötigen Eigenschaften für die Rettung einer verlorenen Welt. Dass er dazu gesandt wurde, beweist, dass er auch dazu imstande ist. »Daher kann er die auch völlig erretten, die sich durch ihn Gott nahen, weil er immer lebt, um sich für sie zu verwenden« (Hebr 7,25). Wer immer in der Welt stirbt, stirbt nicht, weil es in seinem Fall keine Hilfe durch den Retter gab, sondern weil er sich nicht den Händen des Retters übergab. Der Retter der Welt ist gewiss imstande die Welt zu retten, denn dazu wurde er von Gott in die Welt gesandt.

Fünftens: Die Rettung verlorener Sünder ist dem Gott und Vater unseres Herrn Jesus und dem Herrn Jesus selbst sehr wohlgefällig. Andernfalls hätte Gott nicht seinen Sohn als Retter der Welt gesandt. »Dies ist gut und angenehm vor unserem Heiland-Gott, welcher will, dass alle Menschen errettet werden und zur Erkenntnis der Wahrheit kommen« (1Tim 2,3-4). Daher wird die Errettung von Sündern das, »was dem Herrn gefällt«, genannt (Jes 53,10). So heißt es, dass er das Hochzeitsmahl für seinen Sohn bereitet und seine Knechte aussendet, um alle zu diesem Hochzeitsfest einzuladen (Mt 22,9). Daraus ist ersichtlich, dass der Errettung von Sündern durch Jesus Christus von himmlischer Seite aus nichts im Wege steht. Die Errettung von Sündern ist dem Vater, dem Sohn und dem Heiligen Geist wohlgefällig.

Die Bedeutung des Titels »Retter der Welt«

In welchem Sinne ist Christus der Retter der Welt? *Retter* ist ein Ehrentitel und eine Tätigkeitsbezeichnung. Es ist eine ehrenwerte Sache, den Elenden zu helfen und sie zu retten – und zu dieser Aufgabe bestimmt, berufen und eingesetzt zu sein. Mit einem solchen Amt ist stets ein Werk verbunden, das erwartungsgemäß gelingen soll – so wie beim Amt und Werk eines Lehrers, Arztes und so fort. Lehrer und Ärzte sind sogar in gewisser Weise »Retter«, nämlich in zweifacher Hinsicht: hinsichtlich ihres Amtes und hinsichtlich ihrer Tätigkeit. Im ersteren Sinne meint das Wort »Retter« jemanden, der in das Amt des Rettens, Lehrens oder Heilens der Gesellschaft berufen und eingesetzt ist. Wer in ein solches Amt gestellt ist, wird Lehrer oder Arzt – oder Retter – genannt, noch ehe er jemals jemanden belehrt oder geheilt oder gerettet hat. In dieser Hinsicht kann er als *amtlicher* Retter bezeichnet werden. Doch in anderer Hinsicht kann von einem *tatsächlichen* Retter gesprochen werden. In diesem Fall wird der Begriff hinsichtlich der tatsächlich geschehenen Tat des Rettens, Lehrens oder Heilens angewendet. So wie der Titel im ersteren Sinn auf der Einsetzung in ein Amt beruht, so beruht der letztere Sinn auf dem Werk, das diese Person kraft ihres Amtes vollbringt. Daher heißt es in Nehemia 9,27: »Zur Zeit ihrer Bedrängnis schrieen sie zu dir, und du hörtest vom Himmel her, und nach deinen großen Erbarmungen gabst du ihnen Retter; die retteten sie aus der Hand ihrer Bedränger.«

Der *tatsächliche* Retter ist unser Herr Jesus nur für die Erwählten, für die er stellvertretend am Kreuz starb, gemäß des ewigen Bundes zwischen ihm und dem Vater – dem Gnadenbund, der auch Bund der Erlösung genannt wird (hier handelt es sich nicht um zwei verschiedene Bünde, sondern um ein und denselben Bund). So nennt Paulus ihn den »Retter des Leibes« (Eph 5,23). D. h. in konkretem Sinne ist er der Retter der Erwählten, aus denen der Leib besteht, als dessen

Haupt er von Ewigkeit her eingesetzt ist. Die Erwählten sind jene, zu deren Gunsten er mit dem Vater den ewigen Bund geschlossen hat. Und er ist ihr Retter in dem Sinne, dass er sie tatsächlich rettet: »Du [Josef] sollst seinen Namen Jesus nennen; denn er wird sein Volk erretten von ihren Sünden« (Mt 1,21). Nur diese werden sich jemals in seine Hände legen und ihn als Retter kennen. Und sie alle werden gewisslich früher oder später ihm als Retter vertrauen. »Es glaubten, so viele zum ewigen Leben verordnet waren« (Apg 13,48). »Alles, was mir der Vater gibt, wird zu mir kommen« (Joh 6,37).

Unser Herr Jesus Christus ist der *amtliche* Retter jedoch nicht nur der Erwählten, sondern auch der Welt und der Menschheit im Allgemeinen. Deshalb wird er in unserer Schriftstelle »Retter der Welt« genannt. In einer Parallelstelle wird Gott in Christus »Retter aller Menschen« genannt, »besonders der Gläubigen« (1Tim 4,10).

Wenn ein irdischer Regent aus Sorge um das Wohlergehen seines Volkes einen qualifizierten Arzt beauftragt, der allgemeine Chirurg des ganzen Landes zu sein, macht ihn dieser Auftrag an sich zum allgemeinen Chirurg jenes ganzen Landes. Obgleich viele Bürger ihn niemals aufsuchen werden, sondern sich an andere Ärzte wenden, besteht dennoch eine Beziehung zwischen ihnen und diesem Arzt; er ist durch sein Amt ihr allgemeiner Chirurg.

In gleicher Weise blickte Gott auf die gefallene Welt der Menschheit und setzte Jesus Christus, seinen Sohn, als Retter der Welt ein. Christus hat die Exklusivrechte des Himmels auf dieses Amt, und wo immer das Evangelium verkündet wird, dort wird er als amtlicher Retter verkündet. Dieses Amt stellt die Menschheit in eine Beziehung zu ihm. Er ist ihr Retter und sie sind die Objekte seiner Amtsausübung. Jeder einzelne von ihnen allen darf zu ihm als Retter kommen, ohne Geld oder Kaufpreis, und von ihm als persönlichen Retter gerettet werden, der vom Vater in dieses Amt eingesetzt ist.

Die Sache verhält sich also so: In diesem amtlichen Sinne ist Christus der Retter der ganzen Welt.

Dies wird sogar noch deutlicher, wenn wir das klare Zeugnis der Bibel betrachten. Unsere Schriftstelle nennt ihn ausdrücklich Retter der Welt. Die gläubigen Samariter bekannten ebenso ihren Glauben an ihn: »Wir glauben nicht mehr um deines Redens willen, denn wir selbst haben gehört und wissen, dass dieser wahrhaftig der Retter der Welt ist« (Joh 4,42). Die vom Himmel besiegelte Einsetzung wird sehr deutlich in Johannes 3,16 besagt: »Denn so hat Gott die Welt geliebt, dass er seinen eingeborenen Sohn gab, damit jeder, der an ihn glaubt, nicht verloren geht, sondern ewiges Leben hat.« Ebenso war die eherne Schlange, die in der Wüste auf einen Stab erhöht wurde, von Gott dazu verordnet, die von Schlangen gebissenen Israeliten im Lager zu heilen. In gleicher Weise wird die Geburt des Heilands bezeichnet als »große Freude, die für das ganze Volk sein wird« (Lk 2,10). Das könnte nicht gesagt werden, wäre er nicht der Retter für das ganze Volk. Und aus diesem Grund bezeugt er selbst, dass er gekommen ist, um die Welt zu retten: »Denn Gott hat seinen Sohn nicht in die Welt gesandt, dass er die Welt richte, sondern dass die Welt durch ihn errettet werde« (Joh 3,17).

In Johannes 12,47 sagt er: »Ich bin nicht gekommen, dass ich die Welt richte, sondern dass ich die Welt errette.« Das ist sein Amt. Er wird allen Sündern allgemein als Retter vorgestellt. Nicht dieser oder jener Sorte von Sündern, sondern allen Sündern der Menschheit allgemein, ohne Ausnahme. »Das Wort ist gewiss und aller Annahme wert, dass Christus Jesus in die Welt gekommen ist, Sünder zu erretten, von welchen ich der erste bin« (1Tim 1,15). Er kam, »zu suchen und zu retten, was verloren ist« (Lk 19,10). Im selben Sinne – nämlich als Amtsbezeichnung – nennt er sich »das Licht der Welt« (Joh 8,12). Und für alle gilt: »Wer mir nachfolgt, wird nicht in der Finsternis wandeln, sondern wird das Licht des Lebens haben« (Joh 8,12). Deshalb ist das Evangelium, das er uns anvertraut hat, eine Botschaft der Versöhnung. Wir sollen die Menschen an Christi Statt ermahnen, sich mit Gott versöhnen zu lassen (2Kor 5,19-20).

Wäre Christus nicht Retter der Welt, könnte er und sein Heil nicht berechtigterweise der Welt allgemein angeboten werden, sondern nur den Erwählten. Wäre er nicht in das Amt des Retters aller Menschen eingesetzt, wäre es ebenso unpassend, alle Menschen zum Vertrauen auf ihn als Retter aufzurufen, wie es falsch ist, ihn den gefallenen Engeln als Retter anzubieten (sie gehören nicht zu seinem Amtsbereich als Retter). Das Evangelium kann niemals jenseits der Grenzen gelten, die der Vater für den Sendungsauftrag Christi festgesetzt hat.

Doch aus der Bibel wissen wir, dass Christus und sein Heil zu Recht der ganzen Welt, allen Sündern, angeboten wird. Die Bibel versichert, dass jeder Sünder, der im Glauben zu ihm als Retter umkehrt, gerettet werden wird (Mk 16,15-16). Wenn das nicht so wäre, dann könnte außerdem der Unglaube der Hörer des Evangeliums – ihre Weigerung, zu Christus zu kommen und sich retten zu lassen – nicht ihre Sünde sein. Es kann niemals jemandes Sünde sein, dass er etwas unterlassen hat, wozu er ohnehin nicht rechtmäßig befugt ist. Niemand kann beschuldigt werden, nicht zu Christus umgekehrt zu sein, um sich erretten zu lassen, wenn nicht Gott in einem gewissen Sinne Christus als Retter für diesen Schuldigen verordnet hat. Für gefallene Engel ist es keine Sünde, nicht an Christus zum Heil zu glauben, weil sie sich außerhalb des Wirkungskreises Jesu als Retter befinden. Ihnen ist nicht befohlen, zu ihm als Retter umzukehren, und selbst wenn sie es täten, würden sie ihm nur als ihrem Richter begegnen und nicht als Retter.

Doch die Bibel lehrt, dass Unglaube an Christus als Retter genau die Sünde ist, die die im Unglauben beharrenden Hörer des Evangeliums ins Verderben bringt: »Dies aber ist das Gericht, dass das Licht in die Welt gekommen ist, und die Menschen haben die Finsternis mehr geliebt als das Licht, denn ihre Werke waren böse« (Joh 3,19).

Und schließlich: Wäre Christus nicht der Retter der Welt, dann könnten selbst die Erwählten niemals an ihn glauben, solange sie nicht wüssten, dass sie erwählt sind. Das widerspricht jedoch der offenbarten Vorgehensweise der Gnade, denn niemand kann an Christus zum Heil glauben, wenn er nicht Christus als gültigen Retter für ihn erkennt.

Zwei Dinge müssen erwähnt werden, bevor wir fortfahren:

1.) Die Grundlage, auf welcher Christus als Retter der Welt eingesetzt ist, ist nichts anderes als die unbegrenzte Hinlänglichkeit des Verdienstes seines Todes und Leidens. Als Stellvertreter starb Christus konkret für seine Erwählten. Der gute Hirte gab sein Leben »für die Schafe« (Joh 10,15). Doch der Preis, den er für sie bezahlte, war von unendlichem Wert. Daher reicht dieser Preis an sich aus, um die ganze Welt zu retten. Das Brot, das ihnen dargeboten wurde – der gekreuzigte Christus – reichte aus, um nicht nur den Erwählten, sondern allen Menschen Leben zu geben und sie zu ernähren. Deshalb ist er als Retter der Welt eingesetzt: »Denn das Brot Gottes ist der, welcher aus dem Himmel herniederkommt und der Welt das Leben gibt ... Ich bin das lebendige Brot, das aus dem Himmel hernieder gekommen ist; wenn jemand von diesem Brote isst, so wird er leben in Ewigkeit. Das Brot aber, dass ich geben werde, ist mein Fleisch, welches ich geben werde für das Leben der Welt« (Joh 6,33.51).

2.) Der Titel »Retter der Welt« ist ein Ehrentitel, den Christus erwarb, indem er sein Leben für Sünder gab. Der Vater sagt: »So mache ich dich auch zum Licht der Nationen, dass mein Heil reiche bis an die Enden der Erde« (Jes 49,6). Der Vater gab ihm »alle Macht im Himmel und auf Erden« (Mt 28,18). »Denn der Vater richtet auch niemand, sondern das ganze Gericht hat er dem Sohn gegeben, damit alle den Sohn ehren, wie sie den Vater ehren« (Joh 5,22-23). Das war ein dem Werk angemessener Lohn.

Die Tätigkeit, die ihm als Retter der Welt obliegt

Jesu Werk ist es, Sünder von ihrer Sünde zu retten. »Du sollst seinen Namen Jesus nennen; denn er wird sein Volk erretten von ihren Sünden« (Mt 1,21). Der Teufel verdarb die Welt der Menschen, indem er die Sünde über sie brachte. Sie waren mit Stricken der Sünde gefesselt. Das Bild Gottes in ihnen war zerstört. Sie waren verunreinigt und ekelhaft geworden und waren einem fremden Herrn versklavt.

Doch Gott hat Christus als Retter der Welt eingesetzt, sodass Sünder zu ihm kommen und gerettet werden können. »Wer die Sünde tut, ist aus dem Teufel, denn der Teufel sündigt von Anfang an. Hierzu ist der Sohn Gottes geoffenbart worden, damit er die Werke des Teufels vernichte« (1Jo 3,8). Sünde ist eine hartnäckige Erkrankung, deren Heilung für Geschöpfe so unmöglich war wie das Auferwecken von Toten. Daher wurde er als Retter dafür eingesetzt: »Hilfe habe ich auf einen Helden gelegt, ich habe einen Auserwählten erhöht aus dem Volk« (Ps 89,20).

Christi Werk besteht außerdem darin, Sünder aus dem Elend zu retten und sie vom Vererben zu befreien: »Es hat dich zugrunde gerichtet, Israel, dass du gegen mich, gegen deinen Helfer, bist« (Hos 13,9). Durch die Sünde werden Menschen zu Zielen des Zornes Gottes gemacht, unter den Fluch des übertretenen Gesetzes gestellt und für Zeit und Ewigkeit dem rächenden Zorn Gottes ausgeliefert. Doch Christus ist dazu verordnet, sie vor alledem zu retten, wenn sie zu ihm kommen und sich ihm zu diesem Zweck anvertrauen. »Und ein Mann wird sein wie ein Bergungsort vor dem Winde und ein Schutz vor dem Regensturm, wie Wasserbäche in dürrer Gegend, wie der Schatten eines gewaltigen Felsens in lechzendem Lande« (Jes 32,2; Elb.).

Die Sünde brachte eine Flut von Trübsalen über die Welt. Diese Trübsale treffen den Sünder fortwährend in größerem oder geringerem Maße. Doch Christus ist ein Retter, der sie aus diesen Trübsalen rettet: »Aus ihm aber kommt es, das ihr in Christus Jesus seid, der uns geworden ist Weisheit von Gott und Gerechtigkeit und Heiligkeit und Erlösung« (1Kor 1,30).

Die Anwendung

Glaube nur

Siehe, bewundere und glaube, dass Gott diese verlorene Welt so sehr liebt, dass er einen Retter gegeben hat, und als solchen sogar seinen eigenen Sohn. Die Bibel legt einen sehr hohen Nachdruck darauf: »Denn so hat Gott die Welt geliebt, dass er seinen eingeborenen Sohn gab, damit jeder, der an ihn glaubt, nicht verloren geht, sondern ewiges Leben hat« (Joh 3,16). Gott hat Menschenliebe: »die Güte und die Menschenliebe unseres Heiland-Gottes erschien« (Tit 3,4). Damit ist die Liebe zu den Menschen als Gattung von Geschöpfen gemeint. Gott erweist seine Liebe zur Menschheit in zwei bedeutenden Tatsachen: Erstens darin, dass er durch einen unwandelbaren Ratschluss die Errettung einiger Menschen sichergestellt hat, und zweitens darin, dass er der ganzen Menschheit einen Retter gab und seinen eigenen Sohn als Retter für die verlorene Adamsfamilie einsetzte.

Glaube diese Wahrheit und wende sie auf dich an. Wenn daraufhin ein verborgenes Murren in deinem Herzen aufzusteigen beginnt – *aber dies gilt nicht für mich* –, so ersticke es im Keim, denn es ist ein Keim der Hölle. Wenn du nicht zu den Dämonen zählst, sondern zur sündigen Menschheit, gilt diese Wahrheit gewiss dir. Der Vater gab Christus als Retter für dich, auf dass, wenn du an ihn glaubst, du nicht verloren gehen wirst. Er sandte seinen Sohn vom Himmel mit dem vollständigen Auftrag und hinlänglicher Macht, um dich zu retten, wenn du glaubst. Und ist das nicht Liebe? Glaube es, und das wird für dich der Weg zur Schau noch größerer Liebe werden.

Siehe hierin eine weite und feste Grundlage des Glaubens für alle Menschen. Du darfst zu Christus kommen, in welcher Lage du dich auch befindest, und du darfst seine Gerechtigkeit und sein ganzes Heil für dich in Anspruch nehmen. Du darfst dich in ihm bergen als dem Zufluchtsort, den der Vater verordnet hat – ein heiliger Zufluchtsort vor Sünde und Zorn. Dir steht es frei, ihn als Retter zu ergreifen, wie es den von Schlangen gebissenen Israeliten freistand, auf die eherne Schlange zu blicken. Du darfst ihm gänzlich vertrauen, dass er dich von Sünde und Zorn rettet. Denn er wurde vom Vater als Retter der Welt gesandt. Und wenn er durch die Verordnung des Vaters Retter der Welt ist, ist er per Amt *dein* Retter und *mein* Retter, da wir zu dieser Welt und Menschheit gehören, als deren Retter er gesetzt ist. Deshalb dürfen wir es im Glauben in Anspruch nehmen, dass er uns von Sünde und Zorn rettet.

Wie ein Kind, das in einem bestimmten Schulbezirk wohnt, jemandes Unterricht in Anspruch nehmen darf, der als Lehrer dieses Schulbezirks eingesetzt ist; wie die Glieder einer Gemeinde den Predigtdienst ihres Predigers in Anspruch nehmen dürfen und wie der im Krieg Verwundete die Pflege durch einen Arzt in Anspruch nehmen darf, der diesem Regiment als Arzt verordnet ist.»Wir haben gesehen und bezeugen, dass der Vater den Sohn gesandt hat als Retter der Welt« (1Jo 4,14).

Sünder, die in ihren Sünden leben und dahinschmachten und im Begriff stehen, für ewig in der Sünde umzukommen, sind ohne Entschuldigung. Denn »der Vater hat den Sohn gesandt als Retter der Welt«. Jesus sagte: »Wenn ich nicht gekommen wäre und zu ihnen geredet hätte, so hätten sie keine Sünde; jetzt aber haben sie keinen Vorwand für ihre Sünde« (Joh 15,22). Sünder werden mit ihrem Leben und ihrer brennenden Begierde ins Verderben kommen. Sie werden damit zugrunde gehen wie Schwerverletzte; ihre Seelen werden verbluten wie von tödlichen Wunden getroffen. In diesem Zustand fassen sie sich an den Bauch ihrer Schuld und bekennen, dass sie sich selbst nicht helfen können. Der eine kommt von seinem Fluchen nicht los, der andere nicht von seiner Sinneslust, ein anderer nicht von seinem Stolz, seiner Leidenschaft, Habgier, Dummheit, seinem alten, verdorbenen, nicht erneuerten Herzen. Doch die Wahrheit ist: Sie wollen nicht, dass ihnen daraus geholfen wird. Jesus sagte: »... und ihr wollt nicht zu mir kommen, damit ihr Leben habt« (Joh 5,40). Wenn du keine Abhilfe wirken kannst, so hast du einen Retter, der Abhilfe leisten kann, was er gewiss tun würde, wenn du zu ihm kämst. Doch wenn du nicht zu ihm kommen willst, wirst du in deinen Sünden umkommen. Jesus warnte: »Daher sagte ich euch, dass ihr in euren Sünden sterben werdet; denn wenn ihr nicht glauben werdet, dass ich es bin, so werdet ihr in euren Sünden sterben« (Joh 8,24).

Ihr könnt sicher sein: Wenn jemand von euch verloren geht – und wenn ihr in euren Sünden fortfahrt, so werdet ihr verloren gehen –, dann nicht deshalb, weil euch ein Retter fehlte. Beim Gericht Gottes mag der Teufel sagen: »Wir konnten nicht von unseren Sünden gerettet werden – denn es gab keinen Retter für uns.« Die Heiden mögen sagen: »Wir konnten nicht gerettet werden, denn obwohl wir zum Geltungsbereich des Retters gehörten, haben wir nie von ihm erfahren. Er wurde uns nie vorgestellt.« Aber was wirst *du* sagen können, wenn dein Retter über dir zu Gericht sitzt und dich zum ewigen Feuer verurteilt? Deine einzige Antwort kann sein, dass du ihn und sein Heil nicht wolltest. Du wolltest nicht von deinen Sünden gerettet werden. Du wolltest ihm nicht als Retter vertrauen, obwohl er vom Vater als Retter der Welt – und als dein Retter – verordnet war. Obwohl dies dir vorgestellt wurde, wolltest du ihn nicht als deinen Retter annehmen. Du wolltest lieber in deinen Sünden umkommen, als ihm vertrauen.

Prüfe dich selbst

Ist der amtliche Retter der Welt dein tatsächlicher Retter? Hat er dich gerettet? Denke nicht, Christus verschiebe das Retten von Sündern auf die Zeit, da sie in den Himmel aufgenommen werden. Ja, sie sind erst *vollkommen* gerettet, wenn sie ihn sehen (1Jo 3,2). Doch wenn deine Errettung durch Christus nicht hier beginnt, wird sie dort niemals vollendet werden. »Er errettete uns, nicht aus Werken, die, in Gerechtigkeit vollbracht, wir getan hätten, sondern nach seiner Barmherzigkeit durch die Waschung der Wiedergeburt und Erneuerung des Heiligen Geistes. Den hat er durch Jesus Christus, unseren Heiland, reichlich über uns ausgegossen, damit wir, gerechtfertigt durch seine Gnade, Erben nach der Hoffnung des ewigen Lebens wurden« (Tit 3,5-7).

Du hast kein Anrecht vor dem Herrn auf seinen Tisch, wenn er nicht tatsächlich dein Retter ist. Wenn er dich nicht grundsätzlich (wenn auch noch nicht endgültig) von Sünde und Zorn gerettet hat, hast du keinen Teil mit ihm. Doch sobald ein Sünder zu ihm umkehrt, rechtfertigt er diesen Sünder vollkommen. Was sind die Kennzeichen des Glaubens, der daraus folgt?

Erstens: Wenn Christus wirklich begonnen hat, dich zu retten, wirst du wie ein Geretteter über Sünde und über den Zorn Gottes denken. Wenn ein Ertrinkender lebend aus dem Wasser gezogen wurde – oder aus einer stinkenden Kloake – und dann am Rande steht und darauf schaut, nachdem er um ein Haar darin umgekommen wäre, was denkt er dann von diesem Gewässer oder dieser Kloake? Ebenso wird der Gerettete über die Sünde und über den Zorn Gottes denken. Du wirst ehrfürchtige und erhabene Gedanken über den Zorn Gottes haben und ihn mehr fürchten als alles andere. »Deshalb lasst uns, da wir ein unerschütterliches Reich empfangen, dankbar sein, wodurch wir Gott wohlgefällig dienen mit Scheu und Furcht! Denn auch unser Gott ist ein verzehrendes Feuer« (Hebr 12,28-29). Jesus sagte: »Fürchtet euch nicht vor denen, die den Leib töten, die Seele aber nicht zu töten vermögen; fürchtet aber vielmehr den, der sowohl Seele als Leib zu verderben vermag in der Hölle!« (Mt 10,28). Von allen Schrecknissen wird der Zorn Gottes für dich die fürchterlichste Vorstellung sein.

Wer sich im Zustand unter dem Zorn Gottes befindet, hat entweder seinen Sinn für Gottes Zorn verloren oder weiß gar nicht, worum es geht, oder er träumt von einem angenehmen Ort. Und so fährt er ungestört in seinen Sünden fort ohne einen Gedanken an Zorn. Oder er stellt sich den Zorn Gottes zwar schrecklich vor, meint aber, es gäbe noch etwas Schrecklicheres. Deshalb sündigt er lieber weiter, anstatt die Entbehrungen zu erleiden, die mit der Abtötung der Sünde einhergehen. Oder sein Herz ist brennend heiß vom Schrecken über den Zorn Gottes, aber gleichzeitig eiskalt, was die Liebe und kindliche Zuneigung zu Gott betrifft, dessen Zorn es ist. Doch die gerettete Seele sieht von allen Dingen den Zorn Gottes als das Schrecklichste an, blickt aber mit kindlicher Verehrung und Zuneigung zu dem Gott auf, dessen Zorn es ist.

Zweitens: Wenn Christus tatsächlich dein Retter ist, wirst du eine übernatürliche Wertschätzung und Liebe für deinen Retter haben. »Euch nun, die ihr glaubt, bedeutet er die Kostbarkeit« (1Petr 2,7). Sein das Gewissen reinigende Blut und sein die Seele heiligender Geist werden dir wertvoller sein als tausend Welten. Du wirst sie ersehnen vor allen anderen Dingen, dich danach ausstrecken und lechzen und mehr und mehr davon wünschen. In Vergleich zu diesen Segnungen wird dir die ganze Welt wie eine Lappalie erscheinen, auf die du gut verzichten kannst, um die Reichtümer Christi zu erlangen: »Als [der Kaufmann] aber eine sehr kostbare Perle gefunden hatte, ging er hin und verkaufte alles, was er hatte, und kaufte sie« (Mt 13,46). Jesus selbst sagte: »Wenn jemand zu mir kommt und hasst nicht seinen Vater und die Mutter und die Frau und die Kinder und die Brüder und die Schwestern, dazu aber auch sein eigenes Leben, so kann er nicht mein Jünger sein« (Lk 14,26). Für diejenigen, die ihn jetzt kennen, ist er jeden Preis wert:

> Ja wirklich, ich halte auch alles für Verlust um der unübertrefflichen Größe der Erkenntnis Christi Jesu, meines Herrn, willen, um dessentwillen ich alles eingebüßt habe und es für Dreck halte, damit ich Christus gewinne und in ihm gefunden werde – indem ich nicht meine Gerechtigkeit habe, die aus dem Gesetz ist, sondern die durch den Glauben an Christus, die Gerechtigkeit aus Gott aufgrund des Glaubens (Phil 3,8-9).

Drittens: Wenn du Christus als deinem tatsächlichem Retter vertraut hast, wirst du unter den verbleibenden Spuren deiner Sündenkrankheit, von der du errettet wurdest, seufzen. Dein Gewissen wird bezeugen, dass du eifrig bestrebt bist, von dieser Krankheit gänzlich frei zu werden. »Ich elender Mensch! Wer wird mich retten von diesem Leibe des Todes?« (Röm 7,24), Deine Seele wird sich nach der vollständigen Errettung sehnen, sodass du die Feinde, die du heute siehst, einst nie wieder sehen wirst. Du wirst dich nach diesem vollständigen Sieg über all deine Verderbnisse sehnen: »Wir selbst seufzen in uns selbst und erwarten die Sohnschaft: die Erlösung unseres Leibes« (Röm 8,23).

Empfange den Herrn Jesus

Ergreife Christus als *deinen* Retter, o Sünder. Nimm ihn an in dem Charakter, in dem der Vater ihn gesandt hat – als Retter der

Welt, und als deinen Retter. Du bist verloren in deinen Sünden. Verloren unter dem Zorn Gottes. Verloren unter dem Fluch des Gesetzes. So komme zu ihm und suche bei ihm die ganze Errettung. Lege deinen Fall in seine Hand, in die Hand des vom Vater verordneten Retters, und kränke ihn nicht weiter.

Bedenke vor allem, dass du einen Retter brauchst. Deine Sündenkrankheit wird dich zugrunde richten, wenn du nicht davon gerettet wirst. Die Sündenschuld wird dich unter dem Zorn einschließen, und der Zorn Gottes wird dich in der Hölle versenken. Und solange die Sünde ihre ungebrochene Herrschaft über dich ausübt, kannst du sicher sein, dass die Schuld nicht aufgehoben ist. »Nicht die Starken brauchen einen Arzt, sondern die Kranken« (Mt 9,12). »Aber vom Baum der Erkenntnis des Guten und Bösen, davon darfst du nicht essen; denn an dem Tag, da du davon isst, musst du sterben!« (1Mo 2,17).

Es gibt keinen Retter außer Christus. »Es ist in keinem anderen das Heil; denn auch kein anderer Name unter dem Himmel ist den Menschen gegeben, in dem wir gerettet werden müssen« (Apg 4,12). Alle anderen sind unnütze Ärzte. All deine eigenen Bemühungen werden dich nicht retten – noch irgendetwas, was irgendein Geschöpf tun könnte.

Außerdem ist er imstande dich zu retten. »Daher kann er die auch völlig erretten, die sich durch ihn Gott nahen, weil er immer lebt, um sich für sie zu verwenden« (Hebr 7,25). Was dein Zustand auch sein mag, so ist in seinem Blut ein unendlicher Verdienst, der die größte Schuld tilgen kann. »Das Blut Jesu, seines Sohnes, reinigt uns von jeder Sünde« (1Jo 1,7). Sein Geist ist von unendlicher Wirksamkeit, um solche zu heiligen, die völlig unheilig sind: »Und das sind manche von euch gewesen; aber ihr seid abgewaschen, aber ihr seid geheiligt, aber ihr seid gerechtfertigt worden durch den Namen des Herrn Jesus Christus und durch den Geist unseres Gottes« (1Kor 6,11). Wenn du das bezweifelst, entehrst du Christus und seinen Vater, der ihn gesandt hat. »Damals redetest du im Gesicht zu deinen Frommen und sagtest: Hilfe habe ich auf einen Helden gelegt, ich habe einen Auserwählten erhöht aus dem Volk« (Ps 89,19).

Er ist willens, dich zu retten: »Und der Geist und die Braut sagen: Komm! Und wer es hört, spreche: Komm! Und wen dürstet, der komme! Wer da will, nehme das Wasser des Lebens umsonst!« (Offb 22,17). Das einzige, was noch fehlt, ist deine Willigkeit, gerettet zu werden. »Wehe dir, Jerusalem! Willst du denn nicht rein werden?« (Jer 13,27; Schl.). Wenn du kommst, brauchst du nicht zu fürchten, abgewiesen zu werden. »Wer zu mir kommt, den werde ich nicht hinausstoßen« (Joh 6,37). Er hat das Amt des Retters der Welt aufgenommen, und er kann die Ausübung dieses Amtes nicht ablehnen.

Zuletzt: Du musst ihn entweder als deinen Retter von Sünde und Zorn annehmen, so wie es seinem himmlischen Sendungsauftrag entspricht, oder du wirst schuldig sein, ihn als deinen Retter abgelehnt zu haben, nachdem sein Vater – unser Gott – ihn zu diesem Zweck eingesetzt und beauftragt hat. Bedenke, wie du dafür vor Gericht Rechenschaft ablegen willst.

Wie kannst du ihn annehmen und ergreifen? Nur durch Glauben. Nur indem du an ihn glaubst, indem du von deiner Sünde und deinem hoffnungslosen Zustand überzeugt wirst und indem du ersehnst, von beidem errettet zu werden. Glaube, dass Christus kraft der Verordnung des Vaters *dein* Retter ist, und vertraue ihm völlig als dem gekreuzigten Retter, dass er auf der Grundlage der Treue Gottes zu seinem Wort dir sein ganzes Heil geben wird.[1]

Anhang 4
Die Liebe Gottes zur Welt

Vorbemerkung des Herausgebers: Der folgende Text stammt aus einem Essay von John Brown (1784–1858), einem von mehreren schottischen Predigern dieses Namens. Am bekanntesten ist er für das Werk, dem dieser Text entnommen ist.

Denn so hat Gott die Welt geliebt, dass er seinen eingeborenen Sohn gab, damit jeder, der an ihn glaubt, nicht verloren geht, sondern ewiges Leben hat (Joh 3,16).

Wir wollen nun die hauptsächliche Quelle dieser Heilsökonomie betrachten, wie sie von unserem Herrn dargelegt wird. Die Liebe Gottes – die Liebe Gottes für die Welt. »So sehr hat Gott die Welt geliebt« (Joh 3,16).

Die Lehre vom Sühnopfer besagt, dass der Tod des fleischgewordenen, eingeborenen Sohnes Gottes als Opfer für die Sünden der Menschen notwendig war, damit die Gnade Gottes Sündern erwiesen werden könne und ihnen Vergebung und Heil zuteil werde, und zwar im Einklang mit der Gerechtigkeit des Charakters und Gesetzes Gottes. Den Vertretern dieser Lehre wurde oft vorgeworfen zu lehren, dass das Eingreifen des Sohnes Gottes notwendig war, um Gott, seinen Vater, im Herzen geneigt zu machen, sich des Menschen zu erbarmen und ihn zu retten, und – wie ihnen gewaltsam in den Mund gelegt wurde – »dass der eingeborene Sohn mit seinem Leben als Lösegeld nicht Menschenseelen erwarb, sondern das Mitleid des Vaters«. Es wurde gesagt, die Vertreter dieser Lehre beschrieben die Dreifaltigkeit als ein Wesen von so grimmigem Zorn, dass Gott durch nichts anderes besänftigt werden könnte als durch die Tränen und Gebete, das Blut und den Tod seines eigenen Sohnes.

Wir müssen anerkennen, dass die Lehre vom Sühnopfer nicht immer so dargestellt wurde, wie es »der gesunden Lehre geziemt« und dass wohlwollende Menschen bei diesem Thema manchmal eine Ausdrucksweise verwendet haben, die den Eindruck vermittelte, dass Christus eigentlich gestorben sei, *um* Gott zu Mitleid und Retterliebe zu veranlassen, und nicht deshalb, *weil* Gott Menschen bemitleidete und sie retten wollte. Die biblische Lehre vom Sühnopfer bietet für solche Schlussfolgerungen jedoch keine Grundlage. »Gott ist Liebe«, sagt die Bibel, vollkommen in seiner Güte, »reich an Barmherzigkeit«. Wenn wir bei unserer sprachlichen Darstellung dieses Themas irren, dann nicht, weil wir zu viel sagen, sondern zu wenig. Unsere Gedanken übersteigen nicht die Wahrheit, sondern reichen nicht an sie heran.

Unter den Personen Gottes konnte und kann es keine Uneinigkeit bezüglich der Errettung des Menschen geben. Der Wille der Gottheit ist eins und muss notwendigerweise in sich eins sein. Wir wollen keinen Augenblick erwägen, dass der Vater und der Heilige Geist abgeneigt gewesen seien, den Menschen zu retten und dass der Sohn Fleisch geworden sei und litt und starb, um sie zu veranlassen, seinem Wunsch nachzukommen und der schuldigen und verdorbenen Menschheit Gunst zu erweisen. Die wunderbare Heilsökonomie ist die Frucht jener souveränen Güte, die sowohl dem Vater als auch dem Sohn, als auch dem Heiligen Geist zu eigen ist. In dieser Ökonomie erhält der Vater die Majestät der Gottheit aufrecht. Alles wird so dargestellt, dass es in ihm seinen Ursprung hat. Doch seine Heiligkeit ist die Heiligkeit der Gottheit, seine Gerechtigkeit die Gerechtigkeit der Gottheit und seine Liebe die Liebe der Gottheit.

Christus starb nicht, *damit* Gott den Menschen liebe. Er starb, *weil* Gott den Menschen liebte. »Gott aber erweist *seine* Liebe zu uns darin, dass Christus, als wir noch Sünder waren, für uns gestorben ist« (Röm 5,8).

Hierin ist die Liebe Gottes zu uns geoffenbart worden, dass

Die Liebe Gottes zur Welt

Gott seinen eingeborenen Sohn in die Welt gesandt hat, damit wir durch ihn leben möchten. Hierin ist die Liebe: nicht dass wir Gott geliebt haben, sondern dass er uns geliebt und seinen Sohn gesandt hat als eine Sühnung für unsere Sünden (1Jo 4,9-10).

Das Sühnopfer ist somit nicht die Ursache, sondern die Wirkung der Liebe Gottes. Es ist die wunderbare Maßnahme, ersonnen von unendlicher Weisheit, um der schuldigen Menschheit die souveräne Güte zu erweisen. Diese Maßnahme ist nicht nur vereinbar mit der Gerechtigkeit des Charakters Gottes, die zum Ausdruck kommt in den Forderungen und Strafen des heiligen, vom Menschen übertretenen Gesetzes, sondern verdeutlicht diese Gerechtigkeit in glorreicher Weise.

Das Gesetz ist keine willkürliche Einrichtung. Es ist einfach die Verkörperung jener Prinzipien, die notwendig sind für das Glück intelligenter, verantwortlicher Wesen, während sie bleiben, was sie sind, und während Gott bleibt, was er ist. Dieses Gesetz entstammt nicht der Souveränität, sondern jener den moralischen Charakter Gottes ausmachenden Einheit von vollkommener Weisheit, Heiligkeit und Güte. Sein Wesen erfordert es, dieses Gesetz aufrecht zu erhalten. Er kann nicht anders als vom Menschen Wahrhaftigkeit, Gerechtigkeit und Güte zu fordern. Dieses Gesetz wurde vom Menschen übertreten. Folglich fiel der Mensch den schrecklichen Konsequenzen der Übertretung anheim. Er hatte gesündigt und verdiente den Tod. Die Hoffnungslosigkeit, das ewige Verderben des Sünders, müsste jedem geschaffenen Verstand als notwendiges Resultat dieses Zustands erscheinen. Doch »Gott, der reich ist an Barmherzigkeit« und an unendlicher Weisheit, beschloss und vollführte einen Plan, durch den das Gesetz unvermindert geehrt würde und dennoch die Übertreter dieses Gesetzes Vergebung und Rettung finden würden. Durch diesen Plan sollte dem intelligenten Universum das Übel der Sünde in stärkerem Licht vorgestellt werden als durch das ewige Verderben der ganzen Menschheit, und doch sollte dadurch eine unzählbare Schar dieser verlorenen Menschheit vor dem Verderben gerettet werden und »ewige Rettung finden« (Jes 45,17).

Der eingeborene Sohn nahm in seliger Erfüllung der gnadenreichen Verordnung des Vaters den Platz der Sünder ein. In ihrer Natur und an ihrer Stelle erwies er sich als vollkommen gehorsam gegenüber dem Gesetz, das sie übertreten hatten. Das tat er in Umständen der schwersten Versuchung und Schwierigkeit. Damit verdeutlichte er die Vernünftigkeit und Vortrefflichkeit aller Verordnungen dieses Gesetzes. Und an Stelle von Menschen unterwarf er sich solchen Leiden, die nach dem Urteil unendlicher Weisheit und Gerechtigkeit die strafende Seite des göttlichen Gesetzes eindrücklicher ehrten, als die ewige Strafe für Sünder es je hätte tun können: »Ihn hat Gott hingestellt als einen Sühneort durch den Glauben an sein Blut zum Erweis seiner Gerechtigkeit wegen des Hingehenlassens der vorher geschehenen Sünden unter der Nachsicht Gottes; zum Erweis seiner Gerechtigkeit in der jetzigen Zeit, dass er gerecht sei und den rechtfertige, der des Glaubens an Jesus ist« (Röm 3,25-26). Er ist der eine »gerechte und rettende Gott« (Jes 45,21).

Nachdem ich nun zu zeigen versucht habe, dass das Sühnopfer Christi nicht die Veranlassung für Gottes Liebe zu Sündern ist, sondern das Mittel, welches Gott in seiner Weisheit dazu bestimmt hat, seine Liebe im Einklang mit seiner Gerechtigkeit zu erweisen, erkläre ich im Folgenden etwas ausführlicher die große Wahrheit, auf die ich in diesem Teil des Themas eure Aufmerksamkeit lenken möchte: dass die ganze wunderbare Heilsökonomie, die unser Herr entfaltet hat, der Liebe Gottes entspringt, der Liebe Gottes zur Welt.

Die Liebe Gottes – der Ursprung des Heilsplans

Zu Beginn fragen wir: Worin könnte der Heilsplan seinen Ursprung haben, wenn nicht in Liebe – in reiner, souveräner Güte? Sinne nach über die Eigenschaften und Beziehungen Gottes und dann über den Charakter und die Umstände des Menschen. Betrachte zuerst den Urheber und dann die Empfänger des Heils und beantworte die Frage: Aus welcher Quelle konnte das Heil strömen, wenn nicht aus unveranlasster Gütigkeit?

Die Liebe Gottes zur Welt

Schaue auf zu Gott und sage, ob irgendetwas anderes als souveräne Güte ihn veranlasst haben könnte, den Heilsplan zu ersinnen und auszuführen. Nicht strenge Gerechtigkeit konnte ihn dahingehend beeinflussen – das hätte ihn zur Auferlegung von Strafe geführt und nicht zum Erweisen von Gunst; es hätte nicht Heil, sondern Verderben über den Menschen gebracht. Eigennützige Betrachtungen stehen aufgrund der absoluten Unabhängigkeit Gottes gänzlich außer Betracht. Die Quellen der Seligkeit Gottes liegen wie die Quellen der Vorzüglichkeit Gottes ganz im Wesen Gottes. Kein Geschöpf kann die Glückseligkeit Gottes steigern oder vermindern. Unsere Dankbarkeit, unser Gehorsam und unser Lob für die Wohltaten des Heils können sein Glück nicht steigern. »Kann denn ein Mann Gott Nutzen bringen? Vielmehr sich selbst bringt der Einsichtige Nutzen. Ist es dem Allmächtigen von Wert, wenn du gerecht bist, oder ist es ihm ein Gewinn, wenn du deine Wege vollkommen machst?« (Hiob 22,2-3).

Und wenn dieser wunderbare Heilsplan seinen Ursprung nicht in einem eigennützigen Wunsch danach hat, dass wir ihm dienen und ihn preisen, kann er genauso wenig gründen in einer eigennützigen Furcht vor unserer Feindschaft, unseren Vorwürfen oder unseren rebellischen Angriffen auf seine Herrschaft. Allein dieser Gedanke ist absurd und lästerlich. »Für deine Gottesfurcht sollte er dich strafen, mit dir vor Gericht gehen?« (Hiob 22,4). »Wenn du sündigst, was kannst du ihm damit antun? Werden zahlreich deine Verbrechen, was kannst du ihm zufügen?« (Hiob 35,6). Den Mann, dir gleich, trifft deine Gottlosigkeit und das Menschenkind deine Gerechtigkeit« (V. 8).

Doch Gott ist davon nicht betroffen. Alle Ambitionen von Menschen und Dämonen gegen seine Herrschaft kann er mühelos vergelten und als Anlass nehmen, seine Weisheit, Macht und Gerechtigkeit vorzuführen. Wäre die ganze sündige Menschheit dem ewigen Verderben ausgeliefert, würde er dann nicht alle Ewigkeit durch ihre Leiden gepriesen, die Illustrationen sind für seine untadelige Heiligkeit, seine unbeugsame Gerechtigkeit, seine unumstößliche Treue, ohne jede Herabsetzung seiner Güte, die sich tatsächlich in ihren unendlichen Leiden gezeigt hätte, so wie bei den »Engeln, die ihren Herrschaftsbereich nicht bewahrt haben« (Jud 1,6), da solche Strafen das direkte Mittel zum Durchsetzen dieses Gesetzes sind, das notwendig ist für das Glück seiner intelligenten Geschöpfe sowie für die Ehre seines Charakters oder die Stabilität seines Thrones?

Wenn wir in dieser Weise zu Gott aufschauen, dem Geber der Segnungen des christlichen Heils, müssen wir zugeben: »Nichts als Liebe konnte ihn bewegen, diese Segnungen zu erweisen.« Und wenn wir an die Empfänger dieser Segnungen denken, leitet uns ein sehr kurzer Gedankengang zur selben Schlussfolgerung. Nichts in der Situation oder dem Charakter des Menschen könnte uns veranlassen, seine Segnungen auf irgendetwas anderes zurückzuführen als auf reine Gütigkeit.

Der Mensch ist ein Geschöpf und daher hat er streng genommen keinen Anspruch auf Gott. Es war Gottes freies souveränes Wohlgefallen, ihn zu erschaffen oder ihn nicht zu erschaffen, und als er ihn schuf, war es sein souveränes Wohlgefallen, dass er ihn zu einem lebenden, denkenden, unsterblichen Wesen machte und nicht zu einem dummen Vieh oder einem leblosen Klotz. Als Geschöpf ist der Mensch, wie alle anderen Geschöpfe auch, für jede Segnung von Gottes Freigiebigkeit abhängig. Doch obwohl der Mensch keinesfalls einen Anspruch an Gott erheben konnte, auch wenn er in dem Zustand geblieben wäre, in dem Gott ihn erschaffen hatte – unschuldig und heilig –, können wir mit Sicherheit sagen, dass sowohl die Billigkeit als auch die Güte Gottes ihm alles gewährleistet hätten, was zu wahrem und dauerhaftem Glück notwendig wäre.

Doch der Mensch ist ein Sünder. Er ist unzähliger Verstöße gegen dieses heilige Gesetz schuldig, wobei jede einzelne Übertretung das ewige Verderben verdient. Und in dem Zustand, indem ihn die Ökonomie der Gnade vorfindet, ist er kein bußfertiger Sünder. Nein, er ist ein verhärteter Rebell, der mit seinen Übertretungen fortfährt und sich immer weiter von Gott entfernt. Was sieht Gott, wenn er vom Himmel auf die Menschenkinder herniederblickt? »Alle sind abgewichen, sie sind alle verdorben; da ist keiner, der Gutes tut, auch nicht einer« (Ps 14,2-3). Was könnte Gott veranlassen, solche Wesen zu verschonen und zu retten? Heiligkeit, Gerechtigkeit, Weisheit – wären diese in Gottes Wesen nicht kombiniert mit unendlicher Güte, dann hätten sie alles andere als gütige Gedanken veranlasst bezüglich solch einer schmutzigen, rebellischen, mehr als nutzlosen, verderblichen Klasse von Geschöpfen. Sie sind eine Gruppe von Wesen, die ein bloßer Willensakt hätte auslöschen oder mit ewigem Verderben hätte strafen können. Was außer Liebe, reines souveränes Mitleid, hätte sagen können: »Befreie ihn, damit er nicht in die Grube hinabfährt! Ich habe Lösegeld für ihn gefunden« (Hiob 33,24)?

Da es derart offenkundig ist, dass nichts anderes als Liebe die Quelle der Heilsökonomie für den Menschen sein kann, so ist es gleichfalls offensichtlich, dass diese Liebe eine »Breite und Länge und Höhe und Tiefe« haben muss, die die Erkenntniskraft intelligenter Geschöpfe übersteigt (Eph 3,17-19). Wir tun gut daran, zusammen mit dem Apostel in Ehrfurcht zu staunen und auszurufen: »Seht, welch eine Liebe!« (1Jo 3,1). »Hierin – ja wirklich hierin – ist die Liebe« (1Jo 4,10), als seien alle anderen Offenbarungen der Güte Gottes nicht erwähnenswert im Vergleich zu dieser.

Die Stärke einer wohlwollenden Zuneigung messen wir für gewöhnlich auf zweierlei Weise: am inneren Wert der Segnungen, die den Gegenständen dieser Zuneigung zuteil werden, und am Aufwand, an der Mühe und dem Leid, zu deren Kosten diese Segnungen für sie erworben werden. Lasst uns den vor uns liegenden Fall mit diesen Maßen messen, oder besser gesagt, zu messen versuchen. Dann werden wir zugeben müssen, dass diese Liebe wirklich die Erkenntnis übersteigt (Eph 3,19).

Das Heil durch Christus beinhaltet die Befreiung von zahlreichen verschiedenen, enormen, endlosen Übeln. Es ist die Rettung vor dem »Verlorengehen«. Es beinhaltet außerdem die Wiederherstellung zahlreicher verschiedener, enormer, endloser Segnungen. Es ist die Freude des »ewigen Lebens«. Es ist die ewige Rettung vor moralischem und materiellem Übel in allen seinen Formen und allen seinen Ausmaßen, und der Besitz einer Glückseligkeit, die während unseres ganzen ewigen Daseins unsere ganze Fähigkeit, uns zu freuen, ausschöpft und überströmen lässt. Wenn wir bedenken, mit wie vielen und vielfältigen und wertvollen himmlischen und geistlichen Segnungen wir gesegnet sind, müssen wir anerkennen, dass es wirklich eine »große Liebe« ist, mit der Gott uns liebt. Wenn wir das Erbe bedenken, das unverderblich, unbefleckbar und unvergänglich ist, müssen wir sagen, dass die Gnade, die dieses Erbe erteilt, »überreiche Gnade« ist. Dieses Maß können wir nur in sehr unzureichender Weise anwenden. Nur die hoffnungslos Verlorenen wissen, wovon das Heil Christi rettet. Nur die Glückseligen im Himmel wissen, wozu das Heil Christi erhöht. Selbst sie kennen diese Dinge nur unvollkommen. Die Ewigkeit wird immer neue Schrecken an Ersterem und Herrlichkeiten an Letzterem offenbaren.

Wenn wir versuchen, das zweite Maß anzuwenden, gelangen wir rasch zum selben Ereignis. Um diese Segnungen zu erlangen, musste der Sohn Gottes Fleisch werden und gehorsam sein und leiden und sterben. Gott verschonte seinen eigenen Sohn nicht, sondern gab ihn an unserer Stelle hin als Opfer für unsere Übertretungen (Röm 8,32). Er machte ihn, der keine Sünde kannte, an unserer Stelle zum Sündopfer (2Kor 5,21). Er machte, dass alle unsere Ungerechtigkeiten auf ihn gelegt wurden. Es gefiel dem Herrn, ihn zu schlagen. Er wurde verwundet unserer Übertretungen wegen und die Strafe lag auf ihm zu unserem Frieden (Jes 53,5-6). Er, der in Gestalt Gottes war und es für keinen Raub hielt, Gott gleich zu sein, machte sich selbst zu nichts, nahm Knechtsgestalt an, demütigte sich und wurde gehorsam bis zum Tod, ja bis zum Tod am Kreuz (Phil 2,6-8). Wenn es ein starker Beweis für die Hochachtung von Abraham für Gott war, dass er ihm seinen Sohn, seinen einzigen Sohn, nicht vorenthielt, wie haben wir dann die Liebe Gottes zu einer verlorenen Welt einzuschätzen! Diese Liebe veranlasste ihn, seinen eigenen Sohn, seinen einzigen, eingeborenen, geliebten Sohn zu geben, damit er sich selbst hingebe als ein Opfer für das Heil der Menschen!

Die Liebe Gottes zur Welt: Der Ursprung des Heilsplans

Ich möchte eure Aufmerksamkeit noch kurz auf einen weiteren Gedanken zu diesem Thema lenken. Die Liebe, in der die Heilsökonomie ihren Ursprung hat, ist Gottes Liebe zur Welt. So sehr hat Gott die Welt geliebt, dass er seinen eingeborenen Sohn gab. Der Begriff »Welt« ist hier gleichbedeutend mit »Menschheit«. Unser Herr scheint ihn in Bezug auf die sehr eingeschränkten und exklusiven Ansichten der Juden verwendet zu haben. Sie dachten, Gott liebe sie und hasse alle anderen Nationen der Menschheit. Das waren ihre eigenen Gefühle und sie dachten törichterweise, Gott sei insgesamt genauso wie sie. Dementsprechend erwarteten sie, dass der Messias kommen würde, um Israel zu befreien und die anderen Nationen der Erde zu bestrafen und zu vernichten. Doch Gottes Wege waren nicht ihre Wege, noch seine Gedanken ihre Gedanken. So hoch der Himmel über der Erde ist, so hoch waren seine Wege über ihren Wegen und seine Gedanken über ihre Gedanken (Jes 55,8-9).

Einige haben gemeint, das Wort »Welt« beziehe sich hier nicht auf die Menschheit allgemein, sondern auf eine besondere Gruppe aus dem Ganzen, nämlich auf jenen Teil der Menschheit, der gemäß dem Gnadenbund Gottes letztendlich Teilhaber des Heils Christi wird. Doch damit verleiht man dem Ausdruck eine Bedeutung, die sich bei rechtem Gebrauch der Bibel als völlig unberechtigt erweist. Wer die Lehre der persönlichen Erwählung versteht, kann nicht bezweifeln, dass die tatsächlich Erretteten die Gegenstände einer besonderen Liebe Gottes sind und dass das Opfer des Heilands einen besonderen Zweck im Hinblick auf sie erfüllte. Doch kann genauso wenig Zweifel daran bestehen, dass das Sühnopfer Christi eine allgemeine Bedeutung für die Menschheit im Ganzen hat und dass es die Liebe Gottes zu unserer schuldigen Menschheit vor Augen führen sollte. Das Sühnopfer Jesu Christi war nicht nur ausreichend für die Errettung der ganzen Welt, sondern es war dazu gedacht und geeignet, aus dem Weg zur Errettung von Sündern allgemein alle Hindernisse zu entfernen, welche der moralische Charakter Gottes und die Prinzipien der moralischen Herrschaft Gottes darstellten. Ohne dieses Sühnopfer wäre es unvereinbar mit der Gerechtigkeit gewesen, wenn irgendein Sünder Vergebung erlangt hätte. Infolge dieses Sühnopfers kann jeder Sünder Vergebung und Rettung finden – und wenn er glaubt, wird er diese gewisslich finden. Mittels dieses Sühnopfers offenbart Gott sich unterschiedslos allen Sündern als gnädig und vergebungsbereit. Und die Einladungen und Verheißungen, die den Menschen auffordern, auf Christus zum Heil zu vertrauen, richten sich an alle, gelten für alle und sind für alle ohne Ausnahme oder Einschränkung anwendbar.

Die Offenbarung der Gnade im Evangelium gilt den Menschen als Sündern, und nicht als erwählten Sündern. Wenn sie zum Glauben des Evangeliums aufgerufen werden, ist ihre Erwählung oder ihre Nichterwählung etwas, wovon sie notwendigerweise völlig in Unkenntnis sind und womit sie nichts zu tun haben. »Die Güte und die Menschenliebe unseres Heiland-Gottes« wird dabei offenbart (Tit 3,4).»… dass Gott in Christus war, die Welt mit sich selbst versöhnend« (2Kor 5,19). In der Offenbarung der Gnade erscheint er als der Gott, der keinen Gefallen am Tod des Gottlosen hat und der will, dass alle Menschen gerettet werden und zur Erkenntnis der Wahrheit kommen (Hes 33,11; 1Tim 2,3-4). »Die Gnade Gottes ist erschienen, heilbringend für alle Menschen« (Tit 2,11).

Ich bin überzeugt, dass die Lehre der persönlichen Erwählung klar in der Bibel gelehrt wird, doch bin ich genauso überzeugt, dass jener Prediger diese Lehre missversteht, der meint, sie hindere ihn auch nur im Geringsten daran, jedem Hörer des Evangeliums ein volles und freies Heil als Gnadengabe Gottes zu verkünden. Und ich bin überzeugt, dass jener Mensch diese Lehre missbraucht, der darin irgendein Hindernis findet auf seinem Weg, als Sünder durch Glauben an die Wahrheit all die Segnungen des christlichen Heils zu empfangen. Ja, wenn diese Lehre richtig verstanden wird, kann sie keine solchen Auswirkungen haben. Denn was besagt diese Lehre als dies, in anderen Worten gesagt: Es ist absolut gewiss, dass eine große Volksmenge aus der Menschheit durch Christus gerettet werden wird. Und es ist ebenso gewiss: Wenn jemand, dem das Heil angeboten wird, unerrettet bleibt und ewig verloren geht, dann liegt das einzig und allein an seiner hartnäckigen Verweigerung dessen, was ihm frei und aufrichtig dargeboten wurde. Die Güte Gottes, wie sie sich in der Gabe seines Sohnes zeigt, ist Güte gegenüber der Menschheit. Und wenn ich als Einzelner der so überreich bewiesenen Güte Gottes gegenüber dem Menschen glaube, kann ich keinen Grund finden, weshalb ich mich nicht dieser Güte unterwerfen und erwarten sollte, ebenso wie die anderen errettet zu werden.

Wann immer jemand zögert, sich in Abhängigkeit von der Gnade Gottes zu stellen, weil er nicht sicher ist, ob er erwählt ist oder nicht, zeigt er eindeutig, dass er das Evangelium noch nicht verstanden hat. Er hat noch nicht die Offenbarung der Liebe Gottes zum Menschen begriffen. Wenn er Gott in Christus die Welt mit sich versöhnen sieht, braucht er nicht zu fragen: *Gilt der Plan der Gnade auch mir? Bin ich nicht vielleicht irgendwie davon ausgeschlossen, Nutznießer dieser Gnade zu sein?* Diese und ähnliche Gedanken, die seinen Sinn von der Stimme Gottes wegziehen hin zu eigenen Spekulationen, werden nicht gelten gelassen. Er sieht, dass Gott reich an Barmherzigkeit, vergebungsbereit und gerecht ist und dass er den Gottlosen rechtfertigt. Er kann nicht anders, als sein Vertrauen auf ihn zu setzen. Jemand sagte glückselig: »Durch die Offenbarung dessen, was er getan hat, insbesondere dadurch, dass er Christus sandte und dahingab, den Gerechten für die Ungerechten, plädiert Jahwe für seine Sache mit solch einem überwältigenden Pathos, dass keine Kraft sich ihm widersetzen kann. Sondern derjenige, dem dies offenbart wird, ergibt sich unter die Autorität und Herrlichkeit der Wahrheit. Der Sünder, der so von Herzen dem Evangelium glaubt, empfängt freudig und dankbar ›den Retter der Welt‹ als seinen Retter und vertraut, dass er durch die Gnade Gottes Teilhaber des gemeinsamen Heils wird.«

Anmerkungen

Kapitel 1   So sehr hat Gott die Welt geliebt

1. Zitiert in Iain Murray: *Jonathan Edwards: A New Biography* (Edinburgh: Banner of Truth, 1987), S. 169. Siehe auf Deutsch auch Peters, Benedikt: *Der Geist der Erweckung* (Bielefeld: Betanien Verlag, 2001), S. 36.
2. Charles G. Finney: *Revivals of Religion* (Old Trappan, New Jersey: Revell, o.J.), S. 4-5.
3. Ebd., S. 220-221 (Hervorhebungen hinzugefügt).
4. J.C. Pollock: *Dwight L. Moody* (Dillenburg: CV, 1996), S. 94-95.
5. D.L. Moody selbst hat sich zweifellos einer Überbetonung der Liebe Gottes schuldig gemacht.»Seine eine Botschaft war, neben ständiger Betonung der Notwendigkeit der Bekehrung, die Liebe Gottes. Obwohl seine Theologie grundsätzlich rechtgläubig war, war sie so zweideutig, dass sie mitunter als überhaupt keine Theologie erschien.« George M. Marsden: *Fundamentalism and American Culture* (Oxford: Oxford, 1980), S. 32, vgl. S. 35.
   Folglich unterschätzte Moody die Gefahren des Liberalismus. »Während er in der Theorie gegen Liberalismus war, pflegte er Freundschaften mit einflussreichen Liberalen, weil er hoffte, dass der Friede obsiegen würde.« Ebd., S. 33.
   Die Schulen, die Moody in Northfield (Massachusetts) gründete und mit denen er bis zu seinem Tod verbunden war, unterstanden binnen nur einer Generation nach Moodys Tod völlig einer liberalen Leiterschaft. Das *Moody Bible Inistitute* in Chicago, das Moody einige Jahre vor seinem Tod einer klaren Leitung anvertraut hatte, ist jedoch bis heute fest evangelikal.
6. Diese Methode der Bibelkritik wird auch heute noch von Gruppen angewendet wie dem bekannten »Jesus Seminar«, dessen Gelehrte geschlussfolgert haben, dass nur ein Drittel der über 700 Aussagen, die Jesus zugeschrieben werden, tatsächlich von ihm stammen.
7. Harry Emerson Fosdick: *Christianity and Progress* (New York: Revell, 1922), S. 173-174 (Hervorhebungen hinzugefügt).
8. Ebd., S. 174.
9. Ebd. (Hervorhebungen hinzugefügt).
10. Das ist genau die Sprache, die Harold Kushner verwendet in *When Bad Things Happen to Good People* (New York: Shocken, 1981).

11. Arthur W. Pink: *The Souvereignty of God* (Grand Rapids: Baker, 1930), S. 29-31; 245-252, 311-314. Deutsche Ausgabe: *Die Souveränität Gottes* (Hamburg: RVB, 1993).
12. Ebd., S. 29-30.
13. Ebd. S. 246.
14. Ebd., S. 314. Die deutsche Ausgabe enthält diesen Anhang nicht. Die hier zitierten Passagen wurden auch in der engl. Ausgabe, die 1961 beim Verlag Banner of Truth erschien, gestrichen. Iain Murray bezeichnete in seiner Biografie über Arthur Pink dessen Leugnung von Gottes Liebe zu den Nichterwählten als »ein Gebiet ernstlicher Schwäche«. Iain Murray, *The Life of Arthur W. Pink* (Edinburgh: Banner of Truth, 1981), S. 196.
15. Das soll nicht heißen, Gott sei ambivalent. Gott ist in sich absolut widerspruchsfrei (2Tim 2,13). In seinem Sinn kann es keine sich gegenseitig widersprechenden Willensentschlüsse geben. Ich möchte hiermit Folgendes sagen: In einem echten und aufrichtigen Sinne hasst Gott die Gottlosen wegen ihrer Sünde; doch in einem ebenso echten und aufrichtigen Sinne hat er auch Mitgefühl, Mitleid, Geduld und wahre Zuneigung zu ihnen, weil es sein Wesen ist zu lieben.
16. Johannes Calvin, *Commentary on a Harmony of the Evangelists, Matthew, Mark and Luke*. William Pringle, Übers. (Grand Rapids: Baker, 1979 reprint), S. 123.
17. Ebd., S. 125 (kursiv im Original).
18. Siehe Anhang 3 für Zitate dieser Autoren.

Kapitel 2   Gott ist Liebe

1. Mary Baker Eddy: *Science and Health with Key to the Scriptures* (Boston: Trustees of MBE, 1875), S. 473.
2. Die Sekte der »Kinder Gottes«, auch »Familie der Liebe« genannt, ist für eine Evangelisationsmethode bekannt, die Flirt-Fishing genannt wird. Dabei bieten die Sektenmitglieder potentiellen Neuzugängen Sex an, »um ihnen die Liebe Gottes zu zeigen« [Maurice C. Burrell, *The Challenge of the Cults* (Grand Rapids: Baker, 1981), S. 44-45].
3. Gordon H. Clark: *First John: A Commentary* (Jefferson, Maryland: Trinity Foundation, 1980), S. 131.
4. John R.W. Stott: *The Epistles of John* (Grand Rapids: Eerdmans, 1964), S. 160.
5. Ebd.
6. Donald W. Burdick: *The Letters of John the Apostle* (Chicago: Moody, 1985).
7. D. Martyn Lloyd-Jones: *The Love of God* (Wheaton: Crossway, 1994), S. 45.
8. Ebd., S. 150-153.

Anmerkungen

9. Ebd., S. 153-154.
10. Ebd., S. 51.
11. Ebd., S. 52 (Hervorhebungen hinzugefügt).

Kapitel 3   Siehe die Güte ...

1. A. W. Tozer: *The Knowledge of the Holy* (New York: Harper & Row, 1961), S. 9.
2. Glaubensbekenntnis von Westminster, Kap. 2, Abschnitt 1. Dt. Quelle: http://www.reformiert.at; Übersetzung von Reinhold Widter.
3. Siehe Alexander Hislop: *Von Babylon nach Rom* (Bielefeld: CLV, 1997) für eine Fülle an historischen Hinweisen darauf, dass die babylonische Religion, die von Nimrod gegründet wurde, die Grundlage für praktisch alle nachfolgenden falschen Religionen ist.
4. W. Graham Scroggie: *The Unfolding Drama of Redemption*, 3 Bde., (Grand Rapids: Zondervan, 1970), 1:383.
5. Hugh Martin: *The Prophet Jonah: His Character and Mission to Nineveh* (Grand Rapids: Baker, 1979 reprint).

Kapitel 4   ... und die Strenge Gottes

1. Louis Berkhof: *Systematic Theology* (Grand Rapids: Eerdmans, 1941), S. 513.
2. Charles Lee Feinberg: *The Minor Prophets* (Chicago: Moody, 1977).

Kapitel 5   Ist die Liebe Gottes kinderleicht zu verstehen?

1. John Calvin: *Commentary on a Harmony of the Evangelists, Matthew, Mark and Luke*, William Pringle, Übers. (Grand Rapids: Baker, 1979 reprint), S. 123.

Kapitel 6   Gottes Liebe zur ganzen Menschheit

1. Arthur W. Pink, a.a.O., S. 314.
2. Das Westminster-Glaubensbekenntnis formuliert im Hinblick auf die Hinlänglichkeit der Schrift: »Der ganze Ratschluss Gottes – bezüglich alles dessen, was notwendig ist zu seiner eigenen Ehre, zum Heil, Glauben und Leben der Menschen – ist entweder ausdrücklich in der Schrift niedergelegt oder kann mit guter und notwendiger Folgerichtigkeit aus der Schrift abgeleitet werden, wozu nichts zu irgendeiner Zeit hinzugefügt werden darf, weder durch neue Offenbarungen des Geistes noch durch Menschenüberlieferungen« (1:6; dt. Quelle: http://www.reformiert.at; Übersetzung von Reinhold Widter.).

3. John Brown, *Discourses and Sayings of Our Lord*, 3 Bde. (Edinburgh: Banner of Truth, 1990 reprint), 1:34.
4. B. B. Warfield: *The Savior of the World* (Edinburgh: Banner of Truth, 1982 reprint), 1:312.
7. John Calvin: *Commentary on a Harmony of the Evangelists, Matthew, Mark and Luke*, William Pringle, Übers. (Grand Rapids: Baker, 1979 reprint), S. 123.
8. Erroll Hulse: »The Love of God for All Mankind«, in: *Reformation Today* (Nov.-Dez. 1983), S. 18-19.
9. Ebd., S. 21-22.
10. Ebd., S. 18.

Kapitel 8   Die Liebe Gottes zu seinen Erwählten

1. B. B. Warfield: *Selected Shorter Writings* (Philippsburg, New Jersey: Presbyterian & Reformed), S. 393.
2. Das Westminster-Glaubensbekenntnis unterstreicht diesen Punkt: »Gott hat von aller Ewigkeit her nach dem vollkommen weisen und heiligen Ratschluss seines eigenen Willens uneingeschränkt frei und unveränderlich alles angeordnet, was auch immer geschieht; doch so, dass Gott dadurch weder Urheber der Sünde ist noch den Willen der Geschöpfe Gewalt angetan, noch die Freiheit oder Möglichkeit der Zweitursachen aufgehoben, sondern vielmehr in Kraft gesetzt werden« (3:1; dt. Quelle: http://www.reformiert.at; Übersetzung von Reinhold Widter).

Anhang 1   Gott hat keinen Zorn

1. Thomas Chalmers (1780–1847) war Pastor in Glasgow und Theologieprofessor an der Universität Edinburgh. Er wirkte 1843 maßgeblich an der Gründung der Schottischen Freikirche mit, nachdem er aus der Kirche von Schottland ausgetreten war, weil sich in der Staatskirche der Unglaube einschlich. Man hält in als einen der besten Prediger Schottlands in Erinnerung. Sein evangelistischer Eifer, für den er bekannt ist, kommt in dieser Abhandlung von ihm besonders gut zum Ausdruck. Der Text stammt aus einer seiner besten Predigten.

Anhang 2   Über die Liebe Gottes ...

1. Dieser Text ist ein Auszug aus einem Brief an einen Freund von Andrew Fuller (1754–1815). Fuller war ein einflussreicher englischer Baptistenpastor und Autor. Als Calvinist, der den Hypercalvinismus bekämpfte, half Fuller bei der Gründung der *Baptist Foreign*

Mission Society (»Baptistische Auslandsmissionsgesellschaft«), die William Carey nach Indien aussandte.

Anhang 3   Christus, der Retter der Welt

1. Eine Predigt von Thomas Boston, die er unmittelbar vor dem Abendmahl hielt, und zwar in Ettrick (Schottland) am 7. Juni 1724. Boston war ein schottischer Prediger und Autor und ist heute am bekanntesten für sein Buch *Human Nature in Its Fourfold State* (Edinburgh: Banner of Truth).

Anhang 4   Die Liebe Gottes zur Welt

1. John Brown (1784–1858) war einer von mehreren schottischen Predigern dieses Namens. Er war bekannt für seine biblische Auslegung, besonders für das Werk, dem dieser Text entnommen ist: *Discourses and Sayings of Our Lord*, 3 Bde. (Edinburgh: Banner of Truth, 1990 reprint), 1:28-36.

Bibelstellenindex

1. Mose
2,17 218
4,17 83
6,3 200
6,6 . . . . .115f
6,7 202
10,8-12 57
12,3 86
25,34 95
26,35 95
27,41 95
28,8-9 95
50,20 102

2. Mose
20,2-3 72
20,4-5 72
20,5 54
20,7 72
23,7 . . . . .81, 189
34,6 . . . . . 20, 93, 126
34,7 189
34,14 73

3. Mose
18,21.24-26 145
19,18 . . . . 2, 109
20,2-5 145

4. Mose
23,19 . . . . .61, 115

5. Mose
2,5 96
4,24 . . . . 40, 73
5,9 54
7,6 138
7,6-7 . . . . 26, 139
7,7 139
7,7-8 138
29,2-4 201
29,3 200
29,28 116
32,35 . . . . 75, 77
32,35-36 16

Richter
5,5 78

Ruth
3,9 142

1. Samuel
15,29 116

2. Samuel
12,24 151
12,25 151
22,2 80

1. Könige
3,3 151
10,1-13 143

11,5 143

2. Könige
19,35-37 85

2. Chronik
30,9 20

Nehemia
9,17 . . . . 20, 93
9,27 207
9,30 200
9,31 20
13,26 152

Hiob
1,8 100
12,6 101
20,23 177
22,2-3 225
22,4 225
28,28 23
33,24 227
35,6 225
35,8 225
38,2-13 99
40,2 99
40,4-5 100
40,8-9 100
42,3 100

Psalmen

1,1-2	46
1,2	45
1,3	183
2,12	181
5,6	117
5,6-7	134
7,12	16, 25, 40, 53, 75, 93
7,13-14	54
11,5	135
14,2-3	227
19,2	77
26,5	27
27,1	162
33,5	82
33,11	115
36,8	8
37,35	101
38,2-4	24
44,22	172
46,2-3.12	163
50,2	124
50,21	98
61,4-5	80
63,3	8
73,12	101
76,11	172
80,4.8.20	163
81,14	113
84,12	165
86,5	126
86,15	8
89,2-3	8
89,20	212, 218
94,14-15	87
97,5	78
100,5	8
103,8	20
103,10	163
106,6	126
111,4	20
111,10	23
112,4	20
116,5	20
135,6	115
135,21	140
136	8
139,6	100, 116
139,21-22	27, 135
140,7	80
145,1-21	34f
145,8-9	93
145,9	82, 108, 125, 129, 201

Sprüche

1,7	23
6,15	87
6,16-19	93, 115
9,10	23
11,21	189
15,33	23

Jesaja

1,18	29
5,4	200
8,13	23
10,17	183
12,2	186
16,11-13	127
27,4	186
27,4-5	177, 183
27,5	186
27,11	202
32,2	212
40,13-14	101
42,8	72
43,13	115
45,17	150, 223
45,21	224
45,22	113
46,9	71
46,10	62, 114, 169
46,10-11	115
48,11	72
48,18	198
49,6	211
53,5-6	228
53,10	206
53,11	80
55,1	30, 114
55,7	114
55,8-9	229
59,18	177
61,3	183
63,1-5	191
63,7-9	120
63,9	122
63,10	121
63,17	121
64,3	78
64,4	121
64,5	127
64,6-7	121
65,1-2	122
65,3	122
65,4	122
65,5	122
65,7	122
65,12	115

Jeremia

3,17-18	150
13,27	219
17,9	124
18,8	62
23,6	80
31,3	25, 168
33,11	87

Bibelstellenindex

44,6 177
48,35-37. 128

Klagelieder
2,4 177
3,22 125
3,22-23. . . . . 55, 152
4,11. 177
5,21 64

Hesekiel
16,1-3. 140
16,4-6. 141
16,6 141
16,7-8. 142
16,8 142
16,9. 143
16,10-13. 143
16,15. 143
16,16-19. 144
16,20-21. 144
16,22 145
16,23-25. 145
16,26 145
16,27 145
16,28 145
16,29 146
16,30 146
16,31 146
16,32-33. 146
16,35-59. 146
16,39-40. 146
16,42-43 147
16,44-45 140
16,47 145
16,48 148
16,51 148
16,59 147
16,60-61. 147
16,62-63. 148
18,31 . . . . . . 184, 193
18,32 . . .113, 115, 118
33,11. . . . 29, 115, 118,
. . . . 169, 230
38,18. 73
38,19-23. 74
38,20 78
39,25 72

Daniel
9,9 126

Hosea
11,4. 164
11,8. 55
13,9. 212

Joel
2,13 20

Jona
1,3 58
1,4 58
1,12-15. 58
2,1 . . . . 58, 62
2,2-10. 59
2,10. 64
2,11. 59
3,1-2. 59
3,3 59
3,4 59
3,5 . . . . .59, 65
3,6 60
3,8 64
3,10. . . . . .61, 64
4,2 . . . . 20, 59
4,5 60
4,6 63
4,6-11. 61
4,11. 63

Micha
5,6 57
6,9 23
7,18-19 83

Nahum
1,2 . . . . .75f
1,2-3. 71
1,3 . . . . 75ff, 81
1,4 77
1,5 78
1,6 78
1,7 . . . . .79, 83f
1,9 84
1,10-14. 84
1,21 86
2,14. 85
3,15. 85

Haggai
2,6-7. 78

Maleachi
1,2-3. . . . . .27, 95
1,3 95
3,6 56

Matthäus
1,21 . . . . . . 208, 211
3,10. 183
5,17-18 109
5,29 . . . . 55, 134
5,29-30. 55
5,38-44 75
5,44 45
5,44-45 198
5,45 . . . .28, 108, 124,
. 169
7,22-23. 117
7,23. 83

8,12. 92	13,26 77	3,19. . . . . 94, 110,
9,12. . . . . . . 205, 218	16,15-16. 210	. . . . .112, 210
10,28 . . . . . 134, 216		4,24 40
11,20-24. 200	**Lukas**	4,42 . . . . . . 122, 209
11,28-29. 131	2,10. 209	5,22-23. 211
11,28-30. . . . . 29, 33,	5,8 120	5,24 167
. . . . .113, 192	6,35-36. 198	5,39-40. 130
12,41 66	6,44 183	5,40 214
13,42 92	10,29 109	6,33 211
13,46 217	10,29-37. 29	6,37 . . . 131, 166, 208,
19,17. 82	11,32. 66	219
21,19-20. 181	12,5 55	6,40 166
21,33-38. 200	12,48 66	6,51 211
22,2-7. 178	12,50 187	8,12. 209
22,2-14. 130	13,7 198	8,24 214
22,3 130	13,8-9. 181	10,11. 82
22,4 130	13,28 92	10,14. . . . . . . 82, 149
22,5-6 130	13,34 . . 116, 142, 169,	10,15. . . . . . .149, 211
22,7 179	 179	10,27 83
22,9 206	14,26 217	10,28 168
22,14 . . . . . . 90, 130	15,11-20. . . . . . . .156f	10,28-29. 161
22,39 29	15,20 157	12,47 209
23,37 . . . . . 118, 128	15,21 158	13,1. . . . . 135ff
25,30 92	15,22-24. 158	13,23 39
25,34 165	16,19-31 55	14,2-3. 137
25,41 186	19,10. . . . . . 205, 209	14,21. 46
25,46 . . . . . .91f, 134	19,41-44. 128	15,5 192
27,46. 191	22,24 136	15,13. . . . . . . 38, 137
28,18 211	22,31-32. 161	15,16. 163
		15,22 214
Markus	**Johannes**	17,9.24 166
4,39 77	1,1 119	17,11-12 168
4,41 78	3,8 17	17,14-15 168
9,43 92	3,16. . . .8, 19, 25f, 30f,	17,15. 168
9,43-48. 55	. . . . 39, 94, 105f,	17,17. 168
9,48 92	. 110ff, 198f, 204f,	17,21-23 168
10,18-19. 119	. . . 209, 213, 221	18,9. 166
10,20 119	3,17. . . . . 94, 110,	20,2 39
10,21 120	. . . . . . 112, 209	21,7. 39
12,31 109	3,18. . . . . . . .105, 112	21,20 39

Bibelstellenindex

Apostelgeschichte
3,26 205
4,12 218
4,28 115
7,51 200
13,48 208
14,15-17 ....125f
15,14 149
16,31 51
17,28 124
26,16 204

Römer
1,18 75
1,24-27 118
1,31 43
2,4 .. 27, 76, 122, 124,
 .... 134, 169, 198
2,5 27
2,15 124
3,2 149
3,3 149
3,4 32
3,10 124
3,10-18 123
3,23 124
3,25-26 224
3,26 192
4,4-6 80
4,7-8 .... 46, 166
4,11 ....81, 166
5,1 .... 46, 80
5,5 .... 44, 173
5,6-8 .... 50, 137
5,8 .... 8, 51, 155,
 .... 164, 168, 222
5,10 .... 96, 164
6,3-5 167
6,17-18 45
7,15-16 46

7,24 217
8,1 ....166f
8,7-8 160
8,18 172
8,23 217
8,28 102
8,29-30 160
8,30 164
8,31 ..... 46, 86, 162
8,31-34 160
8,31-39 159
8,32 .... 164, 228
8,33-34 167
8,34 168
8,35 ....149, 171
8,35-39 171
8,36 172
8,37 171
8,38-39 171
9-11 149
9,6 149
9,6-7 139
9,11 133
9,13 ....27, 93, 95, 133
9,15 64
9,16 25
9,20 ....97f
9,20-21 97
9,21 64
9,22 ....117, 187
9,23 187
9,27-29 139
11,1 149
11,2 150
11,5 150
11,7 150
11,22 .... 53, 87
11,26 150
11,27 150
11,29 150

11,34 100
12,19 75
13,1-5 124
13,8 109

1. Korinther
1,23-24 191
1,30 212
2,16 101
6,11 218
13,4-7 38
16,22 .... 45, 74, 134

2. Korinther
4,17 172
5,14 163
5,19 230
5,19-20 209
5,20 199
5,21 228
11,23-27 172
12,9-10 192
13,11 89

Galater
3,7 139
3,10 189
4,5 173
5,6 45
5,14 109

Epheser
1,4 .... 25, 165
1,4-5 ...... 164, 168
1,5-6 25
1,11 ....115, 169
1,19 192
2,1 124
2,3 96
2,4 .... 30, 168, 173

2,4-6. . . . . 8, 33	2,13 . . . . . 32, 56, 234	**1. Petrus**
2,8 65	2,24-25 65	1,5 . . . . .160, 163
2,10. 192	3,3 43	1,12. 187
3,14-19 153	3,12. 102	1,20 165
3,17-19 . . . . . 11, 227		2,7 216
3,18-19 173		2,9 187
3,19. 227	**Titus**	
5,23 207	1,2 165	**2. Petrus**
5,25-28. 29	2,11. 230	1,4 44
6,12. 171	3,3 124	2,9 76
	3,4 . . . . . 94, 119, 204,	3,4 76
Philipper	. . . 206, 213, 230	3,9 76
1,6 160	3,5-7. 215	3,10. 180
1,9-10 46		
1,29 102	**Hebräer**	**1. Johannes**
2,6-8. 228	2,3 33	1,5 40
3,8-9. 217	3,6 193	1,6 45
3,9 80	6,8 183	1,7 218
3,10. 46	6,19. 172	2,4 45
4,13. 192	7,25. . . .168, 192, 206,	2,5-6 46
	218	2,9 45
Kolosser	7,26. . . . . .41, 53, 119	2,19. 161
2,6-7. 46	10,26-27. 33	3,1 . . . . 8, 227
3,19. 29	10,31 . . . . 23, 56	3,2 215
	10,35 193	3,8 212
2. Thessalonicher	12,6 . . . . .86, 161	3,14. . . . . 45, 45
1,7 187	12,6-11. 56	4,1 48
1,7-9 180	12,7-8. 161	4,7-8. 42
1,10. 187	12,10-11. 87	4,8 . . . . 26, 39, 45
3,5 35	12,25-29. 79	4,8-9. . . . . .39, 47
	12,28 46	4,8.16 . . . . . . 8, 56, 89
1. Timotheus	12,28-29 216	4,9 43
1,15. 209	12,29 . . . . . 40, 54, 87	4,9-10 . . . . 8, 49,
2,3-4 . . . . . . 206, 230	13,8 . . . . 56, 109	. . . . 51, 223
4,10. . . . . 123, 208		4,10. . . . . 49, 227
6,17. 173	**Jakobus**	4,14. . . .122, 203f, 214
	1,13. 170	4,16. . . . . 41, 46
2. Timotheus	1,17. . . . . .56, 116	4,18. 46
1,9 165	4,6 165	4,19. . . . . .32, 44, 152,
2,10. 90		. . . . .163, 173

5,13............ 44
Judas
6 226
14-15............74
21 162
24 162

Offenbarung
1,7 77
5,3 205
6,12............ 78
7,9 .... 139, 152, 172
11,13............ 78
13,8 165

14,11............91f
16,18-20......... 78
17,5............. 57
17,8.............165
19,15............ 55
20,10............91f
22,17 ... 30, 113, 193,
............219

Themenindex

Agape, griechisches Wort für Liebe, 43ff
Allgemeine Gnade, 114, 123ff, 129, 131
Allversöhnung, 91ff, 123
Altes Testament, über die Liebe Gottes, 54ff
Anthropopathismen für Gott, 61, 73, 115f
Arminianismus, 114
Assyrer, ihre Brutalität, 57
Augustinus, 41
Auserwählung, *siehe* Erwählung

Babylon, seine falsche Religion, 57, 235
Bekehrung als menschliches Machwerk, 16f
Bibel, Hinlänglichkeit der, 107f, 235
Böses, *siehe* Sünde
Boston, Thomas, 31, Anh. 3
Braunes Gras usw., 82
Brown, John, 31, 110, Anh. 4
Burdick, Donald W., 43
Buße
– Ermahung zur B., 129f, 134
– Gottes Gabe der B., 65ff

Calvin, Johannes, 30f, 94, 112, 199
Chalmers, Thomas, Anh. 1

Christliche Wissenschaft (Sekte), 39
Clark, Gordon, 40

Dabney, R. L., 31, 112
Davids Sünde mit Batseba, 151
Dreifaltigkeit
– Gottes Liebe als Beweis für die D., 41
– biblischer Beweis für die D., 108

Edwards, Jonathan, 14ff, 21f
Eifersucht Gottes, *siehe* Gott
Einladung des Evangeliums, 31, 130f, 178ff, 192
Erdbeben in Kalifornien, 102f
Ermahnung, *siehe* Buße
Erwählung,
– Beschreibung, 166ff, 235,
– im Vergleich zu Fatalismus, 169
– die Liebe Gottes und das Herz der E., 29ff, 93f, Kap. 7, 164f
– falsches Verständnis der E. 230,
– *siehe auch* Souveränität Gottes
Erweckung
– als menschliches Machwerk, 16f
– kurzlebige E., 66f

Esau, 27, 93, 95f, 107, 133
Evangelikalismus
- Abweichen der großen Denominationen vom E., 21, 91, 233
- verzerrte Ansichten über Gottes Liebe, 23, 27, 107f, 233
Evangelisation
- manipulative E., 16f
- popularitätssüchtige E., 105f
- Gleichgültigkeit gegenüber dem Auftrag zur E., 92
- *siehe auch* Einladung des Evangeliums
Ewige Sicherheit, *siehe* Heilssicherheit

Fatalismus, *siehe* Erwählung
Feinberg, Charles L., 85f
Finney, Charles, 16ff
Fosdick, Harry Emerson, 21ff
Freies Angebot, Kontroverse um das, 114
Fuller, Andrew, 31, Anh. 2

Gaither, Bill, 7
Gerechtigkeit des Evangeliums, 50, 170
Glaube, echter, 45f
Gnade, allgemeine, *siehe* Allgemeine Gnade
Gott
- seine Aufrichtigkeit, 113f
- seine Barmherzigkeit, 79f
- ihn begreifen, 97f
- sein Charakter, 13ff, Kap. 2
- seine Eifersucht, 71ff
- seine Eigenschaften 13ff, Kap. 2
- seine Geduld, 76
- seine Gerechtigkeit, 84ff, 70ff
- seine Güte, Kap. 3, 76, 82ff, 104, 151f
- sein Hass, *siehe* sein Zorn
- seine Ichbezogenheit, 71f
- Gott ist Licht, 26, 40f
- seine Macht, 77ff
- sein Mitgefühl, 126ff, 134
- seine Rache bzw. Vergeltung, 75
- als Retter der Ungläubigen, 122, Anh. 3
- Gott und Reue, 115f
- seine Strenge, Kap. 4, *siehe auch* seinen Zorn
- als Töpfer 63, 70, 97f, 100
- ihn unterschätzen, 98f
- seine Unwandelbarkeit, 32, 56, 70, 116, 136, 170, 184, 190
- seine innere Widerspruchslosigkeit, 234
- sein Zorn, 9f, 13ff, 27, 32, 40, 47, 49f, 54ff, Kap. 4, 93, 96, 117f, Anh. 1, 201, 205, 212ff
- hat keinen Zorn, Anh. 1

Gottesfurcht, 23f, 46
Griechische Wörter für Liebe, *siehe* Agape

Hass und Liebe gleichzeitig, 28ff, 56, 81, 96
Heilsgewissheit, falsche, 44f
Heilssicherheit, Kap. 8
Hiob, getadelt von Gott, 99ff
Hölle
- ewige Dauer der H., 90ff
- Gründe für die Existenz der H., Kap. 5
- Jesus über die H., 55f

Themenindex

Hulse, Erroll, 117f
Hypercalvinismus, 115, 236

Internet-Artikel über die Leugnung der Liebe Gottes, 107
Israel, Gottes besondere Liebe zu, 120ff

Jesus Christus
– seine Fürsprache, 167ff
– seine Liebe zu den Jüngern, 135ff
– seine Liebe zur Menschheit, 109f, 128
– seine Retterschaft, 123, Anh. 3
– ihn annehmen, 217ff
»Jesus Seminar«, 233
»Johannes-3,16-Schild«, 105
Jona, sein Widerwillen, 58ff

»Kinder Gottes« (Sekte), 39
Kuiper, R. B., 31
Kushner, Harold, 233

Lehre, Wichtigkeit von, 47
Leid
– der Gerechten, 101f
– Gründe für die Existenz von L., 8ff, Kap. 5
Liberalismus und die Überbetonung der Liebe Gottes, 20f, 47, 53
Licht, Gott als 26, 40f
Liebe
– Apostel der L., 38
– Arten von L., 43
– besondere L., 29f, Kap. 7
– L. zur Ehefrau im Gegensatz zu L. zum Nächsten, 29f

– Hass-Liebe, *siehe* Hass
– Merkmale göttlicher L., 43ff
– natürliche Liebe, 42f
– die Quelle der L., 42f
– populäres Verständnis von L., 37f
– sektiererisches Verständnis von L., 39
– Staunen über Gottes L., 153, 173f
– Verschmähen von Gottes L., 27, 29, 67, 87, 124, 134
– vollkommene L., 42f
– weltliche L., *siehe* populäres Verständnis von L.
Lloyd-Jones, Martyn 45f, 48f
Logik, Missbrauch der L. im Bezug auf Gottes Liebe, 26, 107f

Martin, Hugh, 65
Menschheit, Gottes Liebe zur, Kap. 6
Mitgefühl Gottes, 126ff, 129, 131
Modernismus, *siehe* Liberalismus
Moody, Dwight L., 18ff, 233f
Moorhouse, Harry, 18ff
Murray, Iain, 234
Murray, John, 31

Neues Testament, über den Zorn Gottes, 54ff
Nimrod, Gründer Babylons, 57
Ninive
– Gericht über Kap. 3
– Gnade für Kap. 4

Paulus, seine Entbehrungen, 171f
Petrus, seine Verleugnung des Herrn, 136

Pink, Arthur W., 25f, 106, 234
Pollock, J. C., 18, 233
Prädestination, *siehe* Erwählung

Rache Gottes, *siehe* Gott, seine Rache
Rechtfertigung, Lehre der, 79ff
Reformatorische Lehre, Überbetonung von, 25f, 107
Reicher Jüngling, Jesu Gespräch mit dem, 119f
Ritschl, Albrecht, 20

Salomo, Gottes Liebe zu S., 151f, 161
Schleiermacher, Friedrich, 20
Schmerz, *siehe* Leid
Selbstprüfung der Errettung, 215ff
Shedd, W. G. T., 31
Souveränität Gottes
– im Buch Jona, 62
– ihre Überbetonung, *siehe* Überbetonung
– ihre Unterbetonung 81f
– *siehe auch* Erwählung
Stott, John R. W., 41
Sühnopfer Christi
– sein Ausmaß Kap. 6, Anh. 2
– seine Realität 47ff
– Abneigung dagegen, 50
Sünde
– Gründe für die Existenz von S., 8ff, Kap. 5
– *siehe auch* Verdorbenheit

Theologie, ihre Wichtigkeit, 47
Tozer, Aiden W., 53

Überbetonung, 91
– der Liebe und Güte Gottes, 23f, 54, 233
– der Souveränität Gottes 25ff, 93, 117, 169
– des Zornes Gottes, 17f
Unsterblichkeit, bedingte, 91, 97

Verdorbenheit
– allgemeine Gnade und die V. des Menschen, 123ff
– *siehe auch* Sünde
Verlorener Sohn, Vater des, 156ff
Vernichtungslehre, 91
Völlige Verdorbenheit, *siehe* Verdorbenheit

Warfield, Benjamin B., 31, 110f, 169
Warnung, *siehe* Buße
Welt, Gottes Liebe zur W., Kap. 1, 94f, Kap. 6,
Westminster-Glaubensbekenntnis, 56, 108, 169, 235f, 195ff, Anh. 4
Wohlergehen und die Gunst Gottes, 101f

Zorn Gottes, Unterbetonung oder Leugnung des, 54ff, 91f, 134

Buchempfehlung

Kevin DeYoung
Leg einfach los!
Ein befreiender Weg, Gottes Willen zu entdecken
Oder: Wie man Entscheidungen trifft ohne Träume, Visionen, Wollvließ, Eindrücke, offene Türen, zufällige Bibelverse, Lose werfen, Gänsehautmomente, Schriftzüge am Himmel etc.

Paperback, 129 Seiten
ISBN 978-3-945716-25-0
7,90 Euro

Zu oft tun Christen sich schwer, sich für einen Job, einen Partner oder eine Gemeinde oder für überhaupt irgendetwas zu entscheiden. Sie sorgen sich krampfhaft, dass sie nicht Gottes perfekten Willen für ihr Leben gefunden haben. Viele fallen in Passivität und Frustration, weil sie Gottes Willen suchen, aber nicht finden. Dabei hat die Bibel eine klare Lösung für dieses Problem: Gott hat seinen Plan für unser Leben bereits offenbart!

Kevin DeYoung verdeutlicht diese biblische Lösung auf erfrischende und sehr lebensnahe Weise. Besonders für junge Leute – die ja vor den wichtigsten Entscheidungen ihres Lebens stehen – ist dieses Buch eine große Hilfe, um befreit und aktiv zur Ehre Gottes leben zu können.

»In weiten Teil des Christentums grassiert ein falsches Verständnis des Willens Gottes. Die Gemeinde braucht dringend Korrektur von diesen irrigen Vorstellungen. Erfreulicherweise bietet Kevin DeYoung diese Korrektur.«

Albert Mohler,
Präsident des Southern Baptist Theological Seminary

Weitere Bücher vom Betanien Verlag

Michael Lawrence
Biblische Theologie für die Gemeinde
Ein Leitfaden für die Anwendung von Gottes Offenbarung
Paperback · 276 Seiten · ISBN 978-3-935558-45-7 · reduziert: nur 7,90 Euro
Biblische Theologie ist die Lehre von den Roten Fäden in der Bibel – von der fortlaufenden Geschichte von Gottes Heilswerk, gipfelnd in Jesus Christus. Dieses Buch zeigt, wie man die Bibel gewinnbringend auf diese Weise studiert und verkündet.

Der BibelStarter – Bibelleseplan für Einsteiger
Din A5 geheftet · 90 Seiten · ISBN 978-3-945716-17-5 · 2,90 Euro
Dieses Heft ist eine praktische Anleitung, um mit dem Bibellesen anzufangen, ohne frustriert aufzugeben. Die etwa 400 Einheiten führen frei einteilbar in zeitlicher Reihenfolge durch die wichtigsten Abschnitte der Bibel; dazu gibt es kurze hilfreiche Erklärungen.

Ken Sande
Sei ein Friedensstifter
Das Handbuch zur biblischen Konfliktlösung
Paperback · 362 Seiten · ISBN 978-3-945716-06-9 · 13,90 Euro
Das Evangelium ist die Botschaft des Friedens. Und deshalb sollen Christen Friedensexperten sein! Dieses Standardwerk fasst anschaulich zusammen, was die Bibel über Konfliktlösung lehrt und wie wir zu Friedensstiftern für unser Umfeld werden können.

Robert C. Sproul
Bibelstudium für Einsteiger
Eine Einführung in das Verstehen der Heiligen Schrift
Paperback · 140 Seiten · ISBN 978-3-935558-89-1 · reduziert: nur 4,90 Euro
Der Autor fördert persönliches Bibelstudium als Vermächtnis der Reformation. In verständlichem Stil vermittelt er eine solide Hermeneutik (Lehre vom rechten Verstehen der Bibel). Mit Übungsteil.

Jonathan Leeman
Gemeindemitgliedschaft
Wie die Welt sehen kann, wer zu Jesus gehört
Paperback · 130 Seiten · ISBN 978-3-945716-36-6 · 7,90 Euro
Dieses Buch aus der Reihe »9 Merkmale gesunder Gemeinden« ist ein Augenöffner dafür, wie wichtig verbindliche Gemeindemitgliedschaft ist, um ein echter und offizieller Bürger des Reiches Gottes zu sein und Jesus nachzufolgen. Höchste Zeit, nicht mehr bloße Konsumenten zu sein, sondern aktiv zu werden!